中国
信息安全
智库系列丛书

网络恐怖主义与网络反恐

王丹娜◎著

清华大学出版社
北　京

内 容 简 介

本书试图在"史、学、术"的学术框架下,探讨网络恐怖主义的产生、发展、传播及其规律、特征,阐释网络恐怖主义的基本概念,梳理国内外研究对网络恐怖主义的界定,介绍网络恐怖主义的发展历史,总结网络恐怖主义不同历史发展阶段的特点、现状和发展趋势。本书还剖析了网络恐怖主义生成机制的政治、经济、社会、文化、技术等环境特征,探索了网络恐怖主义传播机制中的传播要素、传播模式、传播手段和传播特点,提出要进行网络恐怖主义防范机制建设,包括防范网络恐怖主义的国家战略保障策略、法制体系、技术体系和执行体系等。

本书封面贴有清华大学出版社防伪标签,无标签者不得销售。
版权所有,侵权必究。举报:010-62782989,beiqinquan@tup.tsinghua.edu.cn。

图书在版编目(CIP)数据

网络恐怖主义与网络反恐 / 王丹娜著. —北京:清华大学出版社,2020.1(2021.11重印)
(中国信息安全智库系列丛书)
ISBN 978-7-302-52609-4

Ⅰ.①网… Ⅱ.①王… Ⅲ.①互联网络-恐怖主义-研究 Ⅳ.①D815.5

中国版本图书馆 CIP 数据核字(2019)第 044613 号

责任编辑:张 伟
封面设计:李伯骥
责任校对:王荣静
责任印制:刘海龙

出版发行:清华大学出版社
网　　址:http://www.tup.com.cn, http://www.wqbook.com
地　　址:北京清华大学学研大厦 A 座　　　　邮　编:100084
社 总 机:010-62770175　　　　　　　　　　　邮　购:010-62786544
投稿与读者服务:010-62776969, c-service@tup.tsinghua.edu.cn
质量反馈:010-62772015, zhiliang@tup.tsinghua.edu.cn

印 装 者:三河市吉祥印务有限公司
经　　销:全国新华书店
开　　本:170mm×240mm　　印　张:17　　字　数:305 千字
版　　次:2020 年 2 月第 1 版　　　　　　　　 印　次:2021 年 11 月第 3 次印刷
定　　价:89.00 元

产品编号:082676-01

序

全球打击恐怖主义格局中的中国力量

数据表明,当今世界90%以上的恐怖活动是通过网络组织的或直接发生在网络领域。"网络恐怖主义是影响国际和平与安全的新威胁"已成为国际社会的共识;防范和打击网络恐怖主义,也已成为各国共同努力的目标。在全球防范和打击网络恐怖主义的格局中,中国坚持自己的立场、原则,积极探索、倡导、实践防范和打击网络恐怖主义的规范、治理方法与合作模式,发挥了作为一个负责任大国的作用。

一、坚持防范与打击恐怖主义的中国立场和原则

2017年3月,中国外交部和国家互联网信息办公室共同发布《网络空间国际合作战略》,阐述"深化打击网络恐怖主义和网络犯罪国际合作"的内容,明确中国态度和立场以及行动计划。中国将"加强与各国打击网络犯罪和网络恐怖主义的政策交流与执法等务实合作。积极探索建立打击网络恐怖主义机制化对话交流平台,与其他国家警方建立双边警务合作机制,健全打击网络犯罪司法协助机制,加强打击网络犯罪技术经验交流"。

1. 积极参与防范和打击暴力极端主义的国际合作

中国政府积极参与防范和打击暴力极端主义方面的国际合作,反对恐怖组织或恐怖分子利用互联网实施恐怖行为,包括煽动、招募、资助或策划等活动,明确要求联合国反恐机构会同各国和有关国际组织加强对上述行为的打击力度。

习近平主席多次向世界传递中国反对恐怖主义的坚强决心,包括"中方一贯反对一切形式的恐怖主义""反恐不搞双重标准""对恐怖主义、分裂主义、极端主义这'三股势力',必须采取零容忍态度""伤害无辜群众就是触碰底线"等。巴黎恐怖袭击发生后,习近平主席向法国总统奥朗德致慰问电时,用"最强烈的谴责"这一措辞表达对恐怖分子的愤慨;在金砖领导人非正式会晤上,习近平主席指出,恐怖主义已成为"最严峻和急迫的安全挑战"。这两次,习近平用两个"最"字,表明了中国的反恐立场。

有评论将习近平对如何反恐的论述进行总结,主要集中在四个方面,即"底线思维""依法惩处和打击""群防群治"和"跨国合作",即打击恐怖主义是中国的底线,加大依法惩处和打击力度,发动群众参与并进一步强化跨国合作。此外,国务院总理李克强等党和国家领导人也在不同场合阐述了中国的态度。

防范和打击网络恐怖主义需要全球"负责任"的国家共同努力,坚持反恐的国际合作才是解决这一问题的根本出路。中国是负责任的大国,必将顺应世界文明发展的洪流,全力推进全球反恐国际合作。

2. 坚决打击伤害无辜群众的暴力恐怖主义活动

恐怖主义是随着历史不断发展的,国际反恐合作也需要顺应形势发展,树立新的"反恐观"和安全观。中国领导人多次表示,要坚决打击伤害无辜群众的暴力恐怖主义活动,中国多年来一直坚持互不干涉内政的外交政策,不干涉他国内政,不以反恐为名,作为推动"颜色革命"的外衣。

恐怖主义也好,网络恐怖主义也好,普通群众是最大的受害者,因此,需要建立"专群结合、全民参与"的全社会反恐、防恐常态化工作机制,从根本上反恐,打一场"反恐的人民战争"。

正如中国外交部部长王毅所言:"反恐的治本之策是要根除恐怖主义滋生的土壤。只有促进经济社会发展,妥善处理地区冲突,倡导不同文明、宗教、民族之间的平等对话,我们才能让恐怖主义的幽灵无所遁形。"

3. 倡导"平等互惠原则",反对"双重标准"

根据2015年颁布的《中华人民共和国反恐怖主义法》第六十八条,"中华人民共和国根据缔结或者参加的国际条约,或者按照平等互惠原则,与其他国家、地区、国际组织开展反恐怖主义合作"。2017年颁布的《网络空间国际合作战略》指出,中国网络空间国际合作战略以和平发展为主题,以合作共赢为核心,倡导和平、主权、共治、普惠作为网络空间国际交流与合作的基本原则。这些,就是中国在国际反恐合作中必须坚持的原则。

习近平主席在诸多国际场合阐明中国的反恐原则,总结起来应包括四个方面:反对一切形式的恐怖主义;要充分发挥联合国的主导作用,组成反恐统一战线;要多种手段并用,注重标本兼治;不要搞双重标准。

国际社会一直反对带有"双重标准"的反恐思维,反对将反恐战争政治化,甚至借反恐之名实现包括颠覆所谓敌对国家政府在内的其他目的。虽然国际社会恐怖主义袭击频发,然而,国际反恐统一战线却迟迟不能建立,究其原因是各国从本国利益出发对反恐持不同目的和标准。

二、坚持在联合国框架下开展国际反恐合作

《网络空间国际合作战略》明确,中国"支持并推动联合国安理会在打击网络恐怖主义国际合作问题上发挥重要作用。支持并推动联合国开展打击网络犯罪的工作,参与联合国预防犯罪和刑事司法委员会、联合国网络犯罪问题政府专家组等机构的工作,推动在联合国框架下讨论、制定打击网络犯罪的全球性国际法律文书"。

联合国的反恐行动持续多年。近年来,随着网络恐怖主义的发展,联合国的反恐工作目标也有所侧重。联合国安理会反恐委员会官员认为,反恐必须着力应对五大挑战,即外籍"圣战"分子问题、网络恐怖主义、"独狼"袭击、恐怖主义与跨国犯罪的勾结、极端主义思潮。联合国及其他组织、多边机制正从不同层面回应这些挑战。

1. 支持联合国及安理会通过的反恐决议

从1963年起,在联合国的支持下,16个国际公约将特定的恐怖主义行为规定为刑事犯罪。此后,在各国参与下,相继制定和颁布国际公约和联合国的系列决议,共同建立了全球反恐准则。2005年,联合国秘书长科菲·安南提出全球反恐战略,并建立跨部门的"反恐执行特别工作组"。

2013年12月,联合国安理会通过第2129号决议,强调国际社会应继续将打击恐怖主义作为工作重点。安理会成员一致同意在第2129号决议中写入中国常驻联合国代表刘结一提出的关于"当前恐怖组织和恐怖分子利用互联网发布音频、视频等煽动、策划或实施恐怖活动"等内容。这是安理会决议首次明确要求各国就加强打击网络恐怖主义采取具体措施,对国际社会进一步打击恐怖组织和恐怖分子利用互联网从事恐怖活动具有重要意义。

根据中国提出的修改意见,2013年9月第68届联合国大会进行《联合国全球反恐战略》第四次评审并通过决议,首次在全球反恐战略的框架内写入打击网络恐怖主义的内容。同年9月,联合国安理会反恐峰会(United Nations Security Council Summit)通过遏制海外恐怖分子加入或金援极端组织的第2178号决议。同年11月,在中国乌镇世界互联网大会上,与会各国就进一步"加强国际合作,共同打击网络恐怖主义"达成共识。

2015年9月,中国外交部部长王毅在联合国总部出席"解决中东及北非地区冲突和应对地区恐怖主义威胁"安理会部长会议上表示,中方主张在联合国框架下,开展广泛、综合性的国际反恐合作,重点应包括:打击网络恐怖主义;防范暴力极端思想;切断恐怖资金渠道;阻断恐怖人员流动;加强反恐情报交流;充分发挥安理会的作用。2015年12月,联合国秘书长潘基文推出包括系列措施的《防止暴力极端主义行动计划》。这些都为在联合国框架下开展国际反恐合作提供了依据。

此外,随着新媒体形态包括社交媒体等的发展,联合国致力于铲除恐怖主义思想根源,抑制恐怖主义、宗教极端主义等在网络空间的传播。2016年5月,联合国安理会就"反击恐怖主义言论和意识形态"举行公开辩论。在这些场合,中国常驻联合国代表刘结一、中国常驻日内瓦代表团马朝旭大使等,也就切断恐怖主义思想传播渠道、促进文明对话等发表意见。

2. 推动发挥"上合组织"的作用

成立于2001年6月的上海合作组织(以下简称"上合组织"),反恐和维护地区安全稳定成为其最初的主要任务。如今,上合组织已成为区域反恐安全合作的良好平台,在维护地区安全方面发挥着越来越重要的作用。上合组织成员国采取了一系列有针对性的应对措施,通过实施年度联合反恐演习、大型国际安保合作、情报交流、打击网络恐怖主义联合工作小组等合作机制,多边关系在打击"三股势力"务实合作中得到不断推进和深化,有效遏制了中亚地区的恐怖势力。

面对新的反恐形势,针对网络发展和信息技术为恐怖组织提供的便捷,在联合国反恐框架下,上合组织不断加强合作,与各成员国建立协作机制。

2015年4月,上海合作组织地区反恐机构理事会第26次例行会议通过《上合组织成员国打击恐怖主义、分裂主义和极端主义2016—2018年合作纲要》草案。同年7月,上合组织发布消息称,该机构各成员国在应对网络恐怖威胁方面建立了协作机制:在组织结构内建成了防止网络恐怖主义威胁的协作机制,包括对极端组织上传照片、视音频和个人在网络招募加入恐怖组织的监督;组建了联合专家组,进行所获数据的交换和对成员国在通信技术领域打击恐怖主义协作组成部分的实时分析。

2017年6月,《上海合作组织成员国元首关于共同打击国际恐怖主义的声明》指出:"我们强烈谴责一切形式和表现的恐怖主义,并强调打击国际恐怖主义、开展国际反恐合作应发挥联合国及其安理会的核心协调作用,严格遵循《联合国宪章》中的宗旨和原则,恪守国际法准则。我们呼吁所有国家全面执行联合国大会及安理会相关决议和《联合国全球反恐战略》。"

作为上合组织成员国,中国在加强成员国反恐合作、提升反恐能力和协调合作等方面发挥着积极作用,并已与其他成员国一起形成了一整套反恐合作模式。

2014年12月,十二届全国人大常委会第十二次会议批准《上海合作组织反恐怖主义公约》,旨在进一步加强上海合作组织框架内反恐合作的法律基础,提高各成员国打击恐怖主义的协调能力和效率。

3. 加强并推动区域和次区域合作

一方面,联合国需要加强与区域和次区域组织合作,共同打击网络恐怖主义。联合国《消除国际恐怖主义的措施》中提出,必须加强国际、区域和次区域合作,以增强各国的国家能力,有效防止和打击一切形式和表现的国际恐怖主义。

自2001年以来,联合国反恐怖主义委员会同各国际、区域和次区域组织举行了多次特别会议,讨论如何在全球反恐工作框架内同委员会进行最有效的合作。区域和次区域组织则将确保其成员国政府在第1373(2001)号决议的框架内高度优先注意反恐行动。2015年5月,联合国秘书长潘基文在联合国大会有关加强联合国与区域和次区域组织合作的辩论会上表示,当今世界面临冲突、暴力和疾病的威胁,联合国将加强与区域和次区域组织的合作以应对挑战。第69届联合国大会主席库泰萨也表示,区域和次区域组织能够在应对全球挑战中发挥前所未有的重要作用。目前,已有近30个区域和次区域组织与联合国建立了正式合作关系,这些组织在与联合国的合作中也进一步增强了自身实力。

另一方面,中国支持联合国与区域及次区域组织加强合作。中国《网络空间国际合作战略》指出:"加强地区合作,依托亚太地区年度会晤协作机制开展打击信息技术犯罪合作,积极参加东盟地区论坛等区域组织相关合作,推进金砖国家打击网络犯罪和网络恐怖主义的机制安排。"

2013年8月,中国常驻联合国副代表王民在纽约联合国总部表示,加强联合国与区域和次区域组织合作,有助于预防和解决冲突。2017年4月,中国常驻联合国代表刘结一大使在联合国安理会召开人权与预防武装冲突问题公开会议上谈到"充分发挥区域和次区域组织的作用",国际社会应支持有关区域和次区域组织进一步发挥自身优势,为本地区预防冲突发挥更大作用。

近年来,非盟等非洲区域和次区域组织致力于非洲国家联合自强,积极预防冲突,推动以非洲方式解决非洲问题,为维护非洲大陆和平与稳定发挥了积极作用。在亚太地区,东盟地区论坛(Asean Regional Forum, ARF)是最主要的官方多边安全对话与合作渠道。东盟地区论坛、金砖国家等国际和地区相关进程,已就打击网络犯罪和网络恐怖主义,建立互联网应急响应合作等问题,举办了多次相关国际会议。此外,中国与东南亚国家联盟积极开展反恐怖问题磋商和交流,例如,2014年10月召开的中日韩网络安全事务磋商机制首次会议等。

三、积极推动国际社会构建全球"反恐体系"

尽管当前各国已就打击恐怖主义和网络恐怖主义达成共识,但是,在包括如何有效应对网络恐怖主义等方面仍面临诸多困难。虽然在"顶层体制"方面,联合国、国际刑警组织以及其他国际组织都建立起促进不同国家间实现合作的操作平台,但是,在执行机制层面,缺乏打击恐怖主义和网络恐怖活动的共同法律体系、技术手段和方法,造成网络安全保卫和反恐部门打击网络犯罪的执法困难。因此,加强国际交流合作,构建更加多元的沟通、合作机制,完善国际社会反恐的司法体系,势在必行。

1. 建立国际社会反恐"多元合作机制"

国际社会的反恐合作机制既包括由国际组织主导各国共同参与的反恐合作机制,也包括部分国家间构建的多边或双边反恐合作机制。2017年6月,在阿斯塔纳发布的《上海合作组织成员国元首关于共同打击国际恐怖主义的声明》,号召国际社会联合起来,在广泛的国际反恐联盟中共同打击破坏各国以及包括上合组织地区在内的各个地区稳定并导致局势紧张的全球恐怖主义。因此,建立全球反恐合作机制需要适应不同的具体情况,实现多元化发展。

截至2018年,中国已经与10多个国家建立了反恐合作机制,包括深入参与联合国、上合组织、全球反恐论坛等多边合作机制。在"多边反恐合作"方面,中、俄、哈、吉、塔、乌六国元首在上海签署了《打击恐怖主义、分裂主义和极端主义上海公约》,建立实质性的反恐多边合作机制。2017年8月,第二届"阿中巴塔"四国军队反恐合作协调机制高级领导人会议举行,与会各方一致同意进一步增进相互理解和信任,不断提升地区联合反恐能力,共同签署《"阿中巴塔"四国军队反恐合作协调机制协定》及《"阿中巴塔"四国军队反恐情报协调中心议定书》。在"双边反恐合作"方面,中国先后与美国、俄罗斯、英国、法国、德国、巴基斯坦、印度等国,或建立反恐合作机制,或就反恐问题进行深入磋商与交流。在加强与各国打击网络恐怖主义的务实合作方面,中国正在进一步加强推进反恐、禁毒、防务合作,形成更加严密、健全的执法合作网络,以动员社会各方面力量,强化人民大众的安全意识,形成相应的"综合治理"机制。

虽然国际社会反恐合作的呼声高涨,然而,反恐国际合作还更多地停留在理论层面,包括统一恐怖主义犯罪的界定,加强信息安全技术交流,建立反恐信息共享平台,加强国际合作与协同管理等。因此,各国在打击网络恐怖主义、反对网络恐怖主义传播、获取反恐情报、支援全球反恐行动方面仍需要进一步合作,建立国际反恐的"多元合作机制"。

2. 完善国际社会反恐"立体司法机制"

虽然各国都意识到在反恐问题上国际合作的重要性,但是目前缺乏各国一致认可的法律框架,这需要国际社会共同努力,协商建立国际反恐司法系统,健全打击网络犯罪司法协助机制,从反恐立法、执法等方面加强反恐力度。作为联合国的主要司法机关,国际法院可以在维持国际司法体系和国际法体系的一致性方面发挥领导作用。中国倡导反恐国际合作的同时,还积极倡导国际法律法规的建立,推动形成国际反恐"秩序化"和"法治化"。

中国积极参与防范打击网络恐怖主义的法律条文的制定,并加入相关反恐条约。中国加入绝大多数国际多边反恐公约,包括《东京公约》《海牙公约》和《蒙特利尔公约》三个防止空中劫持公约,以及《联合国打击跨国有组织犯罪公约》《关于防止和惩处侵害应受国际保护人员包括外交代表的罪行的公约》《反对劫持人质国际公约》《制止恐怖主义爆炸的国际公约》《制止向恐怖主义提供资助的国际公约》《打击恐怖主义、分裂主义和极端主义上海公约》等多个公约。

中国参与发表了多项反恐声明和文件。2002 年 6 月,上海合作组织成员国签署《上海合作组织成员国关于地区反恐机构的协定》,为各方启动安全领域实质性合作提供了法律依据。同年 10 月,亚太经合组织领导人第 10 次非正式会议通过《领导人宣言》和《反恐声明》两个文件,中国领导人参会并表示将进一步深化与各国在海关、交通、金融、网络等领域的反恐合作。

从国际社会反恐的立法情况来看,构成有关制止国际恐怖主义的重要国际法律或公约大致由三部分构成,包括由联合国或国际组织主持制定的有关公约、有关区域性国际组织制定的公约和各国政府自己制定的相关法律。但是,国际社会目前还没有一个具有制约力的反恐公约,由联合国大会通过的《联合国全球反恐战略》"更多是一种意向"。

3. 推进国际社会反恐"沟通协调机制"

联合国和一些国际组织还应在国际社会反恐沟通协调机制建设方面发挥积极作用,中国也是这方面的积极倡导者。2017 年 4 月,联合国安理会召开人权与预防武装冲突问题公开会,中国常驻联合国代表刘结一大使在出席会议并发言时表示,各国应恪守《联合国宪章》的宗旨和原则,坚持以对话协商妥善处理国家间争端。

中国与西方和周边国家一直保持高层沟通和交流,并针对"反恐"议题进行了各种务实合作,包括与欧洲联盟举办反恐国际论坛,探讨有关反恐的理论与实践问题,加强打击网络犯罪技术经验交流等。此外,中国在与美国、法国、英国等主要西方国家建立情报信息交换、反恐合作磋商机制的同时,不断推进与周边国家反恐合作机制建设。

以中美两国为例,中国启动与美国"加强反恐合作的高层对话平台";美国国务院推动两国高级代表团举行美中反恐对话,双方就加强反恐情报执法等领域交流合作进行了多轮"磋商"。但是,也有专家表示,中国和美国在反恐方面缺少互信,"在分享经验方面,双方还是有担心和顾虑,导致中美双方还是比较肤浅地在谈合作,而不是深度合作"。关键问题是,正如中方多次希望的,"美方要摒弃双重标准,与中方一道建立真诚、深度的反恐合作"。

四、网络空间是全球反恐的重要战场

恐怖主义、网络恐怖主义作为复杂的国际政治现象,除了需要国际社会和各国情报、安全部门提前预防、坚决打击之外,还必须做好对公众的安全教育工作和应对恐怖主义危机常识的普及工作。综合中国政府在各种场合的表态,中国将继续秉承"和平原则",建议国际社会切实遵守《联合国宪章》的宗旨与原则,共同应对恐怖主义和网络恐怖主义的威胁,反对利用信息通信技术实施敌对行动和侵略行径,防止网络军备竞赛,防范网络空间冲突,摒弃冷战思维、零和博弈和双重标准,坚持以和平方式解决网络空间的争端。

国家反恐安全专员

2019 年 6 月

前言

人类社会的发展史,就是人类文明融合与冲突演进的历史。在各种文明发展的历史长河中,出现了儒道学说及佛教、基督教和伊斯兰教为代表的宗教文明。特别是诞生在两河流域的西亚伊斯兰文明和欧洲基督教文明,地域临近,利益交织,既彼此冲突征服,又相互促进交流,在两千多年的时间里,一直维持着一种微妙的平衡。然而,正是这样的冲突与交流,极大促进了社会文明的进步。

始于18世纪60年代的工业革命,从根本上改变了这种平衡状态。首先,随着工业革命的推进,资本主义生产完成了从工场手工业向机器大工业的过渡,这使以欧美为代表的基督教文明获得了经济上的优势地位,西亚伊斯兰传统强国被迫沦为工业时代的石油能源基地和经济附庸。其次,20世纪以来,随着以报纸、广播、电视为代表的传媒产业高度发展,基督教文明获得了远胜其他文明的强势话语权,而且,在西方文明的冲击下,伊斯兰文明和其他文明都受到了威胁。最后,以20世纪90年代的海湾战争为标志,以美军为主的盟军首次将大量高科技武器投入实战,展示了压倒性的制空、制电磁优势,在美军的强大攻势面前,近百万伊军迅速土崩瓦解。在随后的几场基督教文明国家与伊斯兰国家的军事冲突中,西方国家无一例外地获得了胜利,获得了军事压倒性优势。

网络空间是现代信息科学的"新造物",是人类文明未来发展的主要方向,也是现实空间和精神世界交融的契合区。由于网络空间的自由、共享等特征,各国对网络空间的控制与现实社会相比相对薄弱,恐怖主义在现实世界无法获得的胜利,有些可以在网络空间获得收益。极端分子和宗教狂热分子自然不会放过网络这一全新战场,于是,恐怖主义在网络空间无序发展,网络恐怖主义野蛮生长,并严重影响国际社会的政治、经济、社会与军事秩序,成为全球各国公认的"毒瘤"。中国亦深受其害。

网络恐怖主义从一开始就极具网络时代特征,而且,网络恐怖主义主体将新技术、新应用不断与恐怖行动相结合,制造出各种耸人听闻的事件。特别是网络恐怖主义主体利用社交媒体策划、组织、实施网络恐怖主义袭击,成为近些年网络恐怖主义发展尤为突出的特点。网络恐怖主义的产生发展有其历史和现实的必然性,给人类社会带来了极大挑战,必须进行深入研究。

本书试图在"史、学、术"的学术框架下,探讨网络恐怖主义的产生、发展及其规律性问题。本书阐释了网络恐怖主义的基本概念,梳理了国外、国内研究对网络恐怖主义的界定及网络恐怖主义构成要素、目的、宗旨和本质,介绍了网络恐怖主义的发展历史、辞源、思想源、文化源,总结了网络恐怖主义不同历史发展阶段的特点、现状和发展趋势。依据其不同的主体、行为特征、攻击类型、动机根源和地域时空等划分标准,本书对网络恐怖主义进行了分类,并分别描述了网络恐怖主义的主体、组织和技术等方面的特征。运用宏观环境分析的 PEST 模型分析法,本书剖析了网络恐怖主义生成的政治环境、经济环境、社会文化环境、技术环境等,分析了网络恐怖主义的生成机制,探索了网络恐怖主义传播机制中的传播要素、传播模式、传播手段和传播特点,并以此为基础,提出了网络恐怖主义的防范机制,包括防范网络恐怖主义的国家战略保障策略、法制体系、技术体系和执行体系等。

学术研究是个动态的过程,这是因为研究对象处在不断发展变化的过程中。目前,我们能够看到的关于网络恐怖主义的现状,只不过是整个世界文明历史发展过程的片段,但是,这些片段也能够给研究者和读者带来启示。同时,未来的网络恐怖主义必将在各个方面顺应时代的发展,呈现出与以往恐怖主义不同的特征,这是其与相关环境和生态发展、竞争、选择的必然结果,是网络恐怖主义历史发展进化的必然内涵。本书虽然关注的是从互联网兴起至今这段历史时期网络恐怖主义发展进程的演变轨迹和发展规律,但是由于网络恐怖主义不会因为研究而停滞,所以研究结论必然也带有时代特征。此外,由于各种原因,在诠释网络恐怖主义发展的宏观、中观、微观环境的复杂图景时,不能够覆盖完整,再加上文化背景的差异和理解上的偏差,研究文本难免出现不准确、不完整的地方,而这也是避免不了的。

总之,相对于人类文明的历史,网络恐怖主义是"新生事物",历史短、变化快、手段新,加之其隐蔽性、地域性、语言障碍等原因,对其研究存在很大困难,也存在极大局限性。本书仅为作者学术探讨的一家之言,旨在抛砖引玉,敬请行业专家、学者、有识之士指教、斧正。

作 者

2019 年 5 月

目 录
Contents

第一章　网络恐怖主义的基本概念 …………………………………… 1
　第一节　网络恐怖主义的定义 ……………………………………… 2
　　一、国外对网络恐怖主义的定义 …………………………………… 2
　　二、国内对网络恐怖主义的定义 …………………………………… 10
　　三、本书对网络恐怖主义的定义 …………………………………… 14
　第二节　网络恐怖主义的释义 ……………………………………… 16
　　一、网络恐怖主义的构成要素 ……………………………………… 16
　　二、网络恐怖主义的目的 …………………………………………… 18
　　三、网络恐怖主义的宗旨 …………………………………………… 21
　　四、网络恐怖主义的本质 …………………………………………… 21
　第三节　网络恐怖主义相关概念辨析 ……………………………… 24
　　一、网络恐怖主义与恐怖主义 ……………………………………… 24
　　二、网络恐怖主义与传统恐怖主义 ………………………………… 26
　　三、网络恐怖主义与网络恐怖犯罪 ………………………………… 27
　　四、网络恐怖主义与网络攻击 ……………………………………… 28
　　五、网络恐怖主义与网络战 ………………………………………… 29

第二章　网络恐怖主义的发展历史 …………………………………… 32
　第一节　网络恐怖主义的历史溯源 ………………………………… 32
　　一、网络恐怖主义的历史源起 ……………………………………… 32
　　二、网络恐怖主义的发展阶段 ……………………………………… 38
　第二节　网络恐怖主义的发展现状 ………………………………… 41
　　一、网络恐怖组织现状 ……………………………………………… 41
　　二、网络恐怖主义攻击现状 ………………………………………… 43
　　三、网络恐怖主义行为的影响 ……………………………………… 46

第三节　网络恐怖主义的发展趋势 ………………………………… 54
一、网络恐怖主义主体的发展趋势 ………………………………… 54
二、网络恐怖主义攻击的发展趋势 ………………………………… 56
三、网络恐怖主义行为的发展趋势 ………………………………… 59

第三章　网络恐怖主义的基本类型 ………………………………… 62
第一节　按照行为主体划分的网络恐怖主义 ……………………… 62
一、个人型网络恐怖主义 …………………………………………… 62
二、组织型网络恐怖主义 …………………………………………… 65
三、国家型网络恐怖主义 …………………………………………… 65
第二节　按照行为特征划分的网络恐怖主义 ……………………… 67
一、技术攻击型网络恐怖主义 ……………………………………… 67
二、心理威慑型网络恐怖主义 ……………………………………… 68
三、舆论宣传型网络恐怖主义 ……………………………………… 70
第三节　按照工具类型划分的网络恐怖主义 ……………………… 73
一、工具型网络恐怖主义 …………………………………………… 74
二、目标型网络恐怖主义 …………………………………………… 79
三、混合型网络恐怖主义 …………………………………………… 79
第四节　按照地域时空划分的网络恐怖主义 ……………………… 80
一、国内型网络恐怖主义 …………………………………………… 80
二、区域型网络恐怖主义 …………………………………………… 81
三、国际型网络恐怖主义 …………………………………………… 82
第五节　按照动机根源划分的网络恐怖主义 ……………………… 83
一、民族主义型网络恐怖主义 ……………………………………… 83
二、宗教极端型网络恐怖主义 ……………………………………… 84
三、意识形态型网络恐怖主义 ……………………………………… 86

第四章　网络恐怖主义的基本特征 ………………………………… 87
第一节　网络恐怖主义的主体特征 ………………………………… 87
一、网络恐怖主义主体成员构成特征 ……………………………… 88
二、网络恐怖主义主体理念主张特征 ……………………………… 91
三、网络恐怖主义主体行为模式特征 ……………………………… 94

第二节　网络恐怖主义的组织特征 ………………………………… 100
　　一、网络恐怖组织结构特征 ……………………………………… 101
　　二、网络恐怖组织管理特征 ……………………………………… 102
　　三、网络恐怖组织背景特征 ……………………………………… 104
第三节　网络恐怖主义的技术特征 ………………………………… 105
　　一、网络恐怖主义攻击目标特征 ………………………………… 106
　　二、网络恐怖主义攻击手段特征 ………………………………… 112
　　三、网络恐怖主义攻击后果特征 ………………………………… 113
第四节　网络恐怖主义的哲学特征 ………………………………… 116
　　一、网络恐怖主义的存在是历史和现实逻辑的统一 …………… 116
　　二、网络恐怖主义是社会存在和社会意识的辩证统一 ………… 117
　　三、网络恐怖主义的产生是内因与外因的共同作用 …………… 119
　　四、网络恐怖主义的发展是由量变到质变的过程 ……………… 121
　　五、网络恐怖主义不是阻碍世界发展的主要矛盾 ……………… 123
　　六、网络恐怖主义有其个性也有其他恐怖主义的共性 ………… 124
　　七、用联系和发展的观点看网络恐怖主义的未来趋势 ………… 125

第五章　网络恐怖主义的生成机制 …………………………………… 128
第一节　网络恐怖主义生成的政治环境 …………………………… 129
　　一、信息革命导致网络赋权与网络分权 ………………………… 129
　　二、网络空间利益分配与网络空间新秩序 ……………………… 132
　　三、国际政治秩序斗争与霸权主义思维 ………………………… 133
　　四、政府权力弱化与国家控制力弱化 …………………………… 134
　　五、民族宗教矛盾与意识形态斗争 ……………………………… 135
第二节　网络恐怖主义生成的经济环境 …………………………… 137
　　一、经济全球化是客观条件 ……………………………………… 137
　　二、南北问题是重要经济根源 …………………………………… 138
　　三、社会并发效应提供发展空间 ………………………………… 139
　　四、资金需求提供发展驱动力 …………………………………… 139
第三节　网络恐怖主义生成的社会文化环境 ……………………… 140
　　一、世俗主义环境孕育产生的温床 ……………………………… 141
　　二、文明的冲突是造成认同的鸿沟 ……………………………… 141

三、暴力文化蔓延和极端思潮泛滥 …………………………………… 143
　　四、意识形态传播成为恐怖思想源 …………………………………… 143
　　五、社会思潮反映社会问题的担忧 …………………………………… 144
　　六、风险社会造成社会戾气升级 ……………………………………… 145
第四节　网络恐怖主义生成的技术环境 …………………………………… 146
　　一、信息技术革命是直接推动原因 …………………………………… 147
　　二、网络依赖程度加深是客观条件 …………………………………… 147
　　三、信息产业的发展成为风险因素 …………………………………… 148
　　四、现代传媒发挥一定助推作用 ……………………………………… 149
　　五、网络信息化提供各种技术支持 …………………………………… 149
第五节　网络恐怖主义生成的其他环境 …………………………………… 152

第六章　网络恐怖主义的传播机制 …………………………………………… 154
第一节　网络恐怖主义的传播要素 ………………………………………… 154
　　一、网络恐怖主义传播主体 …………………………………………… 155
　　二、网络恐怖主义传播客体 …………………………………………… 157
　　三、网络恐怖主义传播内容 …………………………………………… 160
　　四、网络恐怖主义传播载体 …………………………………………… 164
　　五、网络恐怖主义传播效果 …………………………………………… 167
第二节　网络恐怖主义的传播模式 ………………………………………… 171
　　一、网络恐怖主义传播的直线模式 …………………………………… 171
　　二、网络恐怖主义传播的互动模式 …………………………………… 172
　　三、网络恐怖主义传播的循环模式 …………………………………… 175
第三节　网络恐怖主义的传播特点 ………………………………………… 176
　　一、网络恐怖主义传播信息多元化 …………………………………… 176
　　二、网络恐怖主义传播表现立体化 …………………………………… 177
　　三、网络恐怖主义传播模式互动化 …………………………………… 177
第四节　网络恐怖主义的传播手段 ………………………………………… 178
　　一、信息：网络恐怖主义的情报收集 ………………………………… 178
　　二、培训：网络恐怖主义的虚拟课堂 ………………………………… 180
　　三、募金：网络恐怖主义的经济驱动 ………………………………… 182
　　四、社交：网络恐怖主义的协调互动 ………………………………… 184

五、舆论:网络恐怖主义的形象传播 …………………………… 185
　　六、公关:网络恐怖主义的自我营销 …………………………… 187

第七章　网络恐怖主义的防范机制 ………………………………………… 190
　第一节　防范网络恐怖主义的战略保障 …………………………… 191
　　一、防范网络恐怖主义的国家原则 …………………………… 191
　　二、防范网络恐怖主义的国家战略 …………………………… 195
　　三、防范网络恐怖主义的管理设计 …………………………… 197
　　四、防范网络恐怖主义的具体措施 …………………………… 200
　第二节　防范网络恐怖主义的法制体系 …………………………… 210
　　一、建立全球防范网络恐怖主义的法律体系 ………………… 211
　　二、建立公平合理的全球网络规则体系 ……………………… 214
　　三、重视防范网络恐怖主义的法律问题 ……………………… 216
　第三节　防范网络恐怖主义的技术体系 …………………………… 219
　　一、建立防范网络恐怖主义的指挥防控体系 ………………… 220
　　二、建立防范网络恐怖主义的科研应用体系 ………………… 223
　　三、建立防范网络恐怖主义的教育培训体系 ………………… 230
　第四节　防范网络恐怖主义的执行体系 …………………………… 236
　　一、建立防范网络恐怖主义的预警机制 ……………………… 237
　　二、建立防范网络恐怖主义的响应机制 ……………………… 238
　　三、建立防范网络恐怖主义的处置机制 ……………………… 240

参考文献 ………………………………………………………………………… 249

后记 ……………………………………………………………………………… 252

第一章
网络恐怖主义的基本概念

20世纪40年代问世的通信与信号处理学科的采样定理,又称香农采样定理、奈奎斯特采样定理,"为数字化技术奠定了重要基础"。采样定理说明了采样频率与信号频谱之间的关系,是连续信号离散化的基本依据。就其实质而言,这一定理"在数字式遥测系统、时分制遥测系统、信息处理、数字通信和采样控制理论等领域得到广泛的应用",为数字化技术的发展提供了重要理论依据。《数字化生存》(Being Digital)[①]一书是中国内地普遍认可的论述"数字化"的经典作品。数字化技术的发展为计算机、多媒体、信息、软件技术以及网络技术等的发展提供了基础的技术支持,也为其他技术的发展指明实现数字化的便捷路径。

数字化进程在信息传播方式的演变过程中充当了非常重要的角色,特别是对媒介技术的发展产生了重要的影响,也为网络恐怖主义通过网络媒介的发展提供了技术可能。同时,网络的现状与未来发展趋势,为网络时代恐怖主义通过网络手段实现其传播观念、策划行动、实施攻击等提供了便捷,更对各国防范网络恐怖主义提出了挑战。各国在认识和防范网络恐怖主义的实践中不断探索新途径,而在学界,交叉学科研究在这个历史时期的盛行,为网络恐怖主义研究带来了新的思路和方法,也为网络恐怖主义研究的历史呈现提供了现代性的可能。

---

① 尼葛洛庞帝.数字化生存[M].胡泳,范海燕,译.海口:海南出版社,1996.

第一节 网络恐怖主义的定义

"网络恐怖主义"作为术语最早出现于20世纪80年代后期,但是,直到90年代初期才随着相关研究的深入而广为人知。① 2008年11月,印度孟买发生了恐怖袭击,这次恐怖袭击与因特网有着密切的联系,恐怖分子在策划袭击时通过谷歌地球查看目标位置并进行模拟演练,国外的袭击策划者还通过网络指挥具体行动。② 这一事件引起世界各国的广泛关注,对网络恐怖主义的研究开始进入更多国家政府的关注视野。网络恐怖主义是一个具有很大模糊性且有很大争议的概念,人们的认识目前还不统一,因此,对其的解释也存在不同版本。而且,随着网络恐怖主义的演化与变革,在不同历史时期和不同国家,就算是既有的定义,其内涵和外延也会产生变化。总之,网络恐怖主义的定义,包括内涵和外延,在逐渐得到补充和完善。

一、国外对网络恐怖主义的定义

"网络恐怖活动"这一名词最早是由美国信息战专家斯瓦特在其所著《信息战争》一书中提出的,该书稿交付出版社的时间正是美国启动"信息高速公路"的1993年。③ 这表明,美国在迈出信息化进程的第一步时就已经意识到新的威胁,有预见性地确立了信息安全观念。

美国专家学者对网络恐怖主义研究的时间相对较早,文献数量相对丰富。在1996年美国伊利诺伊大学召开的第11次犯罪公正国际学术年会上,有学者讨论了网络中的恐怖主义,这一主题在后来的年会中得以延伸。

中国学者相关研究的文献显示,美国加州安全与情报研究所的资深研究员巴里·科林(Barry C. Collin)在1986年提出了"网络恐怖主义"(cyber-terrorism)这

---

① 朱永彪,任彦. 国际网络恐怖主义研究[M]. 北京:中国社会科学出版社,2014:4-5.
② 千省利,邵梦. 网络恐怖主义法律问题研究[J]. 信息网络安全,2008(2).
③ 何方明,侯晓娜. 美国反网络恐怖活动的情报工作及对我国的启示[J]. 江西公安专科学校学报,2009(1):56-59.

个术语,并对它做了初步界定。但是,当时这一术语并没有引起人们的注意。直到 1996 年,科林对网络恐怖分子将会发动袭击的方式做了较为生动详细的描绘之后,"网络恐怖主义"一词才开始见诸学者文章与媒体报道。伴随着世界范围黑客行为的增加,美国学者、媒体对"电子珍珠港"的渲染,以及关于网络战研究的深入,"网络恐怖主义"一词开始引起更多人的注意。特别是美国"9·11"事件后,"网络恐怖主义"一词频繁出现于东西方话语体系。

虽然如此,东西方学界和业界都未能就"网络恐怖主义"的定义形成共识。资料显示,界定网络恐怖主义的有三类主体:第一类是政府部门和相关机构,如美国联邦调查局(FBI)、美国战略与国际研究中心(CSIS)等,对网络恐怖主义给出官方定义和解释。第二类是法律法规等文件,包括 2001 年 10 月 26 日由美国总统乔治·沃克·布什签署颁布的国会法案(Act of Congress)《美国爱国者法案》(USA PATRIOT Act),其正式的名称为《使用适当之手段来阻止或避免恐怖主义以团结并强化美国的法律》(Uniting and Strengthening America by Providing Appropriate Tools Required to Intercept and Obstruct Terrorism Act),将网络恐怖主义列为正式的法律术语。第三类是学术界、业界的专家学者和相关研究人员,如美国反恐专家巴里·科林、多罗西·邓宁等。

(一)组织机构对网络恐怖主义的定义

从 1963 年起,在联合国的支持下,16 个国际公约将特定的恐怖主义行为规定为刑事犯罪。此后,在各国参与下相继制定和颁布了一系列国际公约和联合国决议,共同建立了全球反恐准则。而且,随着新媒体形态包括社交媒体等的发展,联合国致力于铲除恐怖主义思想根源,抑制恐怖主义、宗教极端主义等在网络空间的传播。国际社会已经注意到恐怖活动组织越来越多地利用互联网招募成员,进行煽动、筹资和筹划等恐怖活动,如联合国安理会第 1963 号决议、第 2129 号决议、第 2133 号决议等,要求成员国采取措施防止网络恐怖活动。

2013 年 12 月,联合国安理会通过第 2129 号决议,强调国际社会应继续将打击恐怖主义作为工作重点。安理会成员一致同意在第 2129 号决议中写入中国常驻联合国代表刘结一提出的关于"当前恐怖组织和恐怖分子利用互联网发布音频、视频等煽动、策划或实施恐怖活动"等内容。这是安理会决议首次明确要求各国就加强打击网络恐怖主义采取具体措施,对国际社会进一步打击恐怖组织和恐怖分子利用互联网从事恐怖活动具有重要意义。

2013 年 9 月,第 68 届联合国大会进行《联合国全球反恐战略》第四次评审并通过决议,要求各国关注恐怖分子利用互联网等信息技术从事煽动、招募、资助或策划恐怖活动,各国、国际组织及私营部门等应合作应对,并根据中国提出的修改意见,首次在全球反恐战略的框架内写入打击网络恐怖主义的内容。

2016年1月,联合国秘书长潘基文向联合国大会提交《防止暴力极端主义行动计划》。该行动计划呼吁国际社会采取一致行动防止暴力极端主义,并向各国和地区提出建立各自的行动计划建议。潘基文在联合国大会上介绍这一行动计划时说,暴力极端主义是对《联合国宪章》的直接攻击,对国际和平与安全构成严重威胁,"伊斯兰国"(ISIS)、"博科圣地"等团体的罪行惨无人道,令人震惊。潘基文说,暴力极端主义并不局限于某一特定宗教、国籍或种族,应对这一挑战是联合国的核心工作。这一行动计划通过实际和综合性手段应对暴力极端主义的驱动因素,为各国在国家层面应对这一问题提出了70多项具体建议。这些都为在联合国框架下开展国际反恐合作提供了依据。同年5月,联合国安理会就"反击恐怖主义言论和意识形态"举行公开辩论。

联合国反恐任务实施力量工作组(CTITF)以列举的形式将网络恐怖主义行为界定为四类:利用互联网通过远程改变计算机系统上的信息或者干扰计算机系统之间的数据通信以实施恐怖袭击;为了恐怖活动的目的将互联网作为其信息资源进行使用;将使用互联网作为散布与恐怖活动目的有关信息的手段;为了支持用于追求或支持恐怖活动目的的联络和组织网络而使用互联网。[①]

美国联邦调查局和国防部(DOD)是美国的反恐前锋,对网络恐怖主义做了更详细的定义。[②] 美国联邦调查局给网络恐怖主义的定义是:为实现特定的宗教、政治或意识形态的目的,一些非政府组织或秘密组织对信息、计算机系统、计算机程序和数据所进行的有预谋、含有政治动机的攻击,以造成严重的暴力侵害。美国国防部给网络恐怖主义的定义是:利用计算机和电信能力实施的犯罪行为,以造成暴力和对公共设施的毁灭或破坏来制造恐慌和社会不稳定,旨在影响政府或社会实现其特定的政治、宗教或意识形态目标。此外,一些研究机构也尝试界定网络恐怖主义。美国战略与国际研究中心认为:网络恐怖主义是应用计算机网络工具关闭一国基础设施(能源、交通、政府运营等)或者胁迫、恐吓政府或普通民众。

---

① 皮勇. 全球化信息化背景下我国网络恐怖活动及其犯罪立法研究——兼评我国《刑法修正案(九)(草案)》和《反恐怖主义法(草案)》相关反恐条款[J]. 政法论丛,2015(1):68-79.
② 黎雪琳. 网络恐怖主义探析[J]. 广西警官高等专科学校学报,2008(1):17-20.

（二）各国法律法规等文件对网络恐怖主义的定义

2000年2月，英国在《反恐怖主义法案2000》(Terrorism Act 2000)中第一次从法律上正式明确提出"网络恐怖主义"的概念，将"影响政府或者社会的黑客行为"归入恐怖主义的范围，首次以立法的方式确认网络恐怖主义的存在。该法案认为，网络恐怖主义可以定义为：由特定组织或个人发起的，以网络为主要手段和活动空间的，旨在破坏国家或者国际政治稳定、经济安全和社会秩序的，有预谋、以制造轰动效应为目的的恐怖活动，是恐怖主义向信息技术领域扩张的产物。英国率先把任何干预公共电脑系统操作而危害他人性命的黑客，赋予"电脑恐怖分子"称号，他们将与其他恐怖分子一样，受到反恐怖主义法律条例的制裁。英国内政部发言人表示，当局并无专责部门处理计算机犯罪，它们通常由多个部门共同处理；但是任何严重干扰或妨碍电子系统运作的人士，将根据反恐怖主义法律条例惩办。此后，英国相继颁布了《2001年反恐怖主义、犯罪和安全法》(Anti-Terrorism, Crime And Security Act 2001)、《2005年预防恐怖主义法》(Prevention of Terrorism Act 2005)、《2006年反恐怖主义法》(Terrorism Act 2006)、《2008年反恐怖主义法》(Counter-Terrorism Act 2008)等。2010年，英国在国家安全战略报告中，把网络攻击与恐怖主义、国家间军事危机、重大事故和自然灾害一并定为国家安全面临的四大主要威胁。2015年，英国实施《反恐怖主义法》，针对新情况，推出应对举措，包括强制航空公司向英国政府提供乘客信息以及存储数据等，这是因为英国政府担心网络对英国人的意识形态具有蛊惑作用，所以，加强了应对网络时代恐怖主义的措施。

美国21世纪国家安全委员会在1999年发布的《新世纪国家安全报告》中，首次将网络攻击武器定义为大规模破坏性武器，并将其与专指核、生、化武器的大规模毁灭性武器相提并论。2000年，美国《国家安全报告》又首次把保卫能源、银行与财政、电信、交通、供水系统等重要的信息基础设施的安全，列为国家的关键利益。"9·11"事件发生以后，美国在加强现实空间反恐怖行动的同时，也大力加强网络空间反恐措施的制定。2001年，美国颁布了《爱国者法》，即"反恐2001法案"，将网络恐怖主义列为正式的法律术语。美国司法部通过的《反对恐怖主义法案》，把"危及美国经济稳定和政府政党活动的黑客行为"列入"恐怖主义罪行"的黑名单。此后，美国众议院司法常设委员会的一份报告中指出："网络恐怖主义指利用电脑系统进行由特定的法律所界定的恐怖活动。真正的网络恐怖主义的特点在于大规模地破坏或是威胁要进行大规模破坏，其目的是损害或强迫平民或政府。"

布什政府在2003年和2006年发布了两份《抗击恐怖主义国家战略》,而2003年布什签发的《保护网络空间国家安全战略》中,重申维护网络安全是一项艰巨的战略挑战,需要包括各级政府、私营部门和全体公民在内的整个美国社会的协作和共同努力。2011年6月和12月,奥巴马政府相继公布《国家反恐战略》和《反恐战略执行计划》,旨在应对本土滋生的恐怖主义。

2016年12月5日,俄罗斯联邦总统普京颁布646号总统令,批准俄罗斯联邦新版《信息安全学说》即日生效,并同时宣布,2000年10月9日颁布的俄罗斯《信息安全学说》(1895号总统令)失效。俄罗斯历来十分重视信息安全问题,此前受西方"信息战"理论和实践冲击,俄罗斯在2000年颁布的《信息安全学说》中,正式把信息安全作为战略问题来考虑,从理论和实践上加紧准备与建设,认真探讨进行信息战的各种措施。2016年发布的新版学说是对2000年版《信息安全学说》的更新升级,内容更加丰富,任务更加明确。《信息安全学说》认为,"信息恐怖主义(网络恐怖主义)是为实现恐怖主义目的在国际信息领域使用电信和信息系统及资源,以及影响这些系统或资源"。①

2001年,日本公布的"e-Japan计划"将"确保信息安全"作为五大主要方针之一,主张建立"对付网络恐怖数据库",收集网络恐怖活动的信息,着手开发信息安全评估等基础技术。2015年9月4日,日本内阁决议正式通过了新版《网络安全战略》。与2013年版《网络安全战略》相比,新战略将网络攻击的防范监管范围扩大到"独立行政法人"和部分"特殊法人",并规定"日本政府机关处理重要信息的系统要与网络分离开来"。同时,新战略还提出积极参与构建网络空间国际规则的方针,并强调确保2020年东京奥运会与残奥会免受网络恐怖主义攻击的相关举措。

(三)专家学者对网络恐怖主义的定义

1. 美国

美国加州安全与情报研究所的资深研究员巴里·科林发现网络与恐怖主义相结合(converge)的现象,讨论恐怖主义从现实世界到虚拟世界超越的问题。他首次正式地提出网络恐怖主义概念,并认为网络恐怖主义是"网络"与"恐怖主义"相结合的产物,是一种由国家或非国家主使的,针对信息、计算机程序和数据以及网络系统,带有明确政治目的的攻击行动。②

---

① 朱永彪,任彦. 国际网络恐怖主义研究[M]. 北京:中国社会科学出版社,2014:8.
② 张琼,刘璐. 试论网络恐怖主义的特征及对策[J]. 科技信息,2009(10):209-210.

美国乔治敦大学（Georgetown University）计算机科学教授、密码学家、网络反恐学者多罗西·邓宁在2000年5月的一次发言中认为，"网络恐怖主义是恐怖主义和网络空间的结合（convergence）"，"它是基于对电脑、网络（networks）以及储存在电脑和网络中的数据进行非法攻击或威胁进行攻击，以便胁迫或强制一国政府或国民，从而达到一定的政治或社会目的。"①邓宁还进一步对如何界定网络恐怖主义作出说明："如果被称为网络恐怖主义，一次攻击应该在结果上表现为对民众或财产的暴力对待，或者至少是造成了爆炸或巨大经济损失的袭击，都是网络恐怖主义的例子。对关键基础设施发起的严重袭击，如果其引起的后果比较严重，可以界定为网络恐怖主义。那些造成了不重要的服务中断的攻击，或者主要是造成了重大损失的骚扰性攻击，不能称为网络恐怖主义。"此外，邓宁还给出另外一个定义："有意要引起严重伤害（如人员死亡或严重的经济损害）的有政治动机的黑客行为。"①

美国联邦调查局反恐/反间谍部执行副总卡鲁索（J. T. Caruso）这样定义网络恐怖主义："恐怖组织越来越多地利用包括互联网在内的通信技术策划恐怖活动、募集资金、进行宣传等活动。网络恐怖主义则是指利用网络破坏重要基础设施，包括电力、交通以及其他政府运营系统等，以达成其政治目的。这显然是恐怖分子一种新手段。"②卡鲁索认为，最有可能遭受网络恐怖袭击的基础设施有电力系统、交通系统、水利设施、通信系统等。

西南密苏里州立大学的洛德·斯塔克（Rod Stark）指出："网络恐怖主义是由非国家或国家主使的集团进行的、有目的的或威胁使用政治、社会、经济或宗教目的的网络战或以网络为目标的暴力活动，目的是引起目标人群的恐慌、焦虑和痛苦以毁坏军事和民用设施。"③

在1997年10月第20届全国信息系统安全会议（National Information Systems Security Conference）上，美国联邦调查局特派员马克·波利特（Mark Pollitt）提交的论文《网络恐怖主义——现实还是想象？》将网络恐怖主义定义为"由亚国家组织（sub-national groups）或秘密行动者（clandestine agents），对信息、计算机程序，以及对数据发动有预谋的、有政治动机的攻击，其结果导致对非战斗目标实施暴力行为"④。这种观点将网络恐怖活动限定在网络恐怖袭击的范围内，并将其与

---

① 朱永彪，任彦. 国际网络恐怖主义研究[M]. 北京：中国社会科学出版社，2014：6.
② 最有可能遭受网络恐怖袭击的基础设施[N]. 青年时讯，2004-07-22. http://news.sina.com.cn/o/2004-07-22/02213189596s.shtml.
③ 朱永彪，任彦. 国际网络恐怖主义研究[M]. 北京：中国社会科学出版社，2014：7.
④ 张琼，刘璐. 试论网络恐怖主义的特征及对策[J]. 科技信息，2009(10)：209-210.

暴力型恐怖活动直接联系。

原美国联邦调查局高级研究员、纽黑文大学教授威廉姆·塔夫亚（William L. Tafoya）认为，网络恐怖主义是通过应用高科技实现政治、宗教、意识形态目的，使重要基础设施数据瘫痪或者被删除而引发严重后果等行动，来恐吓普通民众。这个定义将网络恐怖行为的目的、手段和后果等因素都考虑其中。

Desouza 和 Hensgen 对网络恐怖主义的定义是："出于个人或组织的犯罪动机，以破坏或搞垮政治稳定或国家利益为目的，通过使用电子设备及其技术手段，直接对信息系统、计算机程序或其他如通信、传输和存储等电子目标进行袭击的有目的的攻击行为。"总之，网络恐怖主义是基于政治、宗教或社会目的，通过针对关键的ICT（信息通信技术）基础设施实施威胁攻击或破坏，以造成损失的网络攻击行为来达到其制造恐惧、惊慌和威慑目的的犯罪行为。①

美国国会研究服务部（Congressional Research Service，CSR）外交、国防以及贸易部门的技术与国家安全专家克莱·威尔逊（Clay Wilson）的定义是："由有政治动机的国际性、亚国家群体，或秘密行动者利用计算机作为武器，或者是目标，来威胁制造或制造暴行及恐惧，意图影响民众，或使一国政府改变策略。"②2008年，美国国会研究服务部发布了一份报告警示说，美国军队应用这项基于网络的合作技术来训练士兵和收集情报，但是同样的方法也可能被恐怖分子加以利用，来训练和组织袭击。克莱·威尔逊在报告中说："用（虚拟现实技术）来训练，将允许相距很远的两支部队通过因特网或者是保密网际协议邮件路由网络（siprnet），在仿真的环境中进行面对面的对抗，还将允许快速反应机构、公民甚至是医疗机构通过仿真网络与部队进行配合联系。"

Janszewski 和 Colarik 指出："网络恐怖主义的出现便意味着传统的'罪犯'又多了一种通过计算机和电信技术进行潜在攻击的新的犯罪。"在某些情况下，网络攻击往往被视为网络恐怖主义。然而，不是所有的网络犯罪都是网络恐怖主义行为。网络恐怖分子和网络犯罪分子可能会使用相同的底层安全和黑客技术入侵系统，但其根本动机、目标和破坏效果是有所区别的。③

《黑冰：无形的网络恐怖主义威胁》一书的作者丹·韦尔顿（Dan Verton）给出的定义是："网络恐怖主义是由国内外的亚国家组织或个人发动的带有政治目的的

---

① 安尼瓦尔·加马力,木尼拉·塔里甫,张昆.基于生命周期循环模型的网络恐怖主义犯罪治理控制研究[J].新疆警察学院学报,2014(3):15-21.
② 朱永彪,任彦.国际网络恐怖主义研究[M].北京:中国社会科学出版社,2014:6-7.
③ 安尼瓦尔·加马力,木尼拉·塔里甫,张昆.基于生命周期循环模型的网络恐怖主义犯罪治理控制研究[J].新疆警察学院学报,2014(3):15-21.

突然袭击——使用计算机技术和因特网来削弱或破坏一国的电子和物理设施,由此导致关键服务的中断,如电力、911报警系统、电话业务、银行系统、因特网,以及其他一系列的服务。"①

2. 德国

德国马克斯普朗克刑法研究所所长乌尔里希·齐白(Ulrich Sieber)教授认为,对网络恐怖主义的界定可以采取两种方式:一种是恐怖活动分子利用互联网实现了什么,另一种是互联网给恐怖活动分子什么特别的能力。因此,德国学者将网络恐怖活动界定为出于恐怖主义目的、使用互联网的三类行为,这些行为包括:利用互联网对计算机系统实施破坏性攻击、通过互联网向公众传播非法内容,以及以计算机为基础进行策划与支援恐怖活动的其他行为。② 这一定义将网络恐怖主义扩展到将网络作为恐怖主义手段和犯罪空间的范畴。

3. 以色列

以色列海法大学传播学教授加布里埃尔·韦曼(Gabriel Weimann)指出,网络恐怖主义是网络空间与恐怖主义的结合,指的是对于计算机、网络及其上存储的信息的非法攻击和威胁攻击,以恐吓或强迫政府或其人民来达到政治或社会目的。2004年已经处于Web 2.0时期,但是,韦曼教授的观点仍然停留在Web 1.0时代,也就是说,他认为网络恐怖主义只限于网络恐怖攻击行为即对于网络本身的攻击。到2014年的Web 3.0阶段,韦曼对网络恐怖主义的认识及时跟进,认为新媒体带来了新恐怖主义。他详细分析了电子"圣战"、脸谱恐怖主义、推特恐怖主义、优图恐怖主义等新恐怖主义,认为恐怖分子已经长久使用网络,以招募人员、进行宣传、蛊惑、恐吓和募集资金。③

4. 俄罗斯

俄罗斯政治研究中心的学者给出的定义是:"网络恐怖主义(计算机恐怖主义,或电子恐怖主义)是指通过计算机网络传播数据的方法对计算中心、军事网络和医疗机构管理中心、银行及其他金融网络展开的攻击。其结果可能造成(政府机关等)瘫痪,造成(大型生产集团)经济损失,甚至可能由于紊乱的工作秩序造成人员伤亡(如攻击机场调度与控制系统)。"据俄罗斯卫星新闻通讯社报道,2016年5月,俄罗斯总统信息安全领域国际合作事务特别代表安德烈·克鲁茨基赫在接受

---

① 朱永彪,任彦. 国际网络恐怖主义研究[M]. 北京:中国社会科学出版社,2014:7.
② 皮勇. 全球化信息化背景下我国网络恐怖活动及其犯罪立法研究——兼评我国《刑法修正案(九)(草案)》和《反恐怖主义法(草案)》相关反恐条款[J]. 政法论丛,2015(1):68-79.
③ 于志刚,郭旨龙. 网络恐怖活动犯罪与中国法律应对——基于100个随机案例的分析和思考[J]. 河南大学学报(社会科学版),2015,55(1):11-20.

《生意人报》采访时表示:"网络恐怖主义是最为可怕的现象之一,但又是全新的。然而,举例来说,'伊斯兰国'就已经进入了信息空间,在从事网络恐怖主义。"

5. 英国

英国爱丁堡大学的瓦尔瓦拉·密特里阿加(Varvara Mitliaga)虽然没有直接给出网络恐怖主义的定义,但是他指出网络恐怖主义必须具备以下特征:"……袭击必须造成针对人或财产的暴力,或者至少是造成能引起恐怖的损害。那些造成了不重要的服务中断的攻击,或者主要造成了重大损失的骚扰性攻击,不能称为网络恐怖主义。"他举例说:"远程访问一个飞机或者道路交通控制系统并制造一起使人丧命的事故,或者至少是严重的破坏以及恐慌的蔓延,这将构成网络恐怖主义。然而,目的是转移信息而未经授权就渗进一个计算机系统,或者仅仅是为了骚扰系统用户的渗透,并不构成网络恐怖。"[①]

二、国内对网络恐怖主义的定义

"9·11"事件后,更多的中国学者开始关注网络恐怖主义,尝试给网络恐怖主义作比较系统、明确的界定,且从不同角度研究网络恐怖主义相关课题。

1. 法律和文件的定义

中国颁布的《计算机软件保护条例》《中华人民共和国计算机信息系统安全保护条例》《计算机信息网络国际联网安全保护管理办法》等行政法律、法规都规定,单位能够成为计算机违法行为的主体,对单位犯罪的,应当依法追究刑事责任。立法将单位纳入计算机犯罪的主体,实现了"刑法与非刑事法律之间的对接"。

2008年,中国公安部反恐局在其编印的《公民防范恐怖袭击手册》和《公民安全防范手册》中对"网络恐怖袭击"作出说明,即"利用网络散布恐怖信息、组织恐怖活动、攻击电脑程序和信息系统等"。

2015年通过的《中华人民共和国刑法修正案(九)》和《中华人民共和国反恐怖主义法》并没有专门就网络恐怖主义犯罪设置单独的条款,但是,对具有恐怖主义目的攻击或利用网络的行为提供了相应的行政或刑罚处罚指引。因此,在打击网络恐怖主义犯罪方面,我国已"有法可依"。

2. 专家学者的定义

随着研究人数和研究成果数量的增加,中国学者对网络恐怖主义的研究越来

---

① 朱永彪,任彦. 国际网络恐怖主义研究[M]. 北京:中国社会科学出版社,2014:8.

越深入,研究话题越来越多元,与网络恐怖主义相关的著作和论文数量逐年增多,研究者队伍也不断壮大。

《国际网络恐怖主义研究》一书,梳理了国内一些专家学者给网络恐怖主义作出的界定,具体如下。①

范明强:"网络恐怖主义从概念上说有两个基本的含义,一是指恐怖分子以网络为技术手段从事恐怖活动的组织、管理与指挥;二是指恐怖分子以网络为攻击对象,或窃取情报,或破坏网络系统,或故意制造网络恐慌,或散布恐怖谣言,进行恐怖宣传等等。"

唐岚:"网络恐怖主义就是非国家组织或个人有预谋地利用网络并以网络为攻击目标,以破坏目标所属国的政治稳定、经济安全、扰乱社会秩序、制造轰动效应为目的的恐怖活动,是恐怖主义向信息技术领域扩张的产物。"

郝文江、杨永川:"利用计算机或网络,针对国家安全、民族团结、国家经济建设、社会公共秩序、人民生命财产等一切社会公共利益造成威胁或损害的危险行为。主体包括单位主体和自然人主体,主观要件为故意或过失,客观要件为危险行为或造成实际损害的行为。"

郭扬、刘颖玮:"网络恐怖主义就是由亚国家集团或秘密组织实施的有预谋、有政治动机、针对信息系统、计算机系统、计算机程序和数据进行的攻击行为。"

俞晓秋:"网络恐怖主义是一种由国家或非国家主使的、针对信息、计算机程序和数据网络系统带有明确政治目的的攻击行动。"

朱永彪、杨恕:"可以将网络恐怖主义概括为恐怖主义与网络的结合及其在网络上的延伸,以及针对网络实施的恐怖主义。"

此外,各种论文和文章中,也有很多关于网络恐怖主义界定的不同说法。例如,《解放军报》有文章指出,网络恐怖主义是恐怖主义在网络空间的延伸,它具备黑客攻击的技术特征,更具有鲜明的政治属性。②《试论网络恐怖主义及其应对之策——以中亚地区为视角》一文认为,只要是以恐怖犯罪活动为目的,通过网络来实施的一切活动都属于网络恐怖主义活动。《浅析网络恐怖主义》一文指出,网络恐怖主义是指某一行为主体为了达到特定的政治目的,运用信息网络技术对另一特定的目标发动的信息网络攻击,并以此造成社会恐慌的智力行为。还有研究文章认为,网络恐怖主义一般以计算机病毒、僵尸网络(BOT)或提升访问特权等攻击

---

① 朱永彪,任彦. 国际网络恐怖主义研究[M]. 北京:中国社会科学出版社,2014:6-9.
② "网络反恐"不是攻击特权[N]. 解放军报,2014-10-27.

手段,专门侵袭战略目标,以达到最大的恐怖威慑效果。①

3. 中国学者网络恐怖主义研究的不同阶段

国内对网络恐怖主义的界定也尚未有权威的和一致的结论,而且这方面的研究尚处于起步阶段,无论在研究文献的数量和质量方面,还是研究的影响力等方面,都还有很大的提升空间。中国学者对网络恐怖主义的研究可以分成三个阶段,这三个阶段也表明了中国在网络恐怖主义研究方面的进展状况。

第一阶段:总结归纳国外研究成果。

在这个阶段,很多中国学者对已有网络恐怖主义的研究成果进行总结,将网络恐怖主义的概念表述总结出几种不同的"说"法,包括:网络和恐怖主义结合说、黑客行为限定说、攻击说、利用说和与网络犯罪区别说等。

"网络和恐怖主义结合说"是基于美国巴里·科林提出的网络恐怖主义概念,认为网络恐怖主义是网络与恐怖主义相结合的产物;是个人、团伙或组织有预谋地利用网络,以破坏目标国的政治安全、经济安全、民生安全和社会安全,且制造轰动效应为目的的恐怖活动。"黑客行为限定说"认为,网络恐怖主义以黑客行为为前提,区别在于网络恐怖主义是带有政治目的的黑客行为,如英国的《反恐怖主义法案2000》首次以立法的形式认定"影响政府或者社会的黑客行为"是恐怖主义。美国司法部通过的《反对恐怖主义法案》把"危及美国经济稳定和政府政党活动的黑客行为"列入"恐怖主义罪行"黑名单。"攻击说"认为,网络恐怖主义是对网络以及网络组成部分的攻击行为,如美国联邦调查局特派员马克·波利特和学者多罗西·邓宁对网络恐怖主义的理解。"利用说"认为,网络恐怖主义是利用计算机以及网络实施的暴力犯罪行为,如美国国防部对网络恐怖主义的界定。"与网络犯罪区别说"认为,网络恐怖主义与网络犯罪是有区别的,如欧洲理事会关于《网络犯罪的公约》明确将网络犯罪界定为"危及计算机系统、网络和计算机数据的机密性、完整性和可用性,以及对这些系统、网络和数据进行滥用的行为",网络恐怖主义则具有特定的政治目的。

然而,上述各种"说"都有局限性,辨析如下:就"网络和恐怖主义结合说"看,将"网络"和"恐怖主义"作为网络恐怖主义的组合要素看待,从字面意思的理解上来看,有一定的合理性,但是,忽略了网络恐怖主义自身的本质属性。"黑客行为限定说"是从技术层面界定网络恐怖主义,网络恐怖主义必然与网络技术密切相连,但是,将黑客行为作为网络恐怖主义的外延,也是有缺陷的。"攻击说"和"利用说"分

---

① 安尼瓦尔·加马力,木尼拉·塔里甫,张昆. 基于生命周期循环模型的网络恐怖主义犯罪治理控制研究[J]. 新疆警察学院学报,2014(3):15-21.

别从网络恐怖主义与网络的对立关系、强化关系来界定网络恐怖主义,都过于片面。为此,有人提出"攻击和利用并存说",将网络恐怖主义界定为非国家组织或个人以破坏一国或多国政治稳定、经济安全、扰乱社会秩序、制造恐怖效果为目标,实行利用网络或对网络进行攻击的活动。"与网络犯罪区别说"立足于网络恐怖主义与网络犯罪之间的区别,凸显网络恐怖主义的特殊性,有一定的可取之处,但是也不够全面。

第二阶段:丰富网络恐怖主义相关概念。

与网络恐怖主义相关的研究,不仅关注网络恐怖主义本身,也关注与其相关的内容研究。有学者提出广义信息恐怖主义的概念,认为它不仅包括网络恐怖主义,还包括利用如电视、广播等各种大众媒体散布恐怖信息,制造恐怖气氛,以及对国家或地区的政治、经济、军事等各种信息基础设施予以破坏的行为。

也有学者从较为宽泛的角度认为,网络恐怖主义是使用信息破坏手段来达到政治目的的组织行为。这类研究学者认为,网络恐怖主义就是非国家组织或个人有预谋地利用网络并以网络为攻击目标,以破坏目标所属国的政治稳定、经济安全、扰乱社会秩序、制造轰动效应为目的的恐怖活动,是恐怖主义向信息技术领域扩张的产物。

还有学者将与网络恐怖主义相关的网络恐怖犯罪等一并研究,一方面作出区分,一方面也对相关内容进行深入探讨。对网络恐怖犯罪的研究,就是其中的一种情况。网络恐怖犯罪是利用网络工具并将网络作为活动目标的一种形式,它属于恐怖犯罪的范畴,是一种新型的与时俱进的恐怖犯罪,它具有恐怖主义所具备的普遍要素以及自身独有的特点。可以将网络恐怖犯罪定义为:网络恐怖犯罪是传统恐怖主义融合网络工具而产生的,以互联网为手段和目标的,为了实现某种政治目的而进行恐怖犯罪袭击,破坏国家政治稳定并威胁公民人身安全,试图以造成大范围人员恐慌的方式来扰乱国家人民生产生活稳定秩序的新型恐怖犯罪。

第三阶段:继续拓展网络恐怖主义研究。

虽然各种研究给出的定义侧重点不同,但是它们都围绕主体要素、行为要素和目的要素展开。因此,有学者指出,对网络恐怖活动的界定,应着眼于在互联网中所从事的基于政治相关或者宗教等目的,对于生命以及财产的严重危害行为,特别是针对不特定的对象、普通民众[①]。随着研究的推进,研究者对网络恐怖主义的认识越来越深入,研究成果中对网络恐怖主义的界定也越来越明晰,虽然各种研究都

---

① 张立伟.打击网络恐怖主义亟需法律支持[N].学习时报,2015-01-26.

有不同的视角和方法,却更接近网络恐怖主义的本质。

三、本书对网络恐怖主义的定义

在本书中,根据已有的关于网络恐怖主义的研究成果,对前期各种研究成果对网络恐怖主义的界定进行归纳,并提出本书的定义。

1. 狭义网络恐怖主义

在"9·11"事件之前,美国政府、媒体和学术界就有人关注互联网与恐怖主义的结合。随后,中国学界也开始关注网络恐怖主义研究,网络恐怖主义的定义不断得到补充和完善。现有的关于网络恐怖主义的定义大多数属于狭义的界定,类似于恐怖主义定义的扩展。在上述列举的定义中,大多数定义的内容都把网络恐怖主义限制在以一国或数国的计算机网络系统为攻击目标的恐怖活动范围。事实上,由于计算机系统的复杂性以及世界各国政府对网络安全的防范,要想发动并控制一场对计算机网络的进攻并不容易,至少从技术上来说不是短时间内可以实现的。根据西方定义,很多网络恐怖行为都无法包含在网络恐怖主义内,包括我国新疆境内外恐怖分子通过网络传播暴恐音视频等,因其不属于网络攻击行为而无法予以认定。西方对网络恐怖主义的定义显然与中国实际情况不完全相符。虽然没有关于网络恐怖主义的权威说法,但是,定义网络恐怖主义需要关注更多情况,一种是把网络作为信息媒介加以利用的恐怖主义,另一种是把网络作为攻击对象的恐怖主义。较有参考价值的定义是:非政府组织或个人,基于一定的政治动机,有预谋地利用网络,或以网络为攻击目标进行的恐怖活动,旨在破坏目标国家的政治稳定、经济安全,制造舆论和社会恐慌,是恐怖主义与信息技术相结合的一种新型恐怖主义形式。

2. 广义网络恐怖主义

兰德公司的研究人员注意到,1998年2月,黎巴嫩真主党拥有的3个网站各有分工。1998年6月,《美国新闻和世界报道》(*US News & World Report*)指出,美国国会公布的30个恐怖组织中有12个拥有自己的网络或在网上活动。在"9·11"事件之后,恐怖主义活动不仅把网络作为其攻击的目标,而且把网络作为其恐怖活动的工具和载体。网络恐怖分子不仅对网络系统发动恐怖袭击,还以网络为媒介和手段宣扬恐怖极端思想,进行恐怖组织的联络、招募,并策划恐怖行动。因此,网络恐怖主义的概念不仅应包括网络恐怖分子对网络发动的恐怖袭击,更重要的是应注意网络恐怖分子对网络的利用,以网络为战场发动网络恐怖主义袭击。

随着网络与恐怖主义的关系越来越密切,网络恐怖主义的内涵和外延也会发生变化。尽管没有统一的概念,国际社会的共识是,"与传统意义上的恐怖主义一样,恐怖组织一切与网络有关的活动都可列入网络恐怖范畴,包括恐怖宣传、招募人员、传授暴恐技术、筹措资金、组织和策划恐怖袭击、实施网络攻击和破坏等,都应视为危害社会公共安全的行为。"[1]

因此,广义的网络恐怖主义定义几乎涵盖所有利用网络空间进行的破坏性活动,抛开不同定义在网络恐怖主义主体、客体及手段等方面的差异,网络恐怖主义活动通过网络进行,并通过破坏性效应制造恐怖气氛来达到某种明确的政治、宗教或意识形态的目的。鉴于网络恐怖主义概念的模糊性,为了明确起见,本书采用广义网络恐怖主义概念。

3. 本书对网络恐怖主义的定义

黑格尔说,一切存在的都是合理的。马克思指出,任何事物都有其发展规律。网络恐怖主义是网络与恐怖主义相结合的客观存在,其存在有其合理性和必然性,且有其发展规律。

网络恐怖主义首先是属于恐怖主义的范畴,前述关于网络恐怖主义的各种"说",明确指出将目的作为区别的主要标准,其前提是将目的作为恐怖主义的构成要素。其次,网络恐怖主义是与网络有关的恐怖主义。网络社会是现实社会的重要组成部分,与现实生活密不可分,网络恐怖主义和现实的恐怖活动也是有密切联系的,这基本上达成了共识。另外,有的网络恐怖主义直接针对网络实施,其本身就是网络恐怖主义犯罪活动,有的网络恐怖主义行为是通过网络再回到现实生活中加以实施的。这两者既有区别,又紧密结合。这些都需要在给出定义时综合考虑。总之,只要通过网络来实施的一切恐怖活动,都属于网络恐怖主义范畴。

特别值得提出的是,现有对"网络恐怖主义"一词的界定,并没有区别网络恐怖行为和网络恐怖主义,甚至这两个概念界定模糊。因此,在对网络恐怖主义进行界定的时候,还需要区别"行为"与"主义"。行为,即举止行动,是指受思想支配而表现出来的外表活动;主义,是指人们推崇的理想观点和主张,如马克思主义,其有科学与非科学、现实与非现实等划分形式。一方面,主义的概念表示主导事物的意义,如资本主义是指资本主导社会经济和政治的意义;另一方面,主义的概念表示某种观点、理论和主张。主义是强力推行的主张或学说,具有极强的排他性。

---

[1] 唐岚. 网络恐怖主义:安全威胁不容忽视[N]. 人民日报,2014-07-21.

因此,本书对网络恐怖行为和网络恐怖主义分别定义如下。

网络恐怖行为是指为实现特定的政治、经济、军事或意识形态等目的,由恐怖主义主体发起的,以网络作为攻击手段或攻击目标,并造成一定社会影响或损失的一系列策划、传播、攻击等言论和行为。

网络恐怖主义是指网络恐怖行为主体共同推崇或遵循的观点、理论和主张,即隐藏在行为背后的信仰和逻辑范式。

第二节 网络恐怖主义的释义

以色列海法大学传播学教授韦曼曾总结,绝大多数关于网络恐怖主义的探讨都局限于大众媒体范围内,这些领域总是倾向于追求戏剧性与轰动性的效应,而不是一个更好的且具有实际操作性的定义。因为当牵涉与计算机有关的话题时,人们总是习惯于在另一个词前面加上诸如 cyber、computer 或 information 等一些词汇来描述这种新现象,就导致未能就网络恐怖主义的定义达成共识。因此,理解网络恐怖主义,既要明确其构成要素,也要知道其目的、宗旨和本质。

一、网络恐怖主义的构成要素

随着网络的演变和网络恐怖活动的变化,网络恐怖主义的内涵与外延也在发生变化。现阶段,网络恐怖行为是基于制造"恐怖"的目的,针对计算机、信息网络,或者利用信息网络,针对信息网络进行的攻击行为和威胁行为,甚至包括建立恐怖活动组织、宣扬恐怖主义思想的行为。有学者指出,网络恐怖活动的行为主体可能包括国家、非国家行为人、公司、个人。这种论述只是从网络恐怖主义行为主体角度出发的阐述。对网络恐怖行为和网络恐怖主义的论述可以有不同的角度,且论述的内容也会随着政治、经济、科技等社会发展的变化而变化。但是,无论环境怎样变化,网络恐怖主义的界定必然包括一定的构成要素。

有研究者认为,网络恐怖主义一般含有两个方面的要素:第一,恐怖分子发动袭击必须与网络相结合。网络是网络恐怖分子滋生的温床,通过一定的黑客技术手段就可以达到发动恐怖袭击的目的,造成巨大的灾害。离开网络平台,网络恐怖分子将无计可施,无法达到发动网络恐怖袭击的目的。第二,恐怖分子发动袭击必须针对网络。网络恐怖分子区别于一般恐怖分子的最主要特点就在于网络恐怖分子可以足不出户发动恐怖袭击,没有人肉炸弹,没有流血伤亡,但是所造成的灾害绝对不亚于传统恐怖袭击所造成的轰动效应。①

还有研究者认为,网络恐怖主义定义中存在三个关键性因素:网络恐怖主义的主体必须是恐怖分子;网络恐怖主义必须使用了计算机或计算机网络等信息技术手段;网络恐怖主义的动机必须是为了政治或社会目的来恐吓或要挟政府或民众。②

马来西亚网络安全中心总营运长贾里·尤诺斯强调:"网络恐怖主义行为由六要素组成,即动机、目标、影响、方式、范围及攻击工具。它并非如电脑黑客般只恶搞网页或传送有病毒邮件,而是犯罪行为。这种主义可通过资讯及通信科技展开非法攻击,因政治或社会目的要挟政府或国人。它甚至可带来伤亡,如引发爆炸、坠毁、水污染等,让国人恐惧。"③

《国际网络恐怖主义研究》一书作者认为,网络恐怖主义作为一种特殊类型的恐怖主义,其在某些构成要素上应有特殊性,具体体现在以下几个方面。④

(1)行为体。网络恐怖主义行为体应该是非国家组织或个人,但也有可能是国家。如同存在国家恐怖主义一样,国家发动的相关网络行为,同样可以看作国家网络恐怖主义。

(2)结果。网络恐怖主义结果指恐怖主义活动所造成的损害,如造成人员伤亡,制造恐怖气氛等。

(3)动机(目的)。网络恐怖主义的动机是非常重要的,有结果而没有相关动机的恐怖活动是不能被称为某种恐怖活动的。一次网络恐怖分子袭击,必须根据其目的和影响,而不仅仅是根据攻击的方式。其动机应是为了引发网络或网络化的各设施控制系统的瘫痪,或对之控制,从而利用这一点为其政治目的或社会目的服务。

(4)手段、工具。网络恐怖主义手段、工具指采取网络为直接武器(手段)或最终武器,如宣传极端思想、鼓动恐怖袭击,或者有意传播恐怖主义知识,即使没有发动直接的恐怖主义行动,但同样是网络恐怖主义。最终武器是指用网络以外的手

---

① 张琼,刘璐. 试论网络恐怖主义的特征及对策[J]. 科技信息,2009(10):209-210.
② 杨隽,梅建明. 恐怖主义概论[M]. 北京:法律出版社,2013:200-224.
③ 官私机构受促加强警惕大马网络或遭"恐袭"[N]. 南洋商报,2015-02-08(A10).
④ 朱永彪,任彦. 国际网络恐怖主义研究[M]. 北京:中国社会科学出版社,2014:19-20.

段破坏网络,而把网络作为最终武器,如直接用暴力手段(如爆炸等)破坏网络设施等。

本书认为,网络恐怖主义的构成要素包括网络恐怖主义主体、网络恐怖主义客体、网络恐怖主义载体、网络恐怖主义行为和网络恐怖主义后果。这与网络恐怖主义传播要素有一定的差别。其中,网络恐怖主义主体,是指实施网络恐怖主义行为的国家、组织和个人;网络恐怖主义客体,即网络恐怖主义行为实施的对象,包括网络恐怖袭击的目标等;网络恐怖主义载体,既包括网络恐怖主义主体使用的工具,也包括网络恐怖主义攻击的对象;网络恐怖主义行为,是指网络恐怖主义主体实施网络恐怖主义袭击的宣传、策划、组织、攻击行为等;网络恐怖主义后果,即实施网络恐怖主义行为造成的危害和影响等。

二、网络恐怖主义的目的

任何组织或个人实施的活动都有一定目的,从已经发生的网络恐怖事件来看,恐怖组织实施恐怖活动主要基于政治目的、经济目的和社会目的。此外,还带有一定的宗教或意识形态目的。网络恐怖组织除了通过攻击一定的目标实现上述目的外,还通过网络恐怖主义袭击的结果制造恐怖气氛,实现威慑目标和制造心理恐慌的目的。通常情况下,某一次网络恐怖主义袭击或多次网络恐怖主义行动,其目的不止一个,可以同时带有多个目的,甚至可以同时实现多个目的,这是相关网络恐怖主义行为综合策划、实施的结果。为了表述方便,在研究网络恐怖主义目的过程中,将网络恐怖主义的目的分门别类,分别阐述。

1. 网络恐怖主义的政治目的

美国兰德公司资深专家彼德·乔克指出:"网络恐怖主义就是非法使用信息技术来达到一些政治上的目的,对其他人和组织造成一系列的伤害,尤其在意识形态上通过实际操作的方式给别人带来伤害,这样的行为往往对别人有冲突性。"[①]这里首先强调的是网络恐怖主义的政治目的,同时也伴随着造成伤害结果的威慑目的和意识形态目的。与网络恐怖主义相类似的恐怖主义犯罪也有类似的目的。"20世纪30年代以来,国际社会通过的有关恐怖主义犯罪的决议、一些国家的国内法和一些学者的观点几乎一致地肯定恐怖主义犯罪是政治犯罪。"1937年,国际联盟通过的《惩治恐怖主义公约》将恐怖主义的目的简明地概括为"直接反对一个

---

① 乌镇峰会关注"网络恐怖主义":国际社会应共同努力解决[EB/OL]. 海外网,2014-11-20.

国家";英国政府在其制定的《预防恐怖主义法》中指出恐怖主义犯罪是"为了政治目的而使用暴力";美国国际关系学者卡尔·多伊奇认为:"恐怖主义是……改变某一些政治进程结局的策略";德国犯罪学研究学者汉斯·约阿希姆·施奈德指出:"政治恐怖主义是指为了某个政治目的……的行动。"因此,从上述观点看,恐怖主义犯罪是基于政治目的侵害政治利益的行为。可以说,传统的恐怖主义犯罪之所以被人们定性为政治犯罪,主要是基于恐怖主义犯罪政治性目的及其侵害的政治利益,网络恐怖主义也是如此。

2. 网络恐怖主义的经济目的

随着信息化建设的快速发展,社会各领域对信息化技术和信息资源的依赖程度越来越高。特别是在网络融入社会生活后,网络恐怖分子将攻击对象集中在那些关乎国家经济命脉、影响人民生活的系统和设备上,包括国家的金融证券交易中心、水利电力设备、通信网络设备等,这使处于世界任何地方的网络综合服务系统和设备都可能受到网络恐怖分子的恐怖袭击。网络恐怖分子通过计算机与互联网挑战一个国家的秩序、机密与安全,是国家治理与发展的巨大威胁。世界和平是各国稳定前进、繁荣发展的最基本保证,而网络恐怖分子的触角蔓延至世界各地的网络,威胁到国家的政府运作、领土安全与社会安定,影响并挑战着国际和平与发展。[①] 网络犯罪、网络恐怖主义、网络战争使用相同技术基础、工具和运作方式,还可能分享相同的社交网络。这些不同类型的网络活动,要区分经济和政治动机非常困难。例如,向目标电脑投放恶意程序的方法几乎完全一样。黑客可以寻找流行软件的漏洞,并插入外部代码,设法将它们安置在被称为"零日"(zero-day)的漏洞中,只要这些外来代码没有被发现,就一直能被用于发动黑客攻击。一个"零日"漏洞可卖到20万美元。俄罗斯黑客将"零日"漏洞借给政府,用于收集情报,然后,再用于其他犯罪目的。成千上万的俄罗斯"黑帽"黑客以此为生,他们的雇主可能是瑞士银行家,也可能是乌克兰政治寡头。[②] 通过各种技术手段和网络渠道,网络恐怖分子可以在网络恐怖袭击的掩护下,实现其经济目的。

3. 网络恐怖主义的威慑目的

网络恐怖主义攻击行动所造成的后果会对现存社会秩序和现存概念体系造成威胁。"恐怖主义往往只是借用宗教的语言或一些手段来为活动筹集经费,为自己

[①] 赵星,宋瑞. 论网络恐怖犯罪[J]. 山东警察学院学报,2015,27(2):21-26.
[②] 黑客:俄罗斯最强武器[N/OL]. 云南信息报,2016-04-17(A16). http://www.new-sweek.com/2015/05/15/russias-greatest-weapon-may-be-its-hackers-328864.html.

的行动提供合法性或神圣的外衣,并增加说服民众及其追随者的力度。"① 从目前研究文献来看,大多数学者认为,恐怖主义通过其行为制造恐惧和惊慌影响公众的情绪,对政府形成压力和威慑,以实现其目的。它们在网上散布谣言,制造恐慌,是为了产生"震撼力"和"新闻价值"。② 在美国"9·11"事件后不久,"穆斯林游击战士"等一些伊斯兰黑客组织攻了美国国家海洋及大气局等网站,并在其网页上留下恐吓字句。③ 这种通过网络的扩大效应扩大网络恐怖主义行为的影响,其目的就是要通过"舆论宣传"实现其对社会公众的威慑目的,造成社会公众的心理恐慌。此外,网络恐怖分子通过黑客技术黑掉政府网站,其目的就是以暴力方式示威。

4. 网络恐怖主义的意识形态目的

网络恐怖主义既然属于"主义"的范畴,那么,它也体现某种意识形态的特质。一般来说,思想与意识形态必须通过有效的扩散与传播,才能实现其存在价值的最大化。当有影响力的网络恐怖组织通过各种网络技术应用实现网络恐怖主义袭击时,其实也是在强化其意识形态效应,传播带有强烈意识形态化色彩的恐怖思想。因此,有专家提出,"现在的反恐战争已经不能光靠子弹和武力,而要靠意识形态的斗争"。④ 随着国际恐怖势力开辟网络恐怖主义新途径,虚拟与现实相结合的恐怖新效应日益彰显。"基地"组织及其分支通过网络论坛、电子期刊、视频讲话等多种形式,大搞恐怖意识形态灌输,在西方社会进行"圣战"渗透,鼓动一些年轻化和极端化的当地人策划恐怖袭击。这种"圣战"渗透,直接影响人的思维,通过固化思想式的影响,发展潜在支持者。

5. 网络恐怖主义的其他目的

网络恐怖分子中的一些人往往是社会边缘群体,他们有着相似的社会经历,如生活条件落后、缺乏教育、未能获得足够多的机会等。他们很可能对社会现状强烈不满,乃至绝望,从而对主流人群充满憎恨并通过对不特定群体的无差别杀伤,营造出人人自危的不安全社会,以此实现特定的政治诉求,或者达成单纯情绪宣泄的目的。传统恐怖行动的实施主体一般为具有一定政治、宗教或其他意识形态目的的非政府组织或个人,而网络恐怖行动的实施主体也有可能为其他国家的政府机构或组织。网络恐怖攻击特有的隐蔽性,使行动的实行者难以被确定和追责,这会导致某些敌对势力利用这一特性"乘虚而入",实行网络恐怖行动。

---

① 张家栋. 恐怖主义论[M]. 北京:时事出版社,2007:341,353.
② 宋维才,姚得水. 网络恐怖活动特点及其防范措施[J]. 江苏警官学院学报,2006(2):136-139.
③ 皮勇. 论网络恐怖活动犯罪及对策[J]. 武汉大学学报(人文科学版),2004,57(5):582-586.
④ 潘光. 美国重返安全第一的轨道[N]. 东方早报,2010-02-02(A17).

三、网络恐怖主义的宗旨

网络恐怖主义的宗旨是破坏国家和地区的政治安全、经济秩序及社会稳定,在社会上制造恐慌心理或生存、信念危机及财产损失,甚至人员的伤亡。美国战略专家叶莲娜·拉丽娜说:"通常,人们会把恐怖袭击和没文化的人联想到一起,但是我们有充分的理由相信,技术含量低的恐怖袭击已是过去时。因为这些信息技术安全服务可以监控、生产和供应炸药及有毒物质,'洗钱'的资金流量会控制地下恐怖分子的转移。"① 网络恐怖分子不需要多少人力资源、特殊的实验室、笨重的设备、复杂的操作或者炸药等,就连金属探测器都不需要,只需要黑客的技巧、程序员编程和计算机。有人说,网络恐怖分子的任务就是"编写并将恶意代码植入目标控制程序,改变其处理模式,这种变化要么导致拦截管制,要么是对事物的物理破坏,停用重要的基础设施,如电力、水的净化……甚至死亡。而且网络恐怖袭击容易被掩盖成在能源、下水道或者其他地方的一个技术事故"。① 网络时代的恐怖行动和恐怖袭击,虽然都有时代的特征,但是其宗旨是不变的,变化的只是形式。

四、网络恐怖主义的本质

网络恐怖主义的本质就是恐怖主义的本质。"恐怖主义的本质就是以施行恐怖行为来制造部分人或全社会的恐怖,从而达到其个人、组织或国家的某种政治的、经济的、文化的、宗教的或情感的目的。"② 这是对恐怖主义本质的一种描述。同恐怖主义一样,对网络恐怖主义的本质也有不同的说法和解释,下面是根据不同研究结果总结的不同版本网络恐怖主义本质"说"。

1. 政治目标说

一般认为,传统的恐怖主义是政治恐怖主义,恐怖主义犯罪是政治犯罪。1988年,荷兰学者亚历克斯·斯密德出版了恐怖主义犯罪研究专著《政治恐怖主义》,这本书的题目就足以反映人们对传统恐怖主义政治犯罪性质的认识。如果把恐怖主义问题置于一个后现代的解释图式之下,"我们可以发现:这个图式下的恐怖主义与我们日常生活中的理解相去甚远,并且有可能对很多规范造成冲击。关于恐怖主义的真理图式,在本质上也是替强权势力辩护的力量,这在思想上使弱者感到自

---

① 李钉. 网络恐怖主义成为严重威胁 未来网络也可以杀人[EB/OL]. 中国网,2014-03-14.
② 卜安淳. 简论恐怖、恐怖主义与恐怖主义犯罪[J]. 南京大学学报,2002(5).

己是错误的。这样,关于恐怖主义的真理就同其他社会科学领域一样,在一定程度上成为政治压迫的工具,因为这些真理是受意识形态、政治和力量对比等因素所左右的"。① 这种说法,突出了恐怖主义的政治目的。网络恐怖主义也有同样的政治诉求,也希望通过各种网络手段,实现其政治目标。因此,这种意义下的网络恐怖主义的本质是企图实现其既定的政治目标。

2. 秩序诉求说

"从根本上说,恐怖主义反对的不是具体的人,也不是具体的政府,而是一种社会秩序和结构。即使是宗教型恐怖主义,这种一向被认为极端非理性、残暴并有着强烈毁灭倾向的恐怖主义类型,在其主张中往往也包含着具体的改变秩序的要求。对恐怖主义的正面认识迫使我们对国家行为的合法性问题进行质疑,并认为国家并不应该享有天然的合法化权力。"② 如果说恐怖主义的各种行为是为了"社会秩序和结构"的话,那么这就出现了解释的双重性,一方面,在现有的国际秩序和结构上,确实存在一些不合理的规制和行为,特别是发达国家凭借政治、经济和军事力量的差距,实行"霸权主义"和强权政治,那么,恐怖主义行为是为了反抗国际秩序中的不合理因素,是作为反抗力量的正义行为,这是相对于国际社会制度性中的暴力因素和一些国家的不当统治而言的。另一方面,恐怖行为的实施过程中,必然会伤害平民和无辜者,同时造成社会恐慌甚至经济上的损失,这种后果所表现出来的又是非正义的。如果按照这种理解,恐怖主义的存在则是正义与邪恶的矛盾体。同样,在网络恐怖组织和网络恐怖分子的利益诉求中,也有对社会秩序和社会结构某些程度的变革诉求。这种解释的结果是,网络恐怖主义也有正义与邪恶的双重特质。这种"秩序诉求说"是否可以得到认可,或者是否会引发争议,则需要时间的评判。

3. 宗教本质说

宗教动机的恐怖主义被认为是当代恐怖主义活动的主要特征。之所以把当代恐怖主义的主要属性定义为宗教,主要来源于当代恐怖组织所具有的明显的非此即彼的排他属性。在很多时候,恐怖主义与反恐怖主义活动具有相同的排他性,而排他性被认为是西方意义上的宗教的主要属性。从本质上说,宗教只是恐怖主义的借口或工具,在这一点上,其他组织形式也有可能成为恐怖主义的工具,而不是恐怖主义的真正动机或目的。宗教虽然不是恐怖主义的根源,也非恐怖主义活动的目标,却可能成为恐怖主义活动的催化剂和强化剂。因为,宗教为恐怖主义提供

---

① 张家栋. 恐怖主义论[M]. 北京:时事出版社,2007:371.
② 张家栋. 恐怖主义论[M]. 北京:时事出版社,2007:423-424.

合法性依据,为恐怖活动提供现成的组织形式,为恐怖主义活动提供物质和精神要素,为恐怖活动提供旗号和借口。① 网络恐怖主义的根源同恐怖主义的根源一样,同样带有宗教的本质。

4. 人性本质说

"恐怖主义根源是两个方面的冲突与争夺关系:一是人与自然的争夺,二是人与人之间的争夺。"② 这种说法认为,恐怖主义源自人类社会内部的竞争和冲突,体现在政治、经济、文化、宗教和意识形态等方面。这些竞争和冲突往往是难以避免的、良性的,但是行为体竞争手段与条件的不对称使恐怖主义成为一种可能的手段。实际上,一系列社会和政治根源所导致的社会冲突在个人内心深处的内化是导致恐怖活动的直接动机。同时,恐怖活动的产生还需要其他物质方面的条件。恐怖分子和恐怖组织是恐怖主义的物质结构,主张、信仰、心理和生理因素是其中的精神要素,而恐怖活动则是恐怖主义的表现和实践。恐怖主义是一个包括有形物体、活动和无形思想、行为逻辑和心理概念的结合体,是一个包含政治、经济矛盾和社会冲突在内的综合体系,具有很高的抽象性与概括性。简言之,恐怖主义的根源未必是恐怖分子和恐怖组织产生的现实基础,也未必构成恐怖活动产生的充分条件。同恐怖主义的主体一样,网络恐怖主义的主体也是人,人的本质及其之间关系在自然和人类社会中,有同样的表现。因此,网络恐怖主义的本质也就是人性的本质。

5. 技术赋权说

网络恐怖主义是恐怖主义在网络时代的变种和新的表现形式。"网络恐怖主义产生的根源可以归结为:网络为恐怖主义提供了新工具、新舞台、新对象。但是,同时也应该看到,网络恐怖主义的产生离不开一定的现实基础,即恐怖主义产生及存在的根源,只不过在网络时代,这些根源继续发挥了其影响,网络恐怖主义是恐怖主义的根源在网络时代、网络空间的一种表现。"③ 网络恐怖主义对当今国际政治,乃至整个人类社会产生巨大影响,是随着网络的普及和信息技术的发展而发展的。因此,网络恐怖主义的本质就是网络赋予人的"权",是"技术赋权"的结果。

---

① 张家栋. 恐怖主义论[M]. 北京:时事出版社,2007:354-358.
② 张家栋. 恐怖主义论[M]. 北京:时事出版社,2007:436-441.
③ 朱永彪,任彦. 国际网络恐怖主义研究[M]. 北京:中国社会科学出版社,2014:55.

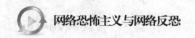

第三节 网络恐怖主义相关概念辨析

在实际的研究和报道中,与网络恐怖主义相关的各种词汇与网络恐怖主义术语本身既有联系,又有区别,因此,有必要对这些词汇进行辨析,厘清各自的内涵和外延。

一、网络恐怖主义与恐怖主义

在人们关注网络恐怖主义之前,恐怖主义就已经存在。人们对恐怖主义的研究早于对网络恐怖主义的研究,对恐怖主义的研究成果,无论在数量上还是在质量上,都超越对网络恐怖主义的研究。

自20世纪30年代首次恐怖主义劫机事件发生后,国际社会就开始直面国际恐怖主义的暴行,并积极采取措施予以惩治。1937年,在瑞士日内瓦通过的《防止和惩治恐怖主义公约》明确界定了恐怖主义犯罪的概念和性质。但是,随着国际社会各个领域的发展,恐怖主义犯罪的性质和手段也呈现出多元化和复杂化的态势。1937年,国际社会界定的国际恐怖主义已远远不能满足现代国际刑法对其惩治与防范的需求[①]。

在国际上,通常将奉行以暴力活动制造特定的恐怖气氛达到政治目的的反人类、反社会、反政府的理论体系、思潮和主张称为"恐怖主义",而将在该理论体系、思潮和主张控制下由"次国家团体"或其他非法地下组织有预谋地实施并以无辜的群众或非战斗人员为主要目标,试图在一定范围内制造巨大社会影响,以达到其政治目的的暴力行为统称为"恐怖活动"。由于世界各地的恐怖活动皆有不同的动因和背景,研究恐怖主义的学者亦有不同的社会背景和政治观点,所以,至今还没有人能够为这一概念下一个恰当的、得到普遍认可的权威定义。美国学者本杰明认为:"恐怖主义是蓄意的、有组织的谋杀,用以威胁和残害无辜者,使其感到恐惧,以此达到政治目的。"另一美国学者马莎指出:"恐怖主义是突发的暴力行为,意在威吓而不是毁灭对手。恐怖主义旨在通过袭击和威胁具有象征性重要意义的目标而

---

① 赵秉志,王秀梅. 国际恐怖主义犯罪及其惩治理念[J]. 江海学刊,2002(4).

影响对手的政治行为。它的牺牲者往往是平民百姓。"兰德公司的詹金斯则简单地将恐怖主义定义为:"个人或团体为了达到政治目的而使用的国际暴力。"虽然对这一概念的定义各有不同,但是,构成这一概念的一些基本要素是被一致认同的:第一,恐怖主义涉及暴力使用或暴力威胁;第二,恐怖主义的暴力具有不可预测性;第三,恐怖主义的受害者具有象征性价值;第四,恐怖分子希望引起公众注意;第五,恐怖分子的行为具有政治目的。

恐怖主义不是一个关于正义是非的概念,而是关于一种特殊暴力活动形式的理论化、概念化的描述结果,是任何行为体都可能使用的行为逻辑。长期以来,恐怖主义定义本身成为政治、意识形态斗争和利益冲突的一部分,使恐怖主义不仅是一种社会现象,也是一种斗争方式。只有把恐怖主义问题与政治、权力分割开来,才能把这个词汇中性化,把它与整个暴力活动的发展历史结合起来分析,才可能真正地从学术角度了解恐怖主义。[1]

国际社会至少在必须将恐怖主义非法化这一问题上达成了一致,成为国际反"恐怖主义"的主要基石。但是,一方面,在恐怖主义定义问题方面,一些老的问题仍然没有被解决;另一方面,随着时代的发展,一些新的安全问题的出现又导致新的定义问题的产生。[2]

人们对恐怖主义的认识不足,同时伴随着对恐怖分子认识的种种误区,有专家将其总结为以下几个方面:第一,多数恐怖分子都是精神不正常的人,是疯子。第二,恐怖分子都是喜欢冒险刺激的狂热分子。第三,恐怖分子都是来自社会上层的人物。这些认识的误区,可能造成不可知的后果,包括:第一,从理论上否定了恐怖主义背后的深层原因。第二,从实践上为武力解决恐怖主义准备好了托词。[3]

虽然国际社会已经将工作重点放在防范和打击恐怖主义的具体行径上,然而当世贸大厦被袭击时,国际社会才更清晰地意识到,恐怖主义是全球性的重大问题,必须联合起来共同应对。随后,各国陆续立法,用不同的方式定义恐怖主义或恐怖行动,并进一步采取应对措施。同时,各国认可现有的国际反恐公约的程度也显著增加。"9·11"事件后,签署制止恐怖爆炸公约的国家由原来的28个增加至115个;禁止资助恐怖主义的公约签署国由6个增加至117个。而且,随着网络和信息技术的发展,恐怖主义借助网络力量的发展成为新的趋势,这方面的变化引发

---

[1] 张家栋.恐怖主义论[M].北京:时事出版社,2007:24.
[2] 张家栋.恐怖主义与反恐怖:历史、理论与实践[M].上海:上海人民出版社,2012:12.
[3] 杨隽,梅建明.恐怖主义概论[M].北京:法律出版社,2013:58-63.

各国的重视和关注,相关研究也越来越多。

二、网络恐怖主义与传统恐怖主义

网络恐怖主义与传统恐怖主义最大的不同就是前者改变了过去那种暴力破坏的硬手段,而是针对或利用网络本身,并不主要追求以造成人身伤害为效果。尽管如此,却丝毫未能改变网络恐怖主义的恐惧性、政治性和被袭击目标的无辜性等恐怖主义内涵。

网络恐怖主义和传统恐怖主义的相同之处表现在以下几个方面。

第一,恐惧性。传统恐怖主义和网络恐怖主义一旦实施恐怖行为,且行为实施成功,都会在较大范围内引起破坏,在波及范围内的民众心中产生不良影响。

第二,政治性。一般情况下,传统恐怖主义和网络恐怖主义的行为目的均是以政治诉求为目标,寻求更大范围内的政治利益,或者阻碍某一政策在某一地区的实施。

第三,被袭击目标的无辜性。不论是传统恐怖主义还是网络恐怖主义,只要实施恐怖行为,受伤害的对象中总会涉及无辜的人群。

网络恐怖主义和传统恐怖主义的差异表现在以下几方面。

第一,攻击成本的差异。与传统的恐怖手段相比,网络恐怖主义具有攻击成本低廉、影响范围广泛、攻击行为隐蔽性强的特性。

第二,攻击行为的差异。与传统的恐怖行为相比,因为网络提供的便捷,网络恐怖主义攻击不受时间和空间限制,网络恐怖主义攻击的事前防范和事后取证都非常困难。[1]

第三,攻击目标的差异。与传统的恐怖方式相比,网络恐怖主义的攻击目标更为广泛。互联网的开放性、共享性等决定了互联网漏洞的存在,恐怖分子可以利用这些漏洞对社会生活的方方面面进行破坏。所以说,网络恐怖袭击的目标更广泛了,包括从金融、交通等国家的重要基础设施到卫星、飞机等军事设施以及教育、卫生等公共服务设施等。[2]

第四,影响范围的差异。传统恐怖主义攻击是特定组织机构或个人作为实施者,为了达到一定政治性目标或实现某些要求而直接使用暴力发动的,将人们置于恐怖之中的行为,而且,由于地域限制,对人员数量以及物力要求更高,其破坏效果

---

[1] 丁丽萍.建设打击网络恐怖主义的国际化电子取证平台[EB/OL].人民网,2015-06-01.
[2] 王娟,张雁.浅析网络恐怖主义问题[J].科技风,2008(19):54-54.

也多直接作用于设备、建筑或人身。网络恐怖主义则触及范围更广,成本更低,其破坏力却是巨大的。①

三、网络恐怖主义与网络恐怖犯罪

网络恐怖犯罪是一种利用网络工具并将网络作为活动目标的形式,属于恐怖犯罪的范畴,是一种新型的与时俱进的恐怖犯罪,它具有恐怖主义所具备的普遍要素以及自身独有的特点。有学者将网络恐怖犯罪定义为:网络恐怖犯罪是传统恐怖主义融合网络工具而产生的,以互联网为手段和目标的,为了实现某种政治目的而进行恐怖犯罪袭击,破坏国家政治稳定并威胁公民人身安全,试图以造成大范围人员恐慌的方式来扰乱国家人民生产生活稳定秩序的新型恐怖犯罪。②

网络犯罪就是行为主体以电脑或电脑网络为犯罪工具或攻击物件,故意实施的危害电脑网络安全的,触犯有关法律规范的行为。欧洲理事会《关于网络犯罪的公约》将网络犯罪定义为:"危机计算机系统、网络和计算机数据的机密性、完整性和可用性,以及对这些系统、网络和数据进行滥用的行为。"在行为方式上,网络犯罪包括以电脑网络为犯罪工具和以电脑网络为攻击物件两种;在行为性质上,网络犯罪包括网络一般违法行为和网络严重违法(即犯罪行为)两种。主要网络犯罪形式有:黑客攻击、电脑病毒传播、通过网络传播淫秽制品、盗用账号、篡改资料、侵犯知识产权、传播垃圾邮件、进行网络线上赌博和网络恐怖主义活动等。

网络恐怖犯罪活动与网络犯罪虽然目标不同,主体有差异,但也有相近的特性,即这两种活动实施的主体都隐蔽在庞大的网络背景之下,藏匿在繁杂的网络信息背后。没有国家可以做到对于网络信息秩序没有丝毫遗漏的监管和控制,网络犯罪与网络恐怖犯罪都是乘虚而入,对其进行有效预防和控制具有非常大的难度。传统的恐怖犯罪活动的实施主体一般为具有一定政治、宗教或其他意识形态目的的非政府组织或个人,而网络恐怖犯罪活动的实施主体也有可能为其他国家的政府机构或组织。网络恐怖犯罪特有的隐蔽性使犯罪的实行者难以被确定和追责,这会导致某些敌对势力利用这一特性乘虚而入,实行网络恐怖犯罪活动。

世界格局的复杂演变以及科技进步的突飞猛进给了网络恐怖犯罪更多的活动理由与活动机会。没有了传统恐怖袭击的地域限制,网络恐怖分子对于攻击行为

---

① 赵星,宋瑞.论网络恐怖犯罪[J].山东警察学院学报,2015,27(2):21-26.
② 丁红军,陈德俊.ISIS网络恐怖主义活动对我国反恐形势的影响及应对措施[J].中国公共安全(学术版),2015(2):95-97.

的目标有了更多的选择。网络恐怖分子一般会将攻击对象集中在那些关乎国家经济命脉、影响人民生活的系统和设备之上。因此,处于世界任何地方的网络综合服务系统和设备都可能成为网络恐怖分子的攻击对象。网络恐怖犯罪通过计算机与互联网挑战一个国家的秩序、机密与安全,是国家治理与发展的巨大威胁。世界和平是各国稳定前进繁荣发展的最基本保证,而网络恐怖犯罪的触角蔓延至世界各地的网络,威胁到国家的政府运作、领土安全与社会安定,影响并挑战着国际和平与发展。[1]

四、网络恐怖主义与网络攻击

网络攻击指的是利用网络存在的漏洞和安全缺陷对网络系统的硬件、软件及其系统中的数据进行的攻击。

网络攻击也是为了实现不同的目标,信息收集型攻击并不对目标本身造成危害,这类攻击被用来为进一步入侵提供有用的信息,主要包括扫描技术、体系结构刺探、利用信息服务。其他的网络攻击方法还包括口令入侵、放置特洛伊木马程序、电子邮件攻击、网络监听、利用黑客软件攻击、安全漏洞攻击、端口扫描攻击、偷取特权等。

借助 Internet 运行业务的机构面临前所未有的风险,是因为网络攻击技术和攻击工具显现出新的发展趋势并表现出明显特征。

第一,自动化程度和攻击速度提高。由于攻击工具的自动化水平不断提高,网络攻击的速度也越来越快。随着分布式攻击工具的出现,攻击者可以管理和协调分布在许多 Internet 系统上的大量已部署的攻击工具。分布式攻击工具能够更有效地发动拒绝服务攻击,扫描潜在的受害者,危害存在安全隐患的系统。

第二,攻击工具越来越复杂。攻击工具开发者正在利用更先进的技术武装攻击工具。与以前相比,攻击工具的特征更难发现,更难利用特征进行检测。许多常见攻击工具使用在线聊天系统(IRC)或超文本传输协议(HTTP)等协议,从入侵者那里向受攻击的计算机发送数据或命令,使人们将攻击特性与正常、合法的网络传输流区别开变得越来越困难。

第三,发现安全漏洞越来越快。新发现的安全漏洞每年都要增加一倍,管理人员不断用最新的补丁修补这些漏洞,而且每年都会发现安全漏洞的新类型。入侵

---

[1] 赵星,宋瑞.论网络恐怖犯罪[J].山东警察学院学报,2015,27(2):21-26.

者经常能够在厂商修补这些漏洞前发现攻击目标并实施攻击行为。

第四,越来越高的防火墙渗透率。防火墙是人们用来防范入侵者的主要保护措施。但是,越来越多的攻击技术可以绕过防火墙,如 IPP 和 WebDAV 都可以被攻击者利用来绕过防火墙。

第五,越来越不对称的威胁。Internet 上的安全是相互依赖的。每个 Internet 系统遭受攻击的可能性取决于连接到全球 Internet 上其他系统的安全状态。由于攻击技术的进步,一个攻击者可以比较容易地利用分布式系统,对一个受害者发动破坏性的攻击。随着部署自动化程度和攻击工具管理技巧的提高,威胁将继续增加。

第六,对基础设施将形成越来越大的威胁。基础设施攻击是大面积影响 Internet 关键组成部分的攻击。由于用户越来越多地依赖 Internet 完成日常业务,基础设施攻击引起人们越来越大的担心。基础设施面临分布式拒绝服务攻击、蠕虫病毒、对 Internet 域名系统(DNS)的攻击和对路由器攻击或利用路由器的攻击。

网络攻击被认定为网络恐怖主义的首要条件是其犯罪动机出于政治、社会或宗教的目的,并对关键信息通信技术(ICT)的基础设施进行扰乱或摧毁的威慑性攻击,即网络恐怖分子在网上进行扰乱、欺诈或经济间谍等犯罪活动,尤其是恶意地引起恐惧、威慑或实施暴力破坏的网络攻击。其次,网络恐怖分子可能会以特殊的做法来制造灾难性的破坏影响效果。爱沙尼亚政府决定拆除其首都塔林的俄罗斯-爱沙尼亚战争纪念物"青铜战士像"后,其重要的政府网站遭到了海量的访问请求攻击而导致相关信息系统的崩溃。海量的访问请求攻击可能是通过分布式、自动化和僵尸网络技术来实施的。①

五、网络恐怖主义与网络战

网络战,也称信息战,是为干扰、破坏敌方网络信息系统,并保证己方网络信息系统的正常运行而采取的一系列网络攻防行动。网络战正在成为高技术战争的一种日益重要的作战样式,它可以兵不血刃地破坏敌方的指挥控制、情报信息和防空等军用网络系统,甚至可以悄无声息地破坏、瘫痪、控制敌方的商务、政务等民用网络系统,不战而屈人之兵。

网络战主体包括国家行为体和各种非国家行为体,它们主要围绕网络基础设

---

① 安尼瓦尔·加马力,木尼拉·塔里甫,张昆. 基于生命周期循环模型的网络恐怖主义犯罪治理控制研究[J]. 新疆警察学院学报,2014(3):15-21.

施和网络化设施的运转安全、各类信息安全和价值观念进行攻防与对抗,这些对抗可以在国家间展开,也可以发生在国家与非国家行为体之间,还可以是非国家行为体之间。国家发动军事网络战潜力巨大,各国制造了大量先进的网络攻击武器,但是它们还没有在实战中充分施展手脚。网络空间各类意识形态对抗、黑客战和社会网络战有突出表现,彰显非国家行为体在网络战中扮演了非常重要的角色,其深远影响也尚未充分显现。

网络战分为两大类:一类是战略网络战;另一类是战场网络战。战略网络战又有平时和战时两种。平时战略网络战是在双方不发生有火力杀伤破坏的战争情况下,一方对另一方的金融网络信息系统、交通网络信息系统、电力网络信息系统等民用网络信息设施及战略级军事网络信息系统,以计算机病毒、逻辑炸弹、黑客等手段实施的攻击。战场网络战则是在战争状态下,一方对另一方战略级军用和民用网络信息系统的攻击。战场网络战旨在攻击、破坏、干扰敌军战场信息网络系统和保护己方信息网络系统,其主要方式有:利用敌接受路径和各种"后门",将病毒送入目标计算机系统;需要时利用无线遥控等手段将其激活;采用各种管理和技术手段,对己方信息网络系统严加防护。当然,战场网络战的作战手段也可用于战略网络战。在1991年的海湾战争中,美军就对伊拉克实施了网络战。开战前,美国中央情报局派特工到伊拉克,将其从法国购买的防空系统使用的打印机芯片换上了含有计算机病毒的芯片。在战略空袭前,又用遥控手段激活了病毒,致使伊防空指挥中心主计算机系统程序错乱,防空 C3I 系统失灵。在1999年的科索沃战争中,网络战的规模和效果都有增无减。

互联网进入国家安全议程并与"战争"相结合是从信息战开始的,然后从军事领域延伸到国家综合安全的各领域。在国际法和国际规范层面,大国有关网络战规则的磋商和国际协调正在缓慢推进,而联合国"规约"网络战的功能有提升之势。鉴于网络战的现实与潜在影响,中国也在制定相关的战略,学界也多视角、多层次地探索网络战的内涵、机制与意义。[1]

网络战与网络恐怖主义既有联系又有区别。从网络攻击的主体看,一方面,网络战的主体和网络恐怖主义的主体都可能是有国家背景支持的组织;另一方面,发动网络战的主体不一定是恐怖组织,但是,发动网络恐怖攻击的主体,大多是恐怖组织。从网络攻击的对象看,网络战和网络恐怖攻击实施的对象都可能是国家的

---

[1] 王军. 多维视野下的网络战:缘起、演进与应对[J]. 世界经济与政治,2012(7):80-98.

关键信息基础设施等,能够对国家经济、社会运行造成实际影响的目标。从网络攻击的目的看,网络战实施的目的是为了配合线下其他政治、经济、军事等目标;网络恐怖攻击实施的目标是为了制造恐怖气氛,进而实现恐怖组织的政治、经济、意识形态等诉求和目标。从网络攻击的影响看,网络战和网络恐怖攻击都会带来经济损失,造成网络设施的毁坏,并造成社会民众心理恐慌。

第二章 网络恐怖主义的发展历史

网络恐怖主义的发展历史，正是整个社会发展历史的一部分。考察网络恐怖主义的发展历史，可以从网络恐怖主义的历史溯源出发，观照网络恐怖主义的发展现状和未来趋势，从历史的纵向和横向发展过程寻找线索，梳理网络恐怖主义的发展历程与演进过程。

第一节 网络恐怖主义的历史溯源

研究网络恐怖主义，可以从网络恐怖主义的辞源窥其源起，也可以从网络恐怖主义的宗教、思想、文化根源等方面研究其历史发展进程。在不同的历史时期，网络恐怖主义也表现出不同的特征。

一、网络恐怖主义的历史源起

网络恐怖主义作为术语出现和应用经历了历史的考验，而且，从社会的宗教、思想、文化、科技等方面的情况，也能够考察网络恐怖主义的发展。因此，网络恐怖主义的历史起源,可以从辞源、宗教源、思想源、文化源、技术源等诸多方面进行考量。

1. 网络恐怖主义的辞源分析

从目前的研究成果看,"网络恐怖主义"基本上属于外来语。根据各种网络恐怖主义的定义和释义,网络恐怖主义的发展是恐怖主义在互联网时代的延伸,因此,从辞源上说,网络恐怖主义来源于恐怖主义。

在英语中,"网络恐怖主义"一词对应的是 cyber-terrorism,该词由前缀 cyber 与中心词 terrorism 合成,也有人将其翻译成"赛博恐怖主义"。[①] 网络在中文中意义广泛,而在英文中对应的词(字母)则主要有五个:net,networks,cyber,internet 和字母 e。networks 和 internet 都是由"net"发展而来的,"net"主要指网,如渔网、鸟网等,由此可以看出,其主要指各种实体的网,也指各种实体网络。networks 主要指网状物、广播网,以及计算机等网络。后来的 internet(因特网)是 inter(交互)与 net(网)结合而成的,叫"互联网",含义较为单一。"e"这个字母含义丰富,可以表示电子化、信息化、网络化,其含义简洁、直观明了,和不同的词结合就赋予它新的含义,如 e-mail 和 e-mark 等。

"cyber"一词,源自希腊语单词 kubernetes,意思是舵手。诺伯特·维纳在《控制论》中使用了"cybernetics"一词。cyber 现在作为前缀,主要表示"计算机,计算机的,网络的",意思是与 Internet 相关或电脑相关的事物,即采用电子或计算机进行的控制,其与不同的词组合变形成不同的新词,常见的有 cyber game(网络游戏)、cyber world(网络世界)、cyber space(网络空间)、cyber culture(网络文化)、cyber chat(网络聊天)、cyber source(网络资源)等。从某种意义上说,"cyber"一词比"networks"一词的含义要宽泛,而相对"e"来说其含义更为确切。也有人根据"cyber"的发音,将其翻译成"赛博",因此将 cyber space 翻译成"赛博空间"。

"terrorism"一词,在法语中的拼写为 terrorisme,作为名词,意为"恐怖主义、恐怖政治、恐怖行动",作为形容词,意为"恐怖主义的、采取恐怖行动的"。"terrorist"作为名词,意为"恐怖主义者、恐怖分子",特指法国资产阶级革命时期主张恐怖政策者。在英语中,terrorism 的词根 terror(恐怖)一词来自拉丁语动词 terrere(又说出自拉丁语 teppop),即"惧怕"或"害怕、惊恐"之意。在公元前 105 年,"terror cimbricus"一词是指当辛布里战士逼近罗马时,用以形容罗马的紧急状态和忙乱的状况。

---

① 朱永彪,任彦. 国际网络恐怖主义研究[M]. 北京:中国社会科学出版社,2014.

《美国传统辞典(双解)》对 terrorism 的解释为：恐怖主义，对武力或暴力的非法使用或威胁使用，一个人或一个有组织的集团以威胁或胁迫社会或政府为目的而危害人类或财产，常带有意识形态或政治原因。中国出版的《辞海》(1999年版)解释："恐怖主义"主要是通过对无辜平民采取暴力手段以达到一定的政治和宗教目的的犯罪行为的总和。恐怖分子较多采用制造爆炸事件、劫机、扣押或屠杀人质等方式造成社会恐怖，打击有关政府和组织，以满足其某些要求或扩大其影响。

根据文献，最早的恐怖活动可以追溯到公元前7世纪。公元前689年，亚述帝国(Assyria empire,公元前935年—前612年)采取残暴政策，镇压巴比伦的反叛，目的是震慑敌人，使之臣服。在法国大革命时期的1793年至1794年，"恐怖主义"一词是"恐怖统治"的同义语，是作为一种革命手段出现的。1793年，法国大革命后，封建贵族进行了大量暗杀活动，执政的雅各宾派决定"对一切阴谋分子采取恐怖"手段。当时的封建贵族就把雅各宾派的措施称为"恐怖主义"。英国人借用这种说法，指称法国大革命时期雅各宾派专政所采取的系统化恐怖和威慑政策。后人将雅各宾派专政时期所采取的恐怖统治和热月党人的反攻倒算以及后来波旁王朝的封建复辟分别称为"红色恐怖"和"白色恐怖"。法国大革命时期的雅各宾派专政与现代意义上的恐怖主义在内涵上有很大差别。但是，雅各宾派的恐怖政策取得了成效，提供了较为完整的意识形态及其演化机制。因而，国内外学界研究述及恐怖主义的历史演进时多以此为开端。

伴随网络的发展和普及，"网络恐怖主义"一词逐渐进入媒体和研究者的视野。中国学者接受"网络恐怖主义"一词，并开始将网络恐怖主义作为研究对象，则主要是在美国"9·11"事件后，也给出了各种相应的界定和解释。而且，随着网络恐怖主义的发展和相关研究的深入，网络恐怖主义的定义也逐步完善，相关的研究在数量和质量上都有所提升。

2. 网络恐怖主义的宗教源

一般来说，宗教作为上层建筑和意识形态，以继承文化传统、缓解社会矛盾、维护既有秩序为其使命，在政治上偏于保守而趋向温和，在行动上崇尚中庸而抵制极端，在社会生活中大多谴责暴力，反对恐怖活动。

然而，恐怖主义的兴起，既有孕育其成长的社会温床，也有适合其发展的外部环境。其中，民族冲突、地区争端、宗教矛盾长期得不到解决，导致暴力活动升级，恐怖主义行为活跃。而且，特别是在一定时期，各种问题常常交织在一起，就会使由此导致的恐怖主义呈现错综复杂、似是而非的面貌。但是，政治权力和物质利益的争夺是一切问题存在和结合的基础。当矛盾尖锐化和畸形化发展后，原有的民族和宗教对立会使冲突具有异乎寻常的顽固性和偏执性。宗教极端主义和民族分离主义思潮会推动一些人走上恐怖主义的道路。①

民族主义和宗教极端主义奉行社会达尔文主义"弱肉强食"和"优胜劣汰"的丛林原则,一味地煽动民族对抗。亚伯拉罕系三大一神教(犹太教、基督教、伊斯兰教)有唯我独尊、排斥异端的传统。历史上,它们彼此间发生过长期流血冲突。至今,三大一神教之间的争斗仍然是国际民族宗教矛盾的焦点。宗教极端主义把信仰绝对化,将其置于社会公理和道德劝善之上,为实现自身狭隘的目标,不惜采用恐怖手段,蔑视和伤害他者的生命,使和平的宗教变成暴力的宗教。

俄罗斯发生系列恐怖袭击的深层根源仍在于民族问题。普京执政后,对车臣非法武装实施"铁腕"打压,使其溃不成军。加之北高地区经济困顿、官员腐败、家族势力横行、民不聊生,这些为恐怖分子提供了生存土壤。车臣是北高加索地区的动荡之源。北高加索地区是俄罗斯民族、宗教相互交织且最为复杂的地区,民众之间有相同的外貌、文化和宗教背景,以及紧密的社会关系。当地民众虽希望稳定与和平,但是也不乏同情分裂分子的人。因此,俄罗斯当局若想斩断"恐怖之手",首先须彻底消除民族矛盾、化解心理隔阂,并要解决好民生问题。

恐怖主义在网络空间延伸后,无论是借助网络的网络恐怖主义还是以网络为目标的网络恐怖主义,其根本的宗教源没变,变化的只是实施恐怖活动的手段和媒介,其所造成的后果和影响,成为信息化时代网络恐怖主义的特征。网络恐怖主义源自恐怖主义,因此,民族主义和宗教极端主义、民族问题和民族矛盾等,也是网络恐怖主义的宗教源。

3. 网络恐怖主义的思想源

从思想根源上看,所谓民主、自由等西方资产阶级文明的扩张带来了负面影响。同时,宗教差异导致狂热的、虚无主义愤慨和极端的立场,以及低犯罪成本、高犯罪收益的犯罪心理,是网络恐怖主义的思想根源。

第一,标榜"民主""自由""平等"的西方资产阶级文明在全球迅速扩张并占据统治地位,在少数发达国家充分享受"民主""自由"权利的同时,国际社会却存在严重的不平等现象,处于受压迫地位的国家、民族、团体和个人在用正常方式不能改变现状的情况下,一部分人和组织倾向于采用暴力手段。在欧洲大陆,臣民反抗暴君早已成为流行的传统,这一思想在基督教教义中体现出来。索尔兹伯里的约翰(John of Salisbury,1115—1180)是12世纪英国著名的神学政治家、人文主义者和

---

① 周燮藩. 恐怖主义与宗教问题[J]. 西亚非洲,2002(1).

外交家。他最早对诛戮暴君提出了明确的辩护。他的名言是:"篡夺宝剑者理应死于剑下。"16世纪至17世纪,西班牙耶稣会政治哲学家马里亚纳(Juan de Mariana)认为,国王的权力建立在与人民的契约基础上,如果国王违反了契约,就可以也应该撤换他,任何公民都可以杀死他,如果必要的话,甚至可以毒死他。近代无政府主义和民族主义思想与这种思想一脉相承。现代的恐怖主义者往往认为,自己选择的恐怖方式是弱者反抗强者的工具,把自己看作自由斗士,亦是深受这种思想的影响。当这种思想受到外部势力的纵容和支持时,恐怖活动就会愈演愈烈,如"科索沃解放军"在南斯拉夫的活动和车臣恐怖分子针对俄罗斯的暴力活动。①

第二,宗教差异导致极端的立场与狂热的虚无主义愤慨。温和的宗教思想不会寻求对现状的破坏,而是能够引导信众在坚持宗教信仰的同时投身现世生活,进而稳定社会。同类的、温和的宗教思想不是恐怖主义的鼓动者,相反,却是恐怖主义的大敌。恐怖主义在温和宗教思想面前是极端脆弱的。恐怖分子往往由社会边缘群体中的少部分人构成,因对社会现状强烈不满,从而对主流人群充满憎恨。恐怖分子往往选择对不特定群体进行无差别杀伤,从而营造出人人自危的不安全社会氛围,以此实现特定的政治诉求,或者达成单纯情绪宣泄的目的。恐怖主义者往往通过扭曲特定宗教教义控制一些边缘人群的思想,从而消除恐怖分子内心深处根深蒂固的畏惧感,将他们破坏、杀戮的行为从观念上合法为通向"正义"的道路。②

第三,低犯罪成本高犯罪收益的犯罪心理作祟。自2001年美国遭受恐怖袭击重创以来,世界各国都把"反恐"作为国家安全和社会秩序稳定的重点工作,原有的传统恐怖主义活动模式受到冲击,已经不再适应信息社会的发展。随着网络空间的不断拓展,恐怖组织及其成员在经过理性选择之后转投网络阵地也是必然的选择。③恐怖主义者虽然表现得无所畏惧,一般不惧怕死亡,但是担心"事业"后继无人。特别是在恐怖袭击发生后,网上出现一些向特定群体或宗教复仇的言论,却成为恐怖主义传播最好的帮手。使用网络是网络恐怖主义的最大特征,通过网络的恐怖行为减少了以往实施传统恐怖主义行动的各种物资资料成本,却可以通过网络的放大器效应实现更大范围的影响,在成本与效益的平衡中,网络恐怖主义更有比较优势。有报道称,2017年"永恒之蓝"勒索病毒事件的网络攻击效果应该会给很多犯罪分子、恐怖分子带来启发。网络攻击成本很低,却很容易造成大规模的恐

---

① 乐天居士的凤凰涅槃. 恐怖主义的产生与发展[EB/OL]. 2008-08-09. http://blog.sina.com.cn/s/blog_4cf479050100anfn.html.
② 曾守正. 恐怖组织与恐怖主义最害怕什么?[EB/OL]. 腾讯网,2014-06-27.
③ 韩晓松. 对网络恐怖主义活动的犯罪社会学分析[J]. 网络安全技术与应用,2011(12):54-56.

慌和社会不稳定。在解读这次"永恒之蓝"勒索病毒事件时,360公司董事长周鸿祎提醒:"此次勒索病毒爆发,其冲击力和效果将给恐怖分子带来启发,可以说,网络恐怖主义的潘多拉盒子也将就此打开。"未来,网络恐怖主义的发展仍然不可确定,"未来反恐很重要的领域,就是要和网络安全结合在一起"。

4. 网络恐怖主义的文化源

网络恐怖主义的产生与发展,是诸多因素共同作用的结果。网络恐怖主义的文化源,与恐怖主义的文化源同出一处,并叠加网络时代的特征。文化冲突、贫富差距拉大以及不合理的国际政治经济秩序,是学者们公认的恐怖主义产生的主要因素。实际上,一方面,网络恐怖主义的产生同恐怖主义的产生一样,都是人类本性使然;另一方面,在不同文明之间,不同社会秩序之间,在全球化背景下的人类交往过程中,不可避免会发生摩擦和冲突,进而反作用于网络恐怖主义的发展。

第一,人类本性的冲突。恐怖主义来源于人类社会内部的竞争和冲突,以及人与外部环境的冲突。在政治、经济、文化、宗教和意识形态等方面,竞争和冲突往往是难以避免的、良性的,但是行为体竞争手段与条件的不对称,使恐怖主义成为一种可能的手段。一系列社会和政治根源所导致的社会冲突在个人内心深处的内化,就是人与人的冲突,是导致恐怖活动的直接动机,是内因。当然,无论是外因还是内因,都需要一定的条件和环境才能发生作用。因此,网络恐怖主义的产生还需要其他物质方面的条件。例如,恐怖分子和恐怖组织是网络恐怖主义的物质结构,主张、信仰、心理和生理因素是其中的精神要素,而恐怖活动则是恐怖主义的表现和实践。网络恐怖主义与恐怖主义一样,"是一个包括有形物体、活动和无形思想、行为逻辑和心理概念的结合体,是一个包含了政治、经济矛盾和社会冲突在内的综合体系,具有很高的抽象性与概括性"。[①]

第二,不同文明的冲突。美国学者塞缪尔·亨廷顿提出的"文化冲突论",一直被视为解释恐怖主义尤其是国际恐怖主义活动的有效理论之一。他将世界文化划分为八个主要类别,并准确预测冷战后国际政治形势中的主要矛盾是西方文明与伊斯兰文明的冲突。尽管亨廷顿的理论多少受到一些质疑,但是其对于国际政治形势中矛盾分析的结论值得借鉴。而且,"9·11"事件后的历史发展也充分证实,西方文明和伊斯兰文明之间的矛盾,是恐怖主义产生的重要因素。

第三,不同秩序的冲突。国际社会的发展处于一定的社会秩序之中,由于各国发展的不平衡,也就产生了不同秩序的冲突。美国或西方世界长期以来的霸权主

---

① 张家栋. 恐怖主义论[M]. 北京:时事出版社,2007:436-441.

义,不仅仅表现在军事上或经济上,还体现在文化、文明乃至于宗教上。这种霸权主义使相对弱势者,特别是"伊斯兰世界",有一种被压迫的感觉。中国外交部发言人曾说,"反恐战争必须要标本兼治",这个"本"也就是指这个方面。① 加拿大全球化研究中心的研究员迈赫迪·大流士·纳齐姆罗亚在《美国正在利用法国、人权和恐怖主义征服非洲》一文中说,美国及其盟友已经在整个非洲地区制造了一系列新的未来敌人,一旦时机成熟,以"反恐"为借口,就可"名正言顺"地入侵别的主权国家,推翻原有政权,建立屈服于自己的新政权,然后掠夺资源。随着网络的普及,利用新媒体等媒介推行"颜色革命"则成为某些国家和组织实现特定目标的手段,也成为网络恐怖主义主体实现恐怖企图的介质。

5. 网络恐怖主义的技术源

网络恐怖主义的产生和发展源自信息不平衡的冲突。各国经济、技术等发展的不平衡,在信息化时代表现为网络技术、信息技术的差距,以及由此造成的信息不平衡、数字鸿沟等。掌握优势网络技术和信息技术的国家、组织和个人,在国际秩序中处于主导地位,在国际活动中就会对那些在这方面相对落后的国家、组织造成威胁,由此产生的冲突不可避免。因此,与此相关的恐怖主义活动、网络恐怖主义报复行为等的出现,也就可以理解了。

二、网络恐怖主义的发展阶段

20世纪初,帝国体系的解体及其所导致的对权力的重新分配,为恐怖主义的发展提供了动机和时机。有学者认为,第一次世界大战就是从一起恐怖事件开始的,但是,很少有人注意到这种恐怖活动本身也是参与权力分配、利益获得的一种努力。②

第二次世界大战后,民族自觉原则掀起民族主义的浪潮,民族解放和独立的机会经常迫使一些人使用各种激烈的暴力手段。到20世纪60年代末,恐怖主义活动真正形成气候。这一时期,一方面,美、苏两个超级大国在世界范围全面对抗,另一方面,"极左"思潮和"极左"政治运动在全球范围泛滥。在冷战的背景下,许多争取民族独立的殖民地、附属国或刚独立的民族国家,成为恐怖主义活动的多发地,特别是在巴勒斯坦、马来西亚、塞浦路斯、阿尔及利亚和肯尼亚等殖民地区。这一时期,恐怖主义事件数量明显增多,手段日趋多样,如劫机、绑架、爆炸和劫持人质

---

① 石齐平. 西方世界霸权主义才是恐怖主义源头[EB/OL]. 凤凰网,2011-05-17.
② 张家栋. 恐怖主义论[M]. 北京:时事出版社,2007:187-207.

等；袭击目标和活动范围也已经超出国界，越来越具有国际性，并逐渐形成了国际恐怖主义活动。

研究者将1968年作为现代恐怖主义的起点。之所以称为"现代"，是因为它有别于之前单打独斗的杀手、刺客，取而代之的是包装为"政治行为"的跨国化、职业化、组织化、游击化、多样化的暴力活动。现代恐怖主义"手段更为残忍，范围更为扩大，方式更为隐蔽"，甚至使其成为"斗争"的武器，不但给无辜平民造成巨大的生命和财产损失，更给善良人的心灵留下长久无法弥合的创伤。

20世纪七八十年代是恐怖主义犯罪的"猖獗期"。恐怖主义活动的社会危害程度更为严重、影响更大。同时，由于有高水平科技人员加入恐怖组织，恐怖分子开始采用更多的高科技手段实施恐怖主义行动。许多迹象表明，恐怖分子的视线已经开始转向核电站、能源基地、电脑网络等目标。[①]

20世纪90年代后，恐怖主义行为有了明显的变化，老的恐怖组织逐渐退出历史舞台，新的恐怖组织开始出现，最为显著的特点就是其仍然保持"神秘性"。从这个时期开始，计算机及其网络以极快的速度渗透到社会的各个部门，越发达的国家越依赖计算机网络。美国军方拥有当时世界上最庞大的计算机网络系统，被称为"国防信息基础结构"。根据数据显示，这一庞大系统由210万台计算机、1万个局域网、100个广域网、200个指挥中心和16个大型计算机中心组成。美军是世界上最依赖计算机网络的军队，从军事指挥、武器装备，到人员调动、发放军饷，都高度依赖计算机网络。因此，与此相关的安全问题引发广泛关注。

进入21世纪，特别是美国"9·11"事件后，现代恐怖主义走向"新的顶峰"。恐怖主义盛行并不偶然，从它的产生、发展到引人关注，与国际政治、经济和文化的发展等均有复杂的关系。"恐怖主义从宏观的政治、军事层面扩展到较为微观的各个超越国家概念和身份的层面上来，充分表明权力关系从宏观、粗线条向微观、多线条发展的方向，也反映了现代社会（无论是国内还是国际）各利益群体在各个权力领域进行争夺的现实。"[②]

网络技术、网络应用的普及给人类的生活带来诸多变化。同时，随着网络在人类生活中重要性的日益增强，类似"电子珍珠港""网络战""网络犯罪""网络恐怖主义"等新词开始进入人们的视野。网络发展的历史，经历了面向终端的计算机网络、多个主机互联实现计算机和计算机之间通信的局域网、不同计算机之间实现互联的广域网和互联网、宽带综合业务数字网四个阶段。可以说，互联网的发展经历

---

① 阮传胜．恐怖主义犯罪研究[M]．北京：北京大学出版社，2007：3-6．
② 张家栋．恐怖主义论[M]．北京：时事出版社，2007：187-207．

了从 Web 1.0 到 Web 3.0 的不同阶段,体现了人与网络互动关系的发展。

在 Web 1.0 时代,网络与人之间是单向的信息流动,网民对网络发布的信息只能选择只读模式,如个人网站等;在 Web 2.0 时代,人与人之间是以网络为沟通渠道进行的人与人沟通,如维基百科、博客等;在 Web 3.0 时代,体现的是"人—网络—人"的关系,人工智能、关联数据和语义网络构建,形成人和网络以及网络与人的沟通,同时在搜索引擎优化(search engine optimization,SEO)支持下,人与人沟通愈加便利。

从 Web 1.0 到 Web 3.0,这三个时代的区别在于网络角色的不同:Web 1.0 时代,网络是信息提供者,是单向性的提供和单一性理解;Web 2.0 时代,网络是平台,用户提供信息,通过网络,其他用户获取信息;Web 3.0 时代,网络成为用户需求理解者和提供者,网络对用户了如指掌,知道用户有什么、要什么以及行为习惯,进行资源筛选、智能匹配,直接给用户答案。

如果说,传统的恐怖主义不仅仅反映在使用大规模杀伤性武器的倾向性上,也体现为对更深层的权力空间进行争夺,那么,网络恐怖主义的发展是在以前恐怖主义没有涉及也无暇涉及的领域进行争夺,特别是基于网络空间的虚拟和现实的结合,成为网络恐怖主义更加关注的领域。

从网络恐怖主义进入人们的视线、成为国家政府决策关注的内容,到成为学者研究的课题和网民关注的热点,这一切都见证了网络恐怖主义发展的历史。正如互联网的发展经历了从 Web 1.0 到 Web 3.0 一样,网络恐怖主义的发展也大致经历了三个阶段。

Web 1.0 时代的网络恐怖主义,通过网站单向发布传播恐怖信息,同时发起小规模的黑客攻击。20 世纪 90 年代末,美国公布了 30 个恐怖组织名单,其中有一半的恐怖组织拥有自己的网页。以"基地"组织为例,其曾先后成立官方网站 al-Neda(阿拉伯语,意为"召唤")、"先知的利剑"等,通过在网站上发布信息,向互联网上的支持者布道和传递各种信息,在其组织内部还有负责制作网络宣传品的所谓"队伍""云彩""媒体委员会"和"圣战之音"四大媒体中心。在这个阶段,网络恐怖攻击的来源主要是具有恐怖主义倾向的个别黑客,恐怖组织规模和恐怖行动策划等都不成熟。

Web 2.0 时代的网络恐怖主义,依托社交媒体进行网络恐怖传播和较广泛的网络攻击。在这个阶段,信息由单向发布转为互动式传播,QQ、微信、推特、脸谱等社交网站以及聊天室、交互式论坛等新媒体,不仅能让恐怖组织发布信息,更能让受众参与整个过程,交流自己的感受或分享经验,而且网络恐怖组织在网络攻击技术和能力上大为提高。正如美国学者埃瑟·戴森在《2.0版数字化时代的生活设计》一书中曾经预言的那样，Web 2.0 的发展将导致恐怖主义团体和江湖巨骗获得新的工具，肆意制造谣言或恶意中伤。

Web 3.0 时代的网络恐怖主义，利用网络传播恐怖意识形态的能力进一步提高，网络恐怖主义攻击也开始进入综合协调阶段，恐怖分子具有专门的网络技术力量和先进的黑客技术，网络恐怖主义与网下恐怖主义实现了更深和更广的结合。随着网络技术的进一步提升，特别是智能手机等移动终端的发展，物联网、云计算、可穿戴设备等的广泛普及，Web 3.0 时代网络恐怖主义的特征也将逐渐显现。

而且，随着信息技术、新媒体技术和网络产品、应用、服务等的进一步发展和普及，网络恐怖主义也在不断发展和变化，因此，有专家表示："全球网络恐怖主义正处在从第二个阶段向第三个阶段演变过程中。"[1]包括"伊斯兰国"等在内的网络恐怖组织，正处在由 Web 2.0 阶段向 Web 3.0 阶段过渡时期，在诸多不确定因素影响下，其未来发展无法预测。在互联网的发展经历了 Web 3.0 后，其未来将走向何方，网络恐怖主义又会朝哪个方向发展，目前仍是个未知数。

第二节　网络恐怖主义的发展现状

网络恐怖主义的发展现状，可以从网络恐怖组织现状、网络恐怖主义攻击现状以及网络恐怖主义的影响等方面窥见一斑。网络恐怖主义的发展是随着社会的发展不断变化的，网络恐怖主义的发展现状，很快就会成为历史，而目前所谓的网络恐怖主义的发展趋势，也许很快又会成为现实。

一、网络恐怖组织现状

网络恐怖组织是网络恐怖主义的主体之一，其在网络时代发展的特征，与社会的发展相互印证。网络恐怖组织利用互联网技术的应用、扩展、普及提供的便利环境，在管理、组织、决策等方面呈现出新特征。

---

[1] 马国春,曹君.网络恐怖主义中的"伊斯兰国"[J].上海公安高等专科学校学报,2015,25(3).

1. 网络恐怖组织管理分散化

全球化的发展、互联网通信技术的更迭、各国反恐战略的推进等原因,导致网络恐怖主义的组织体系越来越呈现分散化特征。特别是传统恐怖组织中那些"偏远、闭塞、贫困与愚昧"等特征,与高科技和互联网相结合,给网络时代各国反恐行动带来加倍的挑战。

1999年,兰德公司在一项题为《对付新的恐怖主义》的报告中把新兴的网络恐怖组织简称为"SPIN",即分散、多中心、思想自成体系的综合网络。奥萨马·本·拉登(Osma bin Laden)的"阿富汗阿拉伯战士"组织、巴勒斯坦伊斯兰"圣战"组织、埃及"伊斯兰集团"、阿尔及利亚"伊斯兰武装组织"等都不同程度地采用了网络组织的原则[1]——较少的等级制,决策权分散下放,分散的小组和个人彼此保持松散的、横向的联系等。

美国学者约翰·阿奎拉和戴维·龙菲尔德在《网络战即将来临》一文中分析了网络恐怖组织的特点,指出其行为者一般由分散的、通常是小型的组织构成,它们通过网络进行通信协调和组织活动,通常没有明确的中央领导人或司令部,决策往往可能是有意地分散作出的。网络恐怖活动的实施者,可能是无组织的个人,也可能是隶属某个组织却又分散在各国的具有独立行动能力的个人。

还有学者指出,新型恐怖主义另一大突出的特征便是"松散的、层级性较不显著的组织结构"[2]。许多恐怖组织由以往的封建等级制度转变为更加分散的网点制度。网络恐怖分子为制造轰动效应,不仅针对政府组织和敌对势力的网络空间,而且把袭击的目标有意地转向百姓或民间机构,使网络世界没有一块净土,网络空间时时处于极度危险当中。[3]

2. 网络恐怖组织结构网格化

借助网络的力量,网络恐怖组织的结构由传统的垂直等级制向信息网络形式转变,恐怖组织集团内部"大人物"的领导地位将让位于较平展的、分散的策划。由于网络的巨大作用,网络恐怖组织在不同程度上采用网络组织原则。

网络恐怖组织通过网络,建立起跨国联络的集团阵列,使具有相同恐怖理念的各类恐怖组织间建立起有形、无形的互联网络,成为网络中的各元素(单个恐怖组织或个人),结成既化整为零、相对独立,又盘根错节、遥相呼应的关系,进一步增强

---

[1] 张骥,冯冬蕾.网络恐怖主义产生原因、特点及危害性分析[J].聊城大学学报(社会科学版),2005(6):6-10.
[2] 方芳.恐怖主义的媒体话语与中美国家身份[M].北京:中国政法大学出版社,2015:34-38.
[3] 张琼,刘璐.试论网络恐怖主义的特征及对策[J].科技信息,2009(10):209-210.

了小股(单个)恐怖分子发动远程作战的能力。①

继2001年阿富汗战争将奥萨马·本·拉登及其"基地"组织核心成员驱赶到荒山野岭深处后,那些原本设在阿富汗境内的众多"基地"训练营"人去楼空",昔日武装分子在那里聚集、传授、答疑恐怖知识的场景再难看见。专门跟踪网络恐怖主义的西方专家指出,因特网如今已经成为"基地"组织的训练新营地。

在"9·11"事件之后,"基地"的网络虚拟课堂就没有放过学,恐怖分子借助网络相互传授经验、交流心得、策谋袭击的行为日趋频繁。即便是"9·11"事件的策划,其部分策划行为也是通过网络完成的。"因特网正走向前所未有的危险境地,"华盛顿网址研究所主任里塔·卡茨在接受路透社专访时说,"当年在阿富汗训练营内发生的一切如今都可以搬到网络上完成"。②

3. 网络恐怖组织边界模糊化

互联网打破了物理距离和国家界限,网络恐怖组织获得了新的生存条件和发展机会,也因此,网络恐怖组织的边界也表现出模糊化的特点。网络恐怖组织借助网络编织出一张动态的网,每个恐怖分子可以作为网上的一个节点,他们能够独立完成行动,也可以通过这张网获取行动方案、接收组织的指令、汇报工作进展情况,这使分散在世界各地的零散组织,通过互联网组成跨地区、跨国界、跨洲际的超大规模组织。③

二、网络恐怖主义攻击现状

网络恐怖分子充分利用高科技手段进行网络恐怖主义活动。他们不仅拥有移动电话和无线电设备,还有加密传真机、高性能解码器、大型电脑主机等高科技设备。网络恐怖分子不仅将信息技术用作攻击和破坏行动的武器,还利用信息技术协调和支持自己的行动。2000年,奥萨马·本·拉登就开始使用网络加密技术传播消息,跟随他的一批电脑高手,都配备了当时最先进的电脑、通信设备。美国的哈马斯分子利用网络聊天室策划恐怖活动。英国境内的一些伊斯兰恐怖组织利用网络播放新闻和募捐,并将其作为通信联络的工具。④

---

① 宋维才,姚得水. 网络恐怖活动特点及其防范措施[J]. 江苏警官学院学报,2006(2):136-139.
② 凌朔. 建立虚拟训练营恐怖组织也跟潮"基地"新生代玩转因特网[N]. 今晚报,2004-08-13(16).
③ 宋维才,姚得水. 网络恐怖活动特点及其防范措施[J]. 江苏警官学院学报,2006(2):136-139.
④ 黎雪琳. 网络恐怖主义探析[J]. 广西警官高等专科学校学报,2008(1):17-20.

1. 网络恐怖主义攻击主体：以个体攻击为主

相对于传统恐怖组织倾向于集群性的攻击,网络恐怖分子更多采取自由的独立战斗,这种个体化的网络攻击具有极强的灵活性与随意性,可以利用最少的个人资源耗费最大的社会资源。

2012 年美国《蝙蝠侠》首映仪式上的射击事件、2013 年车臣的察尔纳耶夫兄弟在美国波士顿科普里广场马拉松比赛制造炸弹爆炸事件、2014 年波士顿马拉松比赛期间的爆炸事件以及 2014 年悉尼劫持案等,作案主体都是"独狼"恐怖分子。西方警方称此为"反社会杀人",不少国家已把其列为反恐范畴。2013 年至 2014 年期间先后发生的厦门公交车纵火案、乌鲁木齐火车站南站爆炸事件、吉林延吉某商场砍人事件、宜宾公交车纵火案、昆明火车站砍人事件以及杭州公交车纵火案等,都可被看作"独狼"恐怖行动。

综观各国发生的"独狼"恐怖事件,均呈现出计划严密、施暴装置简易、目标精准、手段残忍等特征。表面看,"独狼"行动往往不受任何恐怖组织授意和资助,是独来独往的个人行为。但是,从新技术的发展趋势和应用普及的背景看,互联网实际上充当了消融时空、宗教、种族等传统边界的"大讲坛"和"大染缸"。网上偏激言行的互相"鼓舞",袭击案例的逼真"示范",甚至简易武器装置的具体"教程"等,都会"极化"个别人对现实社会的反叛、报复,以及炫能等畸形心理,从而走向邪恶。①

2. 网络恐怖主义攻击形式：向多样化发展

正如黑客群体经常强调"科技就是生命"一样,网络恐怖分子所掌握的科技水平也决定了网络攻击的效果。"9·11"事件后,网络攻击领域仍然以传统的计算机程序攻击为主,主要包括计算机病毒、网络蠕虫、特洛伊木马程序、逻辑炸弹、后门程序以及垃圾数据包等。这些传统网络攻击方式的共性是复制、传染、传播计算机病毒或恶意程序等,对世界各国的商业与传播业也造成过不小的损害。② 国家的网络程度越高,风险也越大,网络攻击引发的后果也越严重。

随着信息技术的发展,一些新型的攻击方式出现。这些攻击更难以防范,影响力和破坏力也更加巨大。自 2017 年 5 月 12 日开始,一种名为"永恒之蓝"的勒索病毒席卷全球。不到 3 天时间,包括中国在内的全球百余个国家中招,医疗、电力、能源、银行、交通等多个行业均遭受不同程度的影响。当年的"9·11"事件让所有人见识到了恐怖主义的危害,而危及全球的"永恒之蓝"勒索病毒事件则让人们意识到,互联网或将成为恐怖主义肆虐的新战场。

---

① 惠志斌.谨防"网络恐怖主义"的两种新倾向[EB/OL].人民网—理论频道,2015-06-01.
② 杨隽,梅建明.恐怖主义概论[M].北京:法律出版社,2013:200-224.

俄罗斯舆论认为,"永恒之蓝"事件是"网络恐怖主义"。据 Splunk 网络安全公司主管里奇·巴杰描述,"这是全球迄今最大的勒索软件攻击事件之一"。据媒体报道,这个病毒的"创造者"已经真相大白,"居然是美国国家安全局(NSA)",而且其手中还有大量的"网络战"武器。显然,网络空间已经成为现代战争的第六维战略新空间,与网络战相关的"武器",也会随着网络和通信技术的发展不断更迭。

3. 网络恐怖主义攻击工具:便捷与隐秘相结合

网络和新媒体给网络恐怖组织提供了便捷的网络攻击工具,在某种程度上,互联网成为网络恐怖分子发动心理战和宣传战的"天然战场"。

一方面,网络恐怖主义主体可以直接控制信息的发布,进行观念管理和图像处理,并能自由地通过特技手段进行欺骗宣传。这些宣传既可以针对具体的个人,也可针对全球网民。据数据显示,2011 年,俄罗斯境内极端主义网站达 7 500 家;东南亚地区以印尼语、马来语为主宣扬极端思想的网站和论坛快速增加,"印尼解放党""天堂圣战"等网站声势浩大。网络恐怖主义主体通过网络实施的言论攻击,是一种隐性的恐怖主义意识形态攻击。

另一方面,网络恐怖主义主体借助网络技术在网络空间实施隐秘的网络恐怖主义行为攻击。许多新工具将使网络恐怖组织在攻击用户的系统后,不会留下任何蛛丝马迹。攻击者获得对目标系统的完全控制权限,而对受害者来说却一切都似乎风平浪静,但是造成的恐慌和灾难的严重程度绝不亚于传统恐怖主义。特别是脸谱等新媒体的普及,掀起新一轮网络恐怖浪潮。

4. 网络恐怖主义攻击目标:逐渐扩大化和多样化

网络恐怖分子把攻击目标转移至网络,而且网络本身的脆弱性,也为恐怖活动提供了相对容易的打击目标。借助于便捷的网络攻击,网络恐怖主义攻击目标呈现出扩大化和多样化的特点。

一方面,网络恐怖主义的攻击目标不仅仅局限于物理目标,更有网络空间目标作为攻击对象,甚至包括线上线下的联合目标,这在无意中扩大了网络恐怖分子锁定的攻击范围。另一方面,随着攻击工具的便捷性、攻击手段的高科技性越来越强等特点,基于政治、经济、军事、民用等多样性的攻击目标,甚至通过攻击社会关键基础设施发动网络恐怖主义袭击战等,成为网络恐怖主义攻击目标的又一特点。

1999 年,美国国家安全委员会(United States National Security Council, NSC)发表的《新世纪国家安全报告》,已将网络攻击武器定义为大规模破坏性武器,并将其与专指核、生、化武器的大规模杀伤性武器相提并论。科技发展所带来的技术变革,在提升网络使用者能力的同时,也向恐怖分子展现了自身的软肋,关键基础设施将成为恐怖主义犯罪攻击的重点目标。①

随着物联网的扩张与大范围使用,互联互通的数据量倍增,公共与私有部门将数据、应用、平台与基础设施外包给"云服务"商,"云计算"平台自身演变成了关键基础设施。庞大的云计算系统带来巨大的安全隐患,"存储"在云端的个人隐私也岌岌可危。此外,大数据技术、移动互联网、物联网、智慧城市等在发展的过程中,也将有各种安全问题。这些新的技术和应用在为人类生活提供便利的同时,也为网络恐怖组织提供了更多可选择的网络攻击目标。

三、网络恐怖主义行为的影响

网络恐怖分子喜欢从"大局着眼",这是因为他们发动网络恐怖主义攻击的目标是让大众恐慌,所以,他们的攻击行为必须引发大众的关注。正是源于此,其攻击行为必将锁定关键时间、重要地点且影响范围大的"人"和"事"。一方面,网络恐怖主义攻击可以针对影响大的大型活动、关键系统等,另一方面,网络恐怖主义攻击的目标锁定在具备新闻价值的个人等。无论网络恐怖主义攻击将目标锁定在哪个方向,对于网络恐怖分子来说,其最终目的就是要实现其在政治、经济、社会等方面的影响,而达到其影响政府决策、国家经济发展和造成社会恐慌等目的。

(一)网络恐怖主义对国际政治的影响

网络恐怖主义攻击的优势,为网络恐怖主义行为提供了便捷,实施网络攻击的门槛大大降低。网络上出售攻击程序、系统漏洞和用户信息的黑市遍布全球,甚至还可通过掮客牵线"买凶"。网络恐怖主义对国际政治的影响已经超越现实社会的政治纠纷,成为网络空间的重大安全隐患。

1. 影响国家秩序

2000年2月7日至9日,美国大量网站遭到网络恐怖分子的闪电式袭击,造成网络的关键点损毁,大量计算机瘫痪。同年5月,"我爱你"病毒摧毁了4 500万个电脑网络,美国国防部和英国议会的网络系统也未能幸免。美国前中央情报局局长多伊奇说:"网络恐怖主义对美国造成的危害,更甚于用常规手段进行威胁的恐怖主义,它已成为仅次于核武器和生化武器的第三大威胁因素。"2009年7月,韩

---

① 陈京春,徐立.网络恐怖主义犯罪的防控[C]//张凌,等.犯罪防控与法治中国建设——中国犯罪学学会年会论文集(2015年).北京:中国检察出版社,2015:592.

国总统府、国防部等政府部门和主要银行、媒体网站同时遭分布式拒绝服务（DDoS）攻击。韩国国家情报院网络安全中心、行政安全部、门户网站 Daum 和 Paran 以及友利银行等 10 家网站成为政治目标和经济目标。有报道称，这次大规模黑客攻击与美国财政部、特工处等联邦机构网站当月所受攻击疑似出自一路，攻击方可能为"黑客集团"。美国媒体报道，黑客攻击的目标还包括纽约证券交易所、纳斯达克股票市场公司、美国银行公司等金融机构网站。[①] 网络恐怖主义主体选择的攻击目标，涉及国家正常的社会生活，直接影响政治生活的各个方面，甚至影响正常的国家秩序。

2. 影响国际关系

国际关系复杂是不可否认的事实，然而，网络恐怖主义又为复杂的国际形势增添了更多不确定性，包括网络主权、网络舆论等诸多层面的国际纠纷。2001 年 5 月 4 日，美国白宫网站遭到黑客攻击，致使网站瘫痪。到 5 月 6 日的 3 天时间里，美国有 1 600 多个网站被攻破。媒体评论认为，就攻击网站本身而言，肆意攻击网站的做法实际都是不可原谅的违法行为，说成是网络恐怖主义行为也不过分。以高科技手段为后盾的网络攻击战，是危害网络公共安全的破坏行为。[②]

第一，遏制国家发展。在中美关系中，炒作黑客威胁、遏制中国发展是美国一直以来的战略。虽然美国的网络系统也常常受到攻击，包括国会、政府大多数部门、企业和大学等，任何与因特网有联系、有值得窃取和破坏的信息的组织都成为黑客攻击的目标。但是，美国常常借机炒作，将这些网络攻击事件渲染为其他国家的政府行为，"中国黑客"更是成为美国惯用借口。对于美国媒体的"中国黑客威胁"炒作，美国某些政客和官员也"择机"呼应。在 2009 年 4 月 21 日美国《华尔街日报》报道中国黑客窃取 F-35 战机资料后，尽管 F-35 战机的主要承建军火商洛克希德·马丁公司出面否认资料遭泄露，但是美国国防部发言人惠特曼（Bryan Whitman）称"不清楚任何具体细节"，给外界以充分的想象空间。随后，美国防部长盖茨（Roberts Gates）在接受哥伦比亚广播公司专访时忧虑地表示，美国每天都在遭受网络攻击，五角大楼不得不把从事网络攻防任务的专家数量扩充 4 倍。中国专家唐岚认为，从 2008 年北京奥运起，美国一直在用所谓的"网络黑客"问题攻击中国，力图将中国树立为国际社会在网络安全领域的公敌。美国炒作中国黑客攻击的真实目的，是想借此遏制中国的发展。

---

① 一而再再而三 黑客攻陷韩国[N/OL]. 成都晚报，2009-07-10(15). http://www.cdwb.com.cn/html/2009-07/10/content_606235.htm.

② 木乔. 红客黑客都是网络刺客[N]. 南国早报，2001-05-08.

第二,操纵网络舆论。美国在操纵网络舆论方面花样迭出。其中,以网络遭到"中国黑客"等攻击为由创建网络战司令部就是"借口"。美国军方也时不时主动对媒体放话,为接下来的政策制定造势。美国防部副防长威廉·林恩(William Lynn)于2009年5月15日对媒体表示,超过100个外国情报系统试图渗透美国网络,而中俄有能力通过网络攻击破坏美国的基础设施。随后,美国总统奥巴马宣布任命一名"网络沙皇"领导网络安全办公室,统领美国全国网络安全力量。2010年3月2日,美国著名科技杂志《连线》将美国政府对网络战威胁的宣传批评为"天花乱坠的不实渲染",认为利益集团正在操纵关于网络战的舆论,随意将普通的黑客攻击渲染成国家间的网络战,以控制整个因特网。①

第三,威胁国家意识形态。网络也成为恐怖分子制造政治阴谋、发动心理战、影响意识形态的有效手段。网络的分散性使调查人员很难追踪和阻止恐怖分子在网上发布信息;网络的快捷性可以使一个视频片段在网上出现后立即传播到世界各地,伊拉克人质遭斩首事件的视频反复在网上出现,就是恐怖分子发动心理战的实例;网络的隐蔽性又可以使恐怖分子通过不断更换域名隐蔽自身,使政府部门难以应对。② 以"基地"组织为核心、以"基地"组织分支机构为主体、以亲"基地"组织的恐怖力量为外围的全球恐怖网络,以及在"阿拉伯之春"后逐步完成调整的恐怖主义意识形态仍具有重要的全球影响力。③ 网络恐怖主义的危害性日益突出,一些非政府组织或个人持续有预谋地利用网络招募人员、传播暴恐思想、传授暴恐技术、筹集恐怖活动资金,制造轰动效应的恐怖活动,以达到破坏目标国政治稳定、经济安全和扰乱社会秩序的险恶目的。④ 网络恐怖主义对国家政治安全的危害还包括冲击国家的主体地位、威胁国家的意识形态、歪曲国家的正面形象等。

(二)网络恐怖主义对全球经济的影响

从金融、交通等国家重要设施到卫星、飞机等关键军用设施,甚至是与人民群众生活密切相关的教育、卫生等公共设施,都越来越依赖互联网。现实世界对信息网络的依赖性越大,网络恐怖主义可能造成的破坏性就越大,对全球经济的影响就越大。据统计,通过"情书""求职信"病毒发动的网络恐怖袭击,造成全球生产损失

---

① 网络恐怖主义或成美国更大威胁[EB/OL]. 天涯社区,2011-05-29. http://bbs.tianya.cn/post-worldlook-352130-1.shtml.
② "网络恐怖主义":挑战国家安全"信息边疆"[N]. 环球时报,2004-12-06.
③ 刘中民. 中东变局与国际恐怖主义的新发展[J]. 世界知识,2013(16).
④ 安卫平. 建立打击网络恐怖主义"国际维和"力量[EB/OL]. 人民网,2015-06-01.

额高达88亿美元和90亿美元。① 2003年4月,"美莉莎"电子邮件病毒,在3天内袭击了数百万台电脑主机,导致大批政府机构和高技术企业被迫关闭网络门户。2013年4月,黑客组织"叙利亚电子军"盗取美联社官方推特账号,谎称"白宫发生两起爆炸,奥巴马受伤",美股市随即大幅波动,损失约2 000亿美元。

1. 威胁国家总体经济安全

依赖网络建立起来的各国及全球金融网和政府网存储大量信息,包括信用卡号码、社会保险号码、信用卡费用和交易记录、信贷记录等,这些都是网络恐怖分子的攻击目标。在网络化背景下,各国的经济数据、经济信息以及金融管理都借助信息网络平台进行储存、发布。金融数据库往往成为恐怖组织攻击的重要目标。恐怖组织通过黑客技术入侵计算机或者植入病毒,盗取目标国经济机密,并对某些经济信息进行篡改,以至于在该国经济决策的时候由于经济信息的误差而出现错误。恐怖组织在获取相关经济信息的前提下,可以在一国的股票市场或者期货市场"为非作歹",以此聚敛大量资金,为恐怖主义活动的开展提供资金保障。此外,恐怖组织还可能入侵企业财务数据库,盗取企业网上银行资金,给企业造成重大经济损失。②

2. 威胁国家能源系统安全

2002年7月,美联邦调查局负责打击网络恐怖主义的负责人迪克说,美国能源公司计算机系统过去半年共遭受18万次网络攻击,远远超过其他行业遭受的网络攻击。他们担心美国能源系统已经成为网络恐怖袭击的首选目标。美国反恐怖专家认为,能源公司的计算机系统负责控制石油、水和电力输送,涉及国家的经济命脉,如果这些系统瘫痪,将导致灾难性后果。美国自从"9·11"事件以后加强了对机场、电厂和政府大楼等主要基础设施的安全保护,恐怖分子可能更愿意选择网络攻击作为发动对美恐怖袭击的最佳手段。他们认为,美国能源公司遭受的网络攻击数量的增加可能与恐怖分子进行网络攻击训练有关。③ 2009年7月,通用电气负责传输和分配的副总裁鲍勃·吉列根表示,智能电网引发了国家安全问题。将更多的技术引入电网中,给能源基础设施带来更多的连接点,人们对基础设施保护的担忧也就由此不断升级。吉列根还认为,智能电网技术还会带来严重的隐私泄露问题。④

---

① 王娜,薛阿敏. 试论网络恐怖主义及其应对之策——以中亚地区为视角[J]. 山东警察学院学报,2015,27(2):12-20.
② 孙晓娟. 网络恐怖主义的成因、危害性及其防控对策[J]. 湖北警官学院学报,2014,27(11):36-38.
③ 黑客青睐能源公司 美担心发生网络恐怖袭击[N]. 今晚报,2002-07-09(11).
④ 冯卫东. 智能电力遭遇人为阻力[N]. 科技日报,2009-07-25(2).

3. 威胁国家金融系统安全

2003年1月25日上午,美国的银行网络开始瘫痪。下午,韩国情报通信部发现有黑客攻击服务器的迹象,且攻势猛烈,掌握全国互联网服务命脉的服务器最终被迫停止工作,导致全国网络服务全面中断。与此同时,中国、日本、加拿大和澳大利亚等国家也遭遇类似的网络灾难。据媒体报道,这一切是由 Slammer 蠕虫病毒造成的。它在头一分钟之内,感染主机数量每0.85秒增长一倍;3分钟后,其传播速度达到峰值(每秒钟进行5 500万次扫描)。接下来,其传播速度由于自身挤占了绝大部分网络带宽而开始下降;病毒爆发的头5分钟内就导致0.95亿美元到12亿美元的生产力损失。[①] 有分析师认为,2009年韩国连续遭到的黑客攻击可能属于"金钱驱动型"。攻击对象包括韩国友利银行、韩亚银行、企业银行、国民银行、外换银行等银行网站。美国安全核心技术咨询公司分析师凯勒曼说:"全球每年黑客攻击造成经济损失10亿美元,既有金融数据失窃,也有商业间谍行为。"[②]美国、英国、瑞士、印度、日本等国的一些金融机构为免受攻击,仅1997年一年就向侵入计算机的恐怖分子支付了2亿多美元的赎金。

4. 威胁大型基础设施安全

"9·11"事件发生后,人们普遍认为,恐怖主义大规模袭击的下一个目标就是利用网络对美国等一些国家的国家基础设施,诸如对电力、自来水、通信和交通网络系统以及核动力设施和政府信息系统发动攻击。如果网络恐怖攻击目标选择了国家大型基础性设施,其后果不堪设想。通过网络攻击,网络恐怖组织可以操纵生产程序污染食品、饮用水、药物和疫苗,调控煤气管道压力引发爆炸,改动软件参数造成炼钢厂钢水脱包,打开大坝水闸淹没下游城镇,改变运行数据造成列车相撞,暂时性或持续性地摧毁电力系统,从银行账户中窃取巨额资金,破坏军方的行动计划,扰乱国家安全系统,攻击防空系统等,由此造成的损失都将是巨大的。

(三)网络恐怖主义对世界安全的影响

网络恐怖主义对世界安全的威胁,正成为一个新的突出问题。当网络渗透到世界的每个角落,网络即成为国家安全"无形的疆域"。从某种意义上说,谁拥有制网权谁就可能拥有一切;谁失去制网权谁就可能失去国家安全。这种无形的"信息

---

① 宋维才,姚得水.网络恐怖活动特点及其防范措施[J].江苏警官学院学报,2006(2):136-139.
② 一而再再而三 黑客攻陷韩国[N].成都晚报,2009-07-10(15).

边疆"安全与否对一个国家来说,和传统的领土、领海和领空安全地位同等重要,关系到一个民族、一个国家在信息时代的安危。

1. 网络恐怖主义与安全层次的拓展

传统安全关注的是军事、政治和经济的安全。参照马斯洛的"需求理论",安全研究者将关注点也做了层次化分析,传统的军事、政治、经济安全处于基本层面,而信息安全、人的安全的研究则处于较高层次。人的安全的概念最早出自 1994 年联合国开发计划署(UNDP)的《人类发展报告》。该报告指出,人类安全包括两个主要方面:第一,免于饥荒、疾病、压迫等慢性威胁;第二,免于家庭、工作和社区等日常生活场所中的危害性和突发性干扰。该报告还列出了人类安全的七大要素:经济安全(基本收入有保障)、粮食安全(确保粮食供应充足)、健康安全(免于疾病和传染)、环境安全(能够获得清洁水源、清新空气和未退化的耕地)、人身安全(免遭人身暴力和威胁)、共同体安全(文化身份安全)和政治安全(基本人权和自由得到保护)。在将关注点转向信息安全的同时,人们也将落脚点转向对人的安全的关注。在世界和平与发展的两大主题下,社会的稳定、国民生活水平的提高成为更为重要的关注点。而且,在政治、军事、经济安全有保证的前提下,人的安全才能提上日程。网络恐怖主义袭击的对象除了包括涉及国家社会安全的"硬目标",还包括更加脆弱的"软目标"。为减少国民对所处环境中各种威胁的恐惧,各国对安全关注的层次和维度进行了不断拓宽。

2. 网络恐怖主义对主权观念的挑战

从国家政治安全角度,国家层面的安全是指政权稳定、领土主权完整。从现实世界到网络世界的发展,主权的概念从物质世界拓展到网络世界,因而网络主权(cyber sovereignty)的概念被提出来。现实世界,各国对于领土范围享有最高主权,而在网络世界,传统的主权观念受到挑战。网络实现了真正意义上全球一体化和主权无国界。在一国有巨大影响的网站,其主服务器可能在另一国。网络信息化是时代发展的需要,一国国内网络信息化程度越高,其受到攻击的风险也越大。2007 年,爱沙尼亚共和国已经感受过网络恐怖主义攻击的残酷性。由于爱沙尼亚政府搬走了地处首都塔林的苏军解放塔林纪念碑,在没有任何预兆的情况下,政府网站突然被电子信息淹没,攻击次数呈指数级增长。继国会电子邮件服务器之后,政府、银行、新闻媒体和大学的网站等数百个目标全部沦陷,在爱沙尼亚国内造成了大规模骚乱。后来的事实证明,爱沙尼亚是受到了他国网络恐怖主义攻击。主权在全球一体化的背景下受到某种程度的侵蚀,而主权又是国家的根本,各国更加珍视主权存在。因此,各国开始着手构建防范网络恐怖主义和信息战的防御阵线。① 《中华人民共和国网络安全法》(以下简称《网络安全法》)总则开宗明义,强调要维护网络空间主权。2015年10月22日,美国参议院通过了《网络安全信息共享法案》修正案。该修正案的主要目标是降低起诉他国网络犯罪嫌疑人的门槛,但是其如何针对他国公民网络攻击事件实施自由裁量权仍面临较大争议,不可避免涉及对他国网络主权的干涉。简单来讲,网络主权就是国家主权在网络空间的自然延伸和表现,网络空间的虚拟性、开放性、共享性等特征,形成了网络主权独特的内涵。从现实情况来看,网络主权目前在国际上仍存在较大争议,经常成为大国之间进行辩论交锋的核心议题。②

3. 网络恐怖主义对文化安全的威胁

网络恐怖主义对国家文化安全的危害主要表现在:一是宣传恐怖主义思想,进而煽动、蒙骗一部分不善于明辨是非的人同情甚至追随,从而造就一批暴力分子,给社会带来严重的后果。二是传播恐怖主义文化,如种族极端主义、宗教极端主义和民族极端主义等。一旦网络恐怖分子成功利用网络进行恐怖文化渗透,对一个国家的文化危害甚至社会稳定都是致命的。③ 此外,意识形态的导向作用,也成为网络恐怖主义存在根源中深刻的文化动因。单纯的经济发展差距,不能解释网络恐怖主义存在的现实基础,也无法解释奥萨马·本·拉登放弃富豪身份去做一个到处躲避追捕的恐怖组织领导者的极端现象。在现实中,"基地"组织也是打着反对侵略、反对压迫、反对不公正的旗号。恐怖主义袭击造成的伤害,在平常人看来是罪恶;而在充满怨恨的人看来,却是一种复仇。恐怖组织正在利用网络信息技术,借助网络平台,宣扬其极端的"反抗文化"。网络信息技术成为其发动所谓文化战争的工具,网络平台成为其发动网络攻击、宣传极端理念的阵地。可以想象,网络空间的文明冲突会比现实社会的文明冲突更加猛烈。为了避免出现这样的后果,就要更加深入研究恐怖主义产生的根源,也就是要从文化安全的视角来重新理解它,用文化融合包容的理念去化解敌对与仇恨,才能从根本上消除网络恐怖主义的隐患。④

4. 网络恐怖主义对军事安全的威胁

网络恐怖组织通过制造信息武器、攻击网站、盗窃政府机密文件等,对各国国家安全构成威胁,也包括对国家军事安全的威胁,不容忽视。在1991年的海湾战

---

① 网络恐怖主义:挑战国家安全"信息边疆"[N]. 环球时报,2004-12-06.
② 孙伟,朱启超. 维护网络安全需破解网络主权争议[N]. 科技日报(数字报),2015-11-17(12).
③ 奇云. 网络恐怖主义:没有硝烟的战争[J]. 城市与减灾,2012(3):14-18.
④ 网络恐怖主义对国家安全的新挑战[N]. 情报与反恐研究院公众号,2014-09-17.

争中,美国特工事先将一套带有病毒的芯片换装在出售给伊拉克防空系统的打印机中,在"沙漠风暴"空袭行动开始后,通过无线遥控装置将病毒激活,致使伊拉克军队的防空系统全部瘫痪,从而轻易取得了伊拉克的制空权。网络恐怖分子完全可以使用同样的手段,威胁一个国家的军事安全。例如,可以通过侵入国家防御系统,破解机密信息发出指令,如对武器防御系统发出有洲际导弹来袭的指令,引起国际核战争,或者发出使杀伤武器自动销毁的指令等。[①] 2001年至2002年3月,英国人加里·麦金农(Gary McKinnon)非法侵入美国国防部、美国国家航空和航天局等多个部门的97台计算机,共给美方造成大约140万美元损失。近年来,以"东伊运"为代表的"东突"恐怖势力将网络作为实施恐怖活动的重要平台,不仅严重威胁中国国家安全,也严重威胁地区安全与稳定。网络恐怖主义攻击背后,是一个没有硝烟的战场。

(四)网络恐怖主义对社会发展的影响

社会的运行有其正常的秩序,以保持社会的稳定发展。网络恐怖主义对社会和谐的危害性表现在制造恐怖气氛、散布恐怖言论、发布虚假信息,以及造成社会恐慌等。网络恐怖主义的影响还会导致网络用户对使用互联网丧失信心,而且,互联网的可信性亦减低,负面影响尤其深远。此外,通过网络进行恐怖主义宣传,宣扬其主张和意图,同样具有其破坏力。

1. 通过网络恐怖言论营造社会恐怖气氛

网络恐怖组织在网络上散播恐怖主义言论和虚假信息,势必会造成对原有社会秩序的破坏,甚至造成社会恐慌。"9·11"事件之后,美国国内的一些主流网站经常成为网络恐怖主义攻击的对象。其网站首页常常被"纽约明天将遭受恐怖袭击"等"爆炸性"的假新闻覆盖,由此造成公众的心理恐慌。此外,网络恐怖主义还通过电子信箱散布恐怖主义言论。1998年,泰米尔游击队在两周内每天集中发送800封以上"垃圾"电子邮件,致使斯里兰卡大使馆网站陷入瘫痪。大使馆网站的瘫痪对民众的心理影响是不言而喻的,由此凸显了网络恐怖主义在扰乱社会正常生活秩序、制造社会恐怖气氛上的危害力。[②]

2. 通过网络恐怖行动造成社会恐怖威慑

对于恐怖主义活动,人们总是不由自主想到血腥、残暴。在这方面,网络恐怖

---

① 奇云. 网络恐怖主义:没有硝烟的战争[J]. 城市与减灾,2012(3):14-18.
② 孙晓娟. 网络恐怖主义的成因、危害性及其防控对策[J]. 湖北警官学院学报,2014,27(11):36-38.

主义与传统恐怖主义存在一定区别,虽然网络恐怖主义行为也具有一般恐怖主义活动的根本特性,但是网络恐怖主义行为的暴力性是间接的。网络恐怖主义活动通过网络危害国家设备、网络秩序、人们的心理状态,这种远程的、看似非暴力实则影响巨大的特性就是间接暴力。"基地"组织的成员或者新成员,通过网络寻求指导性帮助,如使用武器方法、制造炸弹和战术应用以及自杀性炸弹袭击者实施袭击的一些影像资料等。手机具备上网功能后,流动影像(streaming video)增强了恐怖组织和个人对信息的有效获取。

3. 通过制造网络舆论扩散恐怖主义意识形态

网络空间的舆论情况对网民影响巨大。"基地"组织除了将网络作为其指挥和控制(command and control,C2)的工具外,也将网络作为其重要的宣传工具(dissemination mechanism),散播极端主义思想和意识形态。"基地"组织就是通过公开资源进行宣传引导,如果使用谷歌引擎来搜索"基地"组织(Al Quaeda)就能说明一切。这是恐怖组织与受众和潜在支持者实现有效沟通的重要途径。同时,恐怖主义还利用打造"明星"和典型案例的方法来吸引受众。2007年8月,一个服务器设置在美国的网站发布"基地"组织头目穆萨布·扎卡维(AbuMusaib Zarqawi)的布道视频。影像包含一段汽车炸弹袭击后,平民与美国士兵伤亡的场景。影像资料通过网络的转发、下载,实现了最大范围的传播。在一些恐怖主义网站中,也附带论坛和博客讨论专区,向新成员展示对极端主义理念的解读。

第三节 网络恐怖主义的发展趋势

有位美国军事专家说:要想战胜敌国,100年前,是打一场大规模的机械化战争;50年前,是筹划一场核战争;10年前,是发动一场信息化战争;现在,可能是无声无息地开展一场网络战争。在这样的背景下,网络恐怖主义的发展也表现出新趋势。需要说明的是,这里所谓的网络恐怖主义发展趋势,是就目前阶段观察的表述。网络恐怖主义的未来发展如何,还需要动态地观察和考量。

一、网络恐怖主义主体的发展趋势

网络恐怖主义主体包括网络恐怖主义国家、网络恐怖组织和网络恐怖主义个人。一方面,以网络军国主义、网络霸权主义为行为主体的"国家网络恐怖主义",从之前的存在可能性,到后来专家指出存在以国家为主体发动的网络恐怖主义攻击案例,这方面的发展值得关注。另一方面,就网络恐怖主义主体中的个体发展来看,以独立个人为行为主体的"独狼"恐怖主义事件数量不少。根据相关研究成果,大多数网络恐怖组织联系松散,高技术手段、网络本身的匿名性、交互性以及遍及全球的特点,正符合网络恐怖主义发展的新思路。网络既不规则也不随机,网络恐怖主义的发展也包含诸多不确定因素。

1. 网络恐怖组织的集团化

网络恐怖组织形式由简单的个体组织到集团化组织发展。网络恐怖活动大部分是由单个组织为了达到某种政治目的所进行的,然而,网络恐怖组织并没有达成统一的联盟。有人预测,随着打击防范网络恐怖主义的力度加强,在简单的个体组织无法依靠自身力量进行对抗的情况下,他们会站到一起,形成集团化的网络恐怖组织。[①] 从网络恐怖组织发展情况来看,网络恐怖主义将会更多地和民族分离主义组织、极端组织、宗教组织等亚国家行为体相结合,从而使组织集群性加强,逐渐形成规模化。网络社会的恐怖分子组织集群性大大加强,造成了攻击效果的提升。[②] 同时,网络恐怖组织也表现出一些新的特征。例如,相比一般恐怖组织来说,网络恐怖组织趋向随意化、分散化等,这些都是随着网络化的发展而不断变化的。

2. 网络恐怖主义个人的"独狼"化

网络攻击武器易获取、网络目标脆弱、攻击结果的高危害等属性,使恐怖分子可以利用极少的个人资源对拥有强大社会资源的公共信息设施和相关政府发动灾难性网络攻击,网络恐怖分子的个人行为就能达到甚至超过传统意义上的恐怖组织所追求的效果。同时,个人行为也更符合现代恐怖主义追求隐蔽的特点,因此,在某种程度上,网络恐怖主义的组织性更加弱化,个人化倾向更加突出。[③] 2009年,胡德堡军事基地枪击案中杀害13名美军士兵的陆军心理医生尼达尔·哈桑和2013年4月在波士顿马拉松现场制造恐怖袭击的察尔纳耶夫兄弟,都是受"圣战"思潮洗脑的"独狼"。2013年2月,美政治风险评估公司总裁杰弗里·西蒙在《"独狼"式恐怖主义:了解它日益增长的威胁》一书中指出,科技进步,尤其是网络技术

[①] 荆昕迪,初琦. 浅议网络恐怖主义发展趋势[J]. 世界经济与政治论坛,2004(4):52-56.
[②] 杨隽,梅建明. 恐怖主义概论[M]. 北京:法律出版社,2013:200-224.
[③] 刘优良. 网络恐怖主义对公共信息安全的挑战与对策[J]. 湖南大学学报(社会科学版),2007(1):68-71.

革命助长"独狼"式恐怖主义,人类即将面临第五次"恐怖浪潮",即"科技恐怖浪潮"。"独狼"无须现身就可通过网站和社交媒体等工具获取各种信息,甚至直接实施网络恐袭。"基地"组织阿拉伯半岛分支专门制作、出版英文网络杂志《启发》(Inspire),煽动西方极端分子发动"独狼"式恐怖袭击。

二、网络恐怖主义攻击的发展趋势

网络恐怖主义攻击有其他方式所不具有的优势:成本低,隐蔽性好,破坏性强,可以远程操作,非常便利快捷等,特别是"那些不怀好意的恐怖分子,只要在适当的位置点击就可以肆意地劫掠破坏,而这一切可以躲藏在任何角落里悄悄进行"。[①]

1. 网络恐怖主义攻击走向协作化

随着现实和虚拟世界结合得越来越紧密,网络恐怖主义攻击也将发展成集团化的合作方式。由于防范技术的不断提高,仅靠单枪匹马也许会显得力不从心,网络恐怖组织也会发挥集体的力量,相互配合,联合作战,对共同的目标发动攻击。美国在经过"数字珍珠港"演习后,分析得出的结论是,要想对美国的重要网络设施造成重大破坏,需要一个拥有巨大资源的联合体,包括2亿美元、国家级的情报系统和5年的准备时间。[②] 因此,集团式的综合协同将成为未来大规模网络恐怖袭击的一个重要标志。此外,"里应外合"也是集体化操作的一个重要特征,内部人员会给攻击打开方便之门,使攻击更具有杀伤性。[③] 恐怖组织很可能在不久的将来掌握具备一定水准的网络技术,或者直接雇用黑客,也存在这种可能,即某些具有相关技术的黑客"加盟"恐怖组织,从而使恐怖组织具备发动大规模网络袭击的能力。[④] 这种分析性的描述,或许在早几年还停留在理论研究的可能性层面;如今,成功的网络攻击案例越来越多,网络恐怖主义攻击成功的概率也会提高,给社会带来的风险指数也会随之升高。

2. 网络恐怖主义攻击走向黑客化

20世纪末,黑客、激进分子、计算机犯罪分子就已经在信息领域泛滥,网络恐怖主义的出现,成为危害网络领域的第四大害。[⑤] 黑客恐怖主义化,且黑客与恐怖

[①] 王娜,薛阿敏.试论网络恐怖主义及其应对之策——以中亚地区为视角[J].山东警察学院学报,2015,27(2):12-20.
[②] 朱宏胜.浅析网络恐怖主义[J].蚌埠学院学报,2015(1):167-170.
[③] 刘强.网络恐怖主义的特性、现状及发展趋势[J].世界经济与政治论坛,2004(4):52-56.
[④] 朱永彪,任彦.国际网络恐怖主义研究[M].北京:中国社会科学出版社.2014:58.
[⑤] 杨隽,梅建明.恐怖主义概论[M].北京:法律出版社,2013:200-224.

组织相结合共同实施网络恐怖主义攻击的可能性增加。此外,激进分子、黑客、恐怖分子之间的界限也越来越模糊,不排除未来出现三者"合流"的可能。能够利用黑客技术是网络恐怖主义主体的新特征,而且黑客技术也是高度可控的技术手段,可能达到预期的恐怖效果。

伦敦研究数字风险的专业机构 Mi2g 估计,全球大约有 6 000 个黑客组织,其中部分黑客的攻击已经带有恐怖主义的色彩。"9·11"事件后,一些伊斯兰黑客组织,像"穆斯林游击战士",为报复美国黑客的攻击,攻击了美国家海洋及大气局网站,并在其网页上留下恐吓字句,威胁称如果美国不停止打击阿富汗以及"基地"组织,他们会把手上的美政府机密资料交给"基地"组织。他们还攻击美国国家卫生研究所(National Institutes of Health,NIH)全国人类基因组机构的服务器,涂改了网页,贴上了沙特阿拉伯国旗并留下两条乌尔都文标语"真主伟大至极"和"美国人准备受死吧"。由此可见,社会价值感的扭曲以及无政府主义思想的膨胀,会导致黑客实施国家规模或国际规模的恐怖袭击,从而蜕变成网络恐怖主义者。

恐怖组织还可能通过拉拢或收买方式,将黑客变成实施网络恐怖主义的工具,一旦黑客高手成为恐怖组织的帮凶,其后果不堪设想。一个网上绰号"黑勋爵"的美国 21 岁青年迪克曼,从 1998 年起,多次闯入美国国家航空航天局(NASA)的喷射推进实验室和该局部署在斯坦福大学的计算机系统。他窃取了喷射推进实验室中的三套计算机系统的控制权,从而有权查阅并修改这三套计算机系统中的任何机密资料。被迪克曼侵入的 NASA 在斯坦福大学的计算机系统,用于研制军用卫星的飞行控制软件,美国司法部将这套计算机系统中的资料描述为"极其敏感"。[1]

网络恐怖分子利用计算机黑客技术和病毒技术等手段发动网络恐怖主义攻击,使一些计算机黑客由无害的科技探索者或普通的违法犯罪者向恐怖分子堕落转型成为可能。甚至有一种说法是"黑客+病毒=恐怖袭击"。国外资料表明,高水平的网络攻击多数来自有恐怖主义思想的黑客。一些计算机黑客道德缺失,怀有仇恨、冷酷、狂热的恐怖心理,很容易为恐怖分子、恐怖组织所利用、雇用,或自甘堕落成为反科技进步、反人类社会的网络恐怖事件制造者。对抗"黑客",在网络空间阻击"网络恐怖主义",注定是一场长期抗战。

3. 网络恐怖主义攻击走向现实化

网络技术的发展为网络恐怖分子实施网络攻击提供更多的工具,也影响其攻击目标的选择。在网络恐怖主义发展的初级阶段,网络恐怖主义攻击的目标大多

---

[1] 刘强. 网络恐怖主义的特性、现状及发展趋势[J]. 世界经济与政治论坛,2004(4):52-56.

还仅仅锁定在大型或官方网站,但是,随着网络与现实联系密切,网络恐怖主义攻击的目标就会转移到现实世界。网络恐怖分子可以袭击关系国计民生的银行系统,使之瘫痪,影响现实社会的正常社会秩序。网络恐怖主义的攻击目标由一般性目标转向大型基础设施目标,主要锁定那些对一个国家国民经济或人民生活有巨大影响的大型基础性设施,如通信系统、电力设施、供水系统、油气能源、机场指挥中心、铁路调度、军事装备等,甚至是运行最繁忙、联网最广泛且脆弱性最大的全球金融证券交易网络系统。2015年,卡巴斯基实验室负责人表示,针对电网、供水系统、化工厂和其他关键基础设施的网络恐怖主义攻击可能成为严酷的现实,这意味着,这些基础设施需要更好的保护。

4. 网络恐怖主义攻击走向意识形态化

同世界各国较量的硬实力博弈相似,网络恐怖主义活动所追求的打击目标,也在不断地由对现实设施的攻击开始向意识形态领域发展。与网络恐怖组织相关的行为,包括各种冲突,已经不仅仅是物理破坏,而是更多地围绕信息和"软力量"展开。因此,未来的网络恐怖主义活动在争夺意识形态话语权方面,将会投入更多的技术和组织力量。网络空间话语权成为各方利益角逐的又一个焦点,而在这个过程中,媒介的力量成为各方都不容小觑的平台和利器。因此,以新媒体为代表的媒介影响力随着信息重要性的提高而提高。"这种对于网络的依赖促使恐怖主义逐渐脱离原有的组织形式,向一种'纯精神'的方向转变,即恐怖组织正转向更加松散、层次更少的等级组织结构,甚至呈现网络化的平级组织体系,国际恐怖主义向国外输出的更多是一种意识形态,而不是具体的恐怖袭击指挥、控制的指令。"[①]一份2015年的联合国安理会报告得出结论说,为加入"圣战"组织,已有22 000名外国作战人员设法到达伊拉克和叙利亚。据美国情报官员的说法,其中大约3 400人来自欧洲和美国。最麻烦的可能是"伊斯兰国"的意识形态在继续扩散,这很大程度上是由于该组织对社交媒体的可观运用。[②] 事实上,"伊斯兰国"对美国造成的最直接威胁看上去来自早已身处美国的人士;通过与遍布世界各地的"伊斯兰国"支持者或招募人员进行网上接触,他们或许会变得更激进。这样,回击极端主义意识形态的扩散并阻止"伊斯兰国"在国内和海外招募新成员,成为美国反恐战略的最重要内容。

5. 网络恐怖主义攻击武器走向多元化

网络功能的多元化使更多、更新、更先进的网络攻击武器逐步进入网络恐怖组

---

① 韩晓松. 对网络恐怖主义活动的犯罪社会学分析[J]. 网络安全技术与应用,2011(12):54-56.
② 杰西卡·斯特恩. 奥巴马与反恐:不论喜欢与否,战争都在继续[N]. 东方早报,2015-11-03(B06).

织的视野,并将其应用于网络恐怖主义攻击的现实。有学者指出:"未来的十年间,计算机病毒与蠕虫等传统程序攻击方式依然存在,但是,随着全世界技术的日新月异,网络恐怖主义的技术武器将会更加先进。"

随着新的网络应用工具和应用平台的普及与自媒体的发展,网络恐怖主义将其纳入自己的发展战略,并充分利用其便捷。有专家指出:"社交媒体成了恐怖分子的'战略工具',使恐怖分子可以直接'敲开'目标受众的大门,而无须等待访客上门。"QQ、微博、微信、脸谱和推特等社交媒体,都成了网络恐怖分子沟通交流的工具。各大"圣战"论坛号召开展"脸谱入侵"行动,"推特恐怖""优图恐怖"等屡见不鲜。更值得关注的是网络视频的发展,研究结果显示,视频传播在网络舆论中发挥的作用越来越大。2013年9月,在肯尼亚首都内罗毕西门购物中心发生的恐怖袭击事件中,其制造者就对袭击事件进行了"推特直播"。在网络的放大器效应作用下,其影响更加直观。

三、网络恐怖主义行为的发展趋势

虽然网络恐怖主义的发展与国家行为体的结合并不清晰,但是,国家背景支持的网络恐怖主义发展趋势却逐渐显现。而且,传统的恐怖主义活动与恐怖袭击等,在借助网络工具的过程中,逐步升级,发展成为网络恐怖主义行为主体所进行的网络攻击。

1. 网络恐怖主义获得支持的政府化

网络恐怖主义活动具有高度隐蔽性的特点,即便是有政府的支持,在非公开的状态下,发动网络恐怖主义攻击的国家承担的政治风险几乎为零。传统的恐怖活动方式在国际社会的强力打压下,活动空间日益狭小,而国家背景支持的网络恐怖主义将得到某种程度的发展,全球打击和防范网络恐怖主义形势将更加复杂。[①] 有报道称:"国家支持的攻击正变得越来越普遍,攻击代码内的语言种类也在增加,英语、中文、俄文是最常见的语言,而法语、西班牙语和阿拉伯语也出现在高级持续性威胁的代码中。"[②]

2010年10月,卡巴斯基实验室预警了极易被"震网"病毒(Stuxnet)所利用的"零日漏洞"后,事态再次升级。侵袭伊朗的 Stuxnet 病毒有难以揣摩的"身世

[①] 刘优良. 网络恐怖主义对公共信息安全的挑战与对策[J]. 湖南大学学报(社会科学版),2007(1):68-71.

[②] 卡巴斯基:关键基础设施可能面临"非常严重的事故"[N/OL]. 邹铮,编译. 网界网,2015-03-16.

背景"。卡巴斯基实验室首席执行官(CEO)兼创始人尤金·卡巴斯基(Eugene Kaspersky)认为,除非有国家和政府的支持与协助,否则很难发动如此规模的攻击。最早发现 Stuxnet 病毒的卡巴斯基实验室研究者掌握了该病毒的技术细节:它可看作专门设计用来攻击伊朗重要工业设施的计算机病毒,它的目标可能是伊朗布什尔核电站。互联网所承载的财富和知识,已经成为国家利益的重要组成部分,这个由无数 0 和 1 组成的庞大数字群,已经成为各国国防系统瞄准的又一新领域。①

2015 年,卡巴斯基实验室在针对 Careto 和 Regin 以及其他网络间谍攻击行动的研究过程中,首先注意到这类攻击所使用的策略趋势,之后又在对 EuqationDrug 分析中确认了其发展趋势,"网络间谍攻击事件时有发生,而背后有国家和政府支持的网络间谍攻击行动更是演变得愈发复杂,其攻击者可利用复杂的模块化工具针对精心挑选的用户发动攻击;同时,还能够利用先进的技术躲避有效的检测系统"。如果这种受到国家和政府支持的网络间谍攻击行动为网络恐怖主义主体所掌握的话,那么,未来的网络恐怖主义将染上更浓烈的国家和政府色彩。

2. 传统恐怖主义借助网络手段获得升级

虽然网络恐怖主义与传统恐怖主义有一定的差异,却又不是完全孤立的两个不同现象。在目前情况下,"传统恐怖分子利用网络的便利条件,使恐怖行动更加隐蔽快速。而网络恐怖分子则会依靠传统恐怖主义的物理攻击,扩大自己的影响力"。②

传统恐怖分子和犯罪分子,如毒品走私贩,已经在雇用软件工程师来编写恶意软件,帮助他们通过计算机网络开展非法活动,因为这样更简单、更安全,也更便宜。通过这种方式,这些恐怖和犯罪分子更容易感染计算机系统端口,并创建记录称某些货物已经经过检查,从而瞒天过海。网络恐怖分子也会采取同样的做法,聘请非常专业的软件工程师发动网络恐怖主义攻击。

卡巴斯基首席执行官兼创始人尤金·卡巴斯基曾表示:"网络恐怖主义攻击真的非常可怕。"为了更好打击网络恐怖主义,各国安全部门之间需要合作,制定网络恐怖主义相关法律,同时,安全专业人士也需清楚如何识别网络攻击,并从技术角度快速检测和修复,减少网络攻击成功的机会。

3. 网络恐怖主义对网络话语权的争夺更急切

网络空间在全球秩序中的重要性越来越清晰,对网络空间主权的争夺也成为

---

① 卡巴斯基解析伊朗网络袭击事件[N/OL]. 经济晚报,2010-10-14(14). http://epaper.cnjjwb.com/houtai_ma/pdf/20101013786060753.pdf.

② 荆昕会,初琦. 浅议网络恐怖主义发展趋势[J]. 世界经济与政治论坛,2004(4):52-56.

各国国家外交的重要内容。现实空间的恐怖袭击正与网络空间的恐怖袭击更紧密地结合在一起,各国政府对在陆地、海洋、天空和太空之外的网络空间越来越重视,围绕网络空间的争夺越来越激烈。一个没有安全感的网络空间是十分可怕的,必将给人类带来混乱、争斗甚至毁灭性的后果。在现阶段,各国对网络空间的争夺,主要表现在技术上的互联网管理权,网络空间的规则制定权和话语权,军事上的"制网权"。特别是美国等发达国家,都在开发网络武器、组建网络部队,发展网络军事技术,以谋求在互联网战场上获得绝对的军事优势。网络恐怖主义对网络空间话语权的争夺,首先表现在网络攻击武器的使用上,只有实现有效的攻击,才能实现网络恐怖主义主体的各种诉求;其次,表现在对各种新媒体技术新应用的利用渗透率上,由此带来的各种招募、培训、策划等环节步骤,特别是,通过网络传播,扩大网络恐怖组织的影响,实现规模扩大化、利益最大化。

第三章 网络恐怖主义的基本类型

网络恐怖主义的基本类型可以根据不同标准进行划分,划分的标准包括网络恐怖主义的行为主体、行为特征、工具类型、地域时空和动机根源等。这些不同类型的网络恐怖主义,随着标准的变化,会出现不同的表现形态,展现不同的特点。需要指出的是,这里的划分是为了研究行文方便。实际上,网络恐怖组织往往不是某种单一的类型,而是几种类型的综合体。

第一节 按照行为主体划分的网络恐怖主义

行为主体就是行使某项行为的自然人、法人、其他组织等。根据实施网络恐怖主义的行为主体,可以将网络恐怖主义划分成个人型网络恐怖主义、组织型网络恐怖主义和国家型网络恐怖主义。

一、个人型网络恐怖主义

个人型网络恐怖主义的实施主体是非组织的个人,即网络恐怖分子不建构也不参加某种恐怖组织,却把恐怖奉为信条,独自实施一系列恐怖活动。芬安全(F-Secure)的首席研究员米科·哈普林(Mikko Hypponen)认为:"网络恐怖分子可能成为继经济驱动、黑客主义和国家间谍行为之后的第四种互联网攻击者。"① 根据个人型网络恐怖分子的不同特征,又可以将其分为技术型、精神领袖型和"独狼"式。

1. 技术型

网络恐怖分子一直利用互联网扩大自身的宣传影响力,将互联网作为武器加以运用。对2008年孟买袭击事件负责的恐怖组织"虔诚军",主要利用网络技术手段掩盖自身日常通信与活动。网络技术体系由该组织的个人支持者所建立,但是,支持者与组织成员本身却并无直接接触。这类恐怖组织都是由拥有网络技术的恐怖分子构成,属于技术型网络恐怖主义。

2. 精神领袖型

号称"伊尔哈比007"的尤尼斯·特苏里(Younis Tsouli),凭借无与伦比的网络黑客技术,迅速成为网络恐怖分子的"精神领袖"。2001年,特苏里跟随身为摩洛哥外交官的父亲来到伦敦,在一所不出名大学里学习IT技术。据媒体报道,特苏里几乎没有朋友,整日沉溺于互联网的虚拟世界之中。网上伊拉克战争的种种场景令年轻的特苏里极为震撼,他的思想开始变得极端。他不仅浏览这些图片,还用"伊尔哈比007"这个网名在更大范围传播。"伊尔哈比"(irhabi)在阿拉伯语中的意思是"恐怖分子","007"则是小说和电影中英国军情六处无所不能的间谍詹姆斯·邦德的代号。从2003年起,特苏里加入网络论坛,因发布诸如"黑客速成指南"等赚足了人气。2004年,他开始散布恐怖主义视频和宣传材料。

这个网络天才逐渐引起了"基地"组织伊拉克分支机构领导人的注意。"基地"组织当时正在制作表现它们"丰功伟绩"的视频片段,却苦于找不到愿意发布这些视频的网站。决定为"基地"组织"效劳"后,特苏里不费吹灰之力便解决了这一难题。这位电脑高手先是让"基地"组织发来能让他下载这些视频文件的链接,将这些视频转化为各种格式,包括能在手机中观看的格式,然后将这些视频上传到被他"黑"了的网站上。这些网站的管理者根本没有意识到,自己正在为恐怖主义作宣传。特苏里甚至在美国阿肯色州政府的官方网站上放置了奥萨马·本·拉登的视频。他四处散布恐怖主义言行,组织和策划恐怖事件,被"基地"组织视为无价之宝,却成为世界上最臭名昭著的"网络圣战者"和通缉要犯。

---

① 网络恐怖主义成为黑客的第四支力量[N/OL]. 比特网,2012-03-05. http://www.secdoctor.com/html/redian/17389.html.

"基地"组织伊拉克分支机构领导人穆萨布·扎卡维的代表发布了支持"伊尔哈比007"的信息,其中的一条写道:"愿真主保佑你。"2005年8月,特苏里"荣升"为网络论坛"安萨尔"(al-Ansar)的管理员。极端分子可以在这个只对4 500名注册用户开放的论坛上自由交流思想。论坛上有一些"实用信息",如"如何制造爆炸物"。极端分子还讨论如何潜入伊拉克,成为"光荣"的自杀袭击者。一条留言写道:"我准备试一试,但我还不到18岁,是不是太小了?"下面的回复令人触目惊心:"我们不反对任何年龄段的人加入。"网络反恐专家埃文·科赫尔曼说:"'伊尔哈比007'相当于一个媒人,为有志成为自杀式袭击者的激进分子和'基地'组织牵线搭桥。"2005年底,特苏里在英国落入法网。参与审讯特苏里的网络反恐专家埃文·科赫尔曼(Evan Kohlmann)说:"'伊尔哈比007'拥有营销方面的天赋,以及专业的知识和技能,他将'恐怖材料'放在网上不能被轻易删除的地方,大量网民可以从那里下载、观看和保存这些材料。"2007年12月,他的刑期从10年被增加到16年。①

3."独狼"式

网络恐怖主义在全球范围内出现了"个体化恐怖主义",即"独狼恐怖主义"(lone wolf terrorism)。所谓的"独狼"式恐怖分子,是指独立的具有恐怖主义思想的个人,他们可通过互联网招募并训练,接受激进教育,灌输极端思想,抑或自身存有反人类倾向。他们平时与常人无异,往往在最后时刻暴露其残忍的本性。独狼恐怖主义动机复杂、目标刻意、行动隐蔽,造成了恐怖活动的不可预测性和残忍性。之所以单一恐怖分子的"独狼"式袭击更具威胁,主要是因为其随机性更高、袭击目标不确定。

随着实力受到削弱,"基地"组织开始通过互联网等媒介在西方国家招募"独狼式效忠者",怂恿这些人发动小规模袭击,这种来自西方国家内部的袭击者成为"基地"威胁的"新面孔"。这些人往往不仅包括恐怖分子,而且也可能是出现严重个人问题的普通人。西方警方称"独狼"恐怖分子作案为"反社会杀人",不少国家已把其列为反恐范畴。

2015年9月10日,"基地"组织发布一份"杀戮名单",号召"独狼"式恐怖分子以美国的巨富人群为目标,实施袭击。据NBC新闻报道,名单上为人熟知的名字包括:比尔·盖茨、巴菲特、彭博、科赫兄弟、甲骨文公司创始人拉里·埃里森、赌场大亨谢尔登·阿德尔森、沃尔玛总裁吉姆·沃尔顿、联储会前任主席伯南克等。这

---

① "基地007"凭黑客技术造恐怖成网络精神领袖[EB/OL]. 新华网,2008-01-26.

份名单刊登在"基地"组织宣传极端主义思想的电子杂志《启发》上,名单一旁配有其中一些人血淋淋样子的图片和一把滴着血的手枪。尽管不少名字都被拼错,可这份名单所传达的信息却很清楚:终结"美国经济的复苏"。"基地"组织向比尔·盖茨等人喊话称,如果他们能将资产移出美国银行,并公开谴责支持以色列,他们才会被从"杀戮名单"上除名。网络反恐专家埃文·科赫尔曼指出,从波士顿马拉松爆炸案及许多被及时制止的恐袭阴谋来看,美国本土的"圣战分子"特别关注这份杂志,从中获取以何为袭击目标的指导,对于杂志中的建议言听计从。

二、组织型网络恐怖主义

组织型网络恐怖主义是恐怖组织利用网络为媒介组织策划网络恐怖活动的形式。网络恐怖组织,是指由三人以上组成的、以恐怖主义手段实现某种政治或社会目的、有一定组织结构的暴力集团。这些恐怖组织在当代世界数量众多,性质、形态各异。恐怖组织把一些反社会和反国家的人组织在一起,而恐怖分子就是恐怖组织的成员,有组织、有目的地进行惨无人道的恐怖行动。根据其政治倾向,恐怖组织一般可分为政府行为和非政府行为两大类。有学者将当代国际恐怖组织分成邪教或宗教极端主义恐怖组织、民族或种族主义恐怖组织和政治恐怖组织等。随着信息技术和网络技术的普及与发展,有组织的网络恐怖主义活动不断增多。

微软黑屏(Microsoftblack)事件在国际社会产生了极大影响。从"史上最大黑客"到"网络恐怖主义",在微软看来再正常不过的全球反盗版"黑屏"行动,却在中国市场压力下显得苍白无力。[①] 中国工程院院士倪光南表示:"黑屏事件充分表明像操作系统、Office 这类基础软件对信息安全有决定意义,不拥有自主的基础软件,就不能保障信息安全。"中国财经评论家水皮提出质疑:"黑屏本身就是对用户的不尊重,与黑客行为没有什么区别,这是一种恐怖信号,是'网络恐怖主义'。"微软的"黑屏"行为,正是这个组织利用自己的信息技术和网络优势,实施的一种网络恐怖主义行为。

三、国家型网络恐怖主义

国家型网络恐怖主义是由国家行为主体,即国家(政府),策划实施的网络恐怖

[①] 日月.“黑屏事件”或将威胁国家安全[N]. 新民晚报,2008-10-31.

主义行为。从行动的组织实施、危害等级以及攻防力量对比看,其具有规模网络战性质,危害性极大。从目标指向上看,国家型网络恐怖主义分为对内和对外两种。对内的国家型网络恐怖主义是指运用国家暴力,以恐怖手段镇压国内民众,以维持其统治。对外的国家型网络恐怖主义是国家对外政策的一种政治工具,分为公开的和隐蔽的两种。公开的国家型网络恐怖主义一般发生在战争过程中,试图通过恐怖主义手段使对方屈服,一般都伴随着国际战争行动,违背国际法对他国民众进行非常规的暴力或军事报复手段打击的恐怖行为,目的除对他国的领土、资源霸占外,还包括暴力征服强制推行某种意识形态或价值观。隐蔽的国家型网络恐怖主义可以分为国际秘密实行的恐怖主义和国家秘密操纵的恐怖主义两种。前者是由国家直接但非公开进行的恐怖活动,往往是通过国家的特殊机关秘密实施,主要是用于在敌对国家制造恐惧和混乱,破坏其社会稳定乃至实现政权颠覆。后者是指国家指使、雇用其他的国家或集团对敌对国家政权实施的恐怖主义。这种恐怖主义是国家由代理人实施而无须自己动手,因此,又称为"代理恐怖主义"。

2010年,"震网"病毒攻击事件震惊全球,被媒体称为由美国暗自策划的一场针对现实世界国家关键基础设施甚至民用领域的"网络战",以霸权国家行为体为表征的"国家网络恐怖主义"新雏形呈现在世人面前,同时也凸显了国家作为网络恐怖主义行为主体的无限负能量。卡巴斯基实验室的研究结果表明,"震网"病毒事件是全球第一个由国家行为体策划和资助的大规模恶意网络攻击行为。

美国目前是在现实和虚拟社会都称霸的双重强国,为了巩固其自身强者恒强的霸权者地位,美国长期对恐怖主义秉持双重标准。一方面,美国将网络恐怖主义视为国家安全大敌,美国前国防部长莱昂·帕内塔(Leon Panetta)曾经明确表明,下一次美国遭遇"珍珠港事件"会是针对政府安全网络系统或者全国电网网络控制系统的"网络恐怖袭击";另一方面,美国又暗自策划和亲自参与网络攻击行动,利用"震网"病毒攻击伊朗铀浓缩设备,导致伊朗核电设施的巨大损失。"震网"病毒被公认为是全球范围内第一个已知的"超级网络武器",并被描述成"数字化导弹"。据媒体报道,目前美国已拥有2 000多种武器级病毒。网络武器扩散猛于"核扩散",即使是网络强国也明白并无万全之策控制自己手中的网络攻击武器不扩散。让世人担忧的是,美国作为世界恐怖组织的最大袭击目标,竟然打开了网络攻击的"潘多拉魔盒",不仅让恐怖分子"学会"更多攻击新手段,而且让网络最终成为美国人自己的"梦魇"。

2015年,索尼影业因拍摄《刺杀金正日》受到黑客攻击。索尼向美国国会议员提交书面信函,将此次攻击描述为"有预谋且极其专业的网络犯罪",首次使用了

"网络恐怖分子"这个字眼,证明此次事件系黑客组织 Anonymous 成员所为。然而,媒体对此事件背后的攻击者究竟是谁说法不一。英国《独立报》称,多位网络安全专家认为对索尼的攻击并非源于朝鲜,而可能是心怀不满的索尼前雇员所为。据称,该公司的证据指向一名叫莉娜的女子,她曾在索尼工作多年,2014 年 5 月被解雇后加入可能发动此次袭击的黑客组织"和平卫士"。

第二节 按照行为特征划分的网络恐怖主义

网络恐怖分子利用网络空间进行网络恐怖活动,进行网络恐怖舆论宣传战,施展网络恐怖心理战,发动网络恐怖袭击战,开展网络恐怖情报战,实施网络恐怖扩张战,这些都是其行为特征。根据网络恐怖主义主体行为特征划分的网络恐怖主义,可以包括技术攻击型、心理威慑型和舆论宣传型三种。

一、技术攻击型网络恐怖主义

技术攻击型网络恐怖主义是以网络为攻击对象或通过网络以现实世界的目标为攻击对象,主要体现为网络恐怖分子通过网络传播电脑病毒破坏、控制计算机设备,或者利用黑客技术阻断网络联通、涂改网页、侵入要害部门的网络系统对重要数据实施破坏、篡改、窃取等行为。网络是技术攻击型网络恐怖主义的工具,网络恐怖主义主体既利用网络对重要的各种物理设施进行恐怖攻击,又直接实施针对互联网系统的网络恐怖主义攻击。

1. 利用互联网对各种物理设施进行网络恐怖主义攻击

这种类型的网络恐怖主义,主要是利用互联网对重要的信息基础设施实施恐怖袭击。在人们享受互联网信息便捷的同时,网络恐怖主义正在利用网络自身的特点和漏洞不断进行"恐怖攻击",且攻击的方式多种多样,包括病毒、蠕虫、木马等。网络恐怖主义主体利用网络对各种物理设施进行恐怖攻击,意在通过直接攻击造成被袭击国目标的直接损失,以达到其恐怖活动的目的。网络恐怖主义主体实施的恐怖活动,通常与网络心理战密切配合,利用各种技术对特定的目标站点发起攻击,有针对性地破坏网络的正常运行。

2. 直接实施针对互联网系统的网络恐怖主义攻击

网络恐怖主义主体实施对互联网目标的攻击,可以通过对域名管理服务器等基础的网络基本核心实施攻击。特别是在反恐斗争日趋激烈的国际背景下,传统恐怖主义犯罪与网络相结合而产生的以破坏国家核心基础设施、入侵计算机网络等为根本特点的网络恐怖主义不容小觑。大量的监控和数据获取系统以及其他形式的网络计算机系统在数年前就开始被用来控制电网、天然气和石油运输管道、水处理和分配系统、水电和洪水控制大坝、石油和化学炼油厂以及其他有形的基础设施,这给网络恐怖主义的网络攻击提供了条件。网络恐怖分子会通过破坏一些基础设施,如能源系统、应急服务、通信、银行和金融、运输和水源系统等引发灾难。人口仅140万的爱沙尼亚,是网络化最彻底的欧洲国家之一。然而,拥有发达网络的爱沙尼亚在密集的网络攻击之下不堪一击。自从爱沙尼亚因搬迁苏军解放塔林纪念碑问题与俄罗斯关系紧张之后,这个波罗的海小国在2007年4月底到5月中旬的短短10多天时间里,接连遭到三波大规模网络攻击,总统府、议会、政府各部、主要政党、媒体、银行和各大公司的网站悉数瘫痪,被迫关闭了与外界的链接,爱沙尼亚的互联网成了"局域网",全国网络瘫痪,所造成的损失可想而知。

3. 网络攻击战是恐怖活动在网络空间的现实表现

网络恐怖主义攻击活动通常具有某种特定目的,其目标是造成致命的伤害或重大经济损失,其表现形式多种多样,如暂时性地或持续性地摧毁电力系统、从银行账户中窃取资金、篡改医院记录等,实施暗杀行动、破坏军方的行动计划、扰乱国家安全系统、攻击防空系统、破坏运输和设施。网络袭击的武器容易获得、被攻击目标的脆弱性、攻击结果的高危害性等属性,使恐怖分子可以利用极少的个人资源对拥有强大社会资源的公共信息系统和相关政府发动灾难性袭击,恐怖分子个人行为就能达到甚至超过传统意义上的恐怖组织所追求的效果。在网络科技飞速发展的前提下,恐怖分子利用掌握的知识和技巧也会将自己藏于虚拟的世界中,网络恐怖分子攻击的随机性会更大,对恐怖分子的辨别将会更加困难。而且,"恐怖组织不受国家机构发展惰性的束缚,它们能以更快的速度用最先进的信息技术装备自己。"[①]

二、心理威慑型网络恐怖主义

如果说"网络攻击战"的目标是"硬"摧毁,那么"恐怖心理战"和"黑客战"强调

---

① 千省利,邵梦. 网络恐怖主义法律问题研究[J]. 信息网络安全,2008(2).

的是"软"杀伤。因此,心理威慑型网络恐怖主义是要实现"软"恐怖,通过网络心理战影响和控制公众心理的恐慌情绪。

1. 实施网络心理战引发恐慌心理

网络恐怖分子充分利用互联网的开放性和便捷性,通过网络进行联络,在网络空间散布有关言论,以达到令公众心理恐怖的目的。通过网络宣传恐怖理念是网络恐怖分子常用的方法。网络恐怖分子还利用网站交流犯罪经验、协调犯罪行动、进行网络心理战等。

网络化时代,年轻人获得信息的来源一半以上依靠网络。国际上各种势力正是看到这一新形势,不仅通过网络窃取情报,而且大量传播虚假信息,以心理欺诈方式蛊惑人心,用潜移默化的方式影响乃至掌控舆论导向。在此形势下,在网络空间批驳歪曲历史的虚假信息以澄清真相,已不仅是报道要求真实和客观的新闻道德问题,而是涉及粉碎敌对势力的舆论心理战。因此,恐怖分子可能利用网络组织实施能够造成大规模人身或财产损害的非法攻击,诸如导致人员死亡、爆炸、飞机失事、水源污染和严重经济损失的攻击,其目的在于引起民众的心理恐慌。

对恐怖分子来说,网络的诱人之处在于为暴力活动提供了最大范围的受众群体。恐怖组织通过自建网站、借助其他网站和网络媒体,散布无政府主义、民族分裂主义以及宗教极端思想等反政府和反人类信息,张贴有关恐怖袭击的图片和消息,刊登遭袭击目标的血腥照片,报道对恐怖组织头目及恐怖活动具体执行者的采访,以及发布各种恐怖活动的片段,等等,极力宣传恐怖主义的合理性,在全球制造恐怖气氛,引发社会恐慌。

反恐专家指出,恐怖组织网站已逐步成为恐怖分子宣扬恐怖活动的重要渠道。2005年以来,恐怖组织架构的网站以平均每天一个的速度增长,而且这些网站设计精良,即使被摧毁,也能在较短的时间内恢复运行。例如,"圣战之声"杂志的网站,网站域名不断更换,内容颇具特色,时常出现对恐怖组织头目的采访,以及关于妇女参与"圣战"的报道。该网站已成为"基地"组织的"传话筒",它不仅刊发过奥萨马·本·拉登的讲话录音和录像,还曾多次刊登过"基地"组织发言人要对美国发动更多、更具破坏性袭击的威胁言论。

2. 技术手段决定网络心理战演变进程

在传播史中,某些历史阶段的媒体传播手段具有局限性,甚至传播只能是面对面的,如喊话。到了近代,报业带来更为广泛的信息传播,甚至在战场上可以用投宣传单的办法,把印好的传单装在炮筒里再发射,后来又出现采取飞机投放宣传单的宣传模式。第二次世界大战、朝鲜战争、越南战争期间,美军的心理战部队创造了很多项世界纪录。收音机普及后即成为心理战的最主要工具。德国、英国也用各种办法,包括用广播来蛊惑对方,因为当时在日本、美国、英国,家家户户或者军营里都有收音机。苏联卫国战争爆发后的第二天,政府发布通知,所有的老百姓都必须把私人收音机上交给政府保管,战争结束再发给大家,这样使民众想听敌台广播都听不了,切断了敌方心理战的渠道。

互联网时代,心理战的重点也从传单、广播转向网络。过去,无论是投撒传单还是进行广播,都是单向传输,而网络可以实现互动。所以,网络心理战在很大程度上成为现代心理战的一个主要战场。

2003年的伊拉克战争是典型的网络心理战案例。战前,美国通过网络把伊拉克"妖魔化",宣传萨达姆的"丑恶",甚至说"大规模杀伤性武器威胁到美国"。后来证明,所谓大规模杀伤性武器纯属子虚乌有,但是萨达姆已经上了绞刑架,美国自己即便否认也无所谓了。美国这样的做法,就是通过制造"假信息"实现对伊拉克萨达姆政权的颠覆。

三、舆论宣传型网络恐怖主义

有效的宣传才能最大化地实现网络恐怖主义存在的价值。舆论宣传型网络恐怖主义以网络为传播途径散播恐怖信息,向恐怖分子或者不特定的公众传授武器制造技能、宣扬恐怖主义思想、煽动实施恐怖活动等,以期强化恐怖意识,实现恐怖目标。

1. 利用网络平台刊载涉恐内容

恐怖组织利用网络传递恐怖信息,拍摄恐怖主义视频和宣传材料,而且研发移动终端专用App等,或者将现有的相关应用终端为其所用。同时,恐怖组织还建设恐怖主义传播或行动协调专用网、隐蔽网络或虚拟专用网,以躲避敌对方的追踪。网络恐怖分子在利用自己直接控制的网站和各种网媒的同时,还利用合法网站、网络媒体以及其他网络交流工具实施恐怖活动。网络恐怖组织还擅长用自己的网站纳新。网络恐怖组织的网站上会有本组织的历史、"事业"介绍,也会在一些网站上创建超链接宣传自己,以扩大影响力。"基地"分子和一些附属机构同样注意运用这些宣传技巧,利用网络宣传自己的观点,而且也会打着人道主义救援和维护国际和平的口号宣扬自己的目标。

根据2006年俄罗斯内务部提供的数据,俄罗斯有40余家俄文网站登载涉嫌煽动极端主义和恐怖主义性质的内容。此外,许多来自伊朗、伊拉克、墨西哥以及沙特等国家的流亡政治集团也利用网络进行宣传和散布假情报。新纳粹组织、"哥伦比亚革命武装力量"、黎巴嫩真主党以及墨西哥"萨帕塔"组织等也采用类似的手段。俄罗斯最大的社交网站Vkontakte的创建者帕维尔·杜罗夫（Pavel Durov）开发的Telegram手机通信软件似乎成为恐怖组织的首选，因为所有的Telegram信息都经过加密。这些组织使用Telegram运营媒体频道发表声明、视频以及宣传材料。2016年1月，突厥斯坦伊斯兰党（Turkistan Islamic Party）的宣传机构"伊斯兰之声"在Telegram上开通加密频道，陆续上传音频视频文件。

号称"伊尔哈比007"的网络恐怖分子的精神领袖特苏里，最擅长的一项技能就是运用自己的网络技术在一些政府官方网站以及一些点击率较高的网站上制作有关恐怖主义的宣传和招新内容的链接。他曾经在美国阿肯色州政府的官方网站上成功地放置了奥萨马·本·拉登的视频。他管理包括亲"伊斯兰国"网络分子在内的各种"圣战者"经常访问的"圣战黑客"深网（Deep Web）论坛、"加沙黑客"（Gaza Hacker）等。论坛提供各种黑客课程和手册，包括提供学习如何侵入计算机系统、如何提高黑客技巧、如何获得特定的黑客软件等一站式服务，甚至可以在论坛上与有类似想法的访问者进行交流。

随着网络交流工具功能越来越强大，视频、音频、文件实时传输功能不断增强，网络交流工具的使用人数也越来越多，而且注册使用这些网络交流工具无须经过审查，使其成为恐怖分子从事网络恐怖活动的首选工具。但是，由于他们使用非自己架构和维护的网站与网络媒体，一旦被网民举报或被网络警察发现，就会被立即制止，所以宣传效果和实际效应有限。"伊斯兰国"的网络力量自2014年起，陆续发起标志性的黑客行动，篡改各类官方机构的网页，发布"圣战"信息，进而扩大影响。"伊斯兰国"在攻击网站、涂改其网页时，通常会展示该组织的旗帜，并留下"伊斯兰国黑客攻击"（Hacked by Islamic State）字样。"联合网络哈里发"宣称，仅2017年3月，该组织就对超过100个推特账号进行了黑客攻击。

2. 利用暴恐音视频传播恐怖形象

2014年，中国人民公安大学副校长李健和在出席第三届世界和平论坛期间表示，目前中国国内还没有成型的恐怖组织，最大的恐怖威胁来自东突恐怖组织向国内的渗透，而渗透的途径很重要的一条就是暴力恐怖音视频。利用网络传播暴恐音视频，是我国网络恐怖主义的主要形式。

2009年，"东伊运"在一则视频中煽动攻击中国大使馆。2010年，新疆警方在"1·01"跨省（区）特大制贩宗教类非法出版物团伙案中查获部分非法出版物。据有关部门统计，仅在2013年，"东伊运"恐怖组织就制作发布暴恐音视频107部，超过历年总和。其中,有部分音视频传入境内,煽动性极强。从破获的昆明"3·01"、乌鲁木齐"4·30"、乌鲁木齐"5·22"等多起暴恐案件看,暴恐分子几乎都曾收听、收看过暴恐音视频,最终制造暴恐案件。乌鲁木齐"5·22"严重暴力恐怖案件发生后,新疆各级公安机关在 5 月 25 日凌晨实施的零点抓捕行动中,共抓获了 200 余名犯罪嫌疑人,基本以"80 后""90 后"为主体,他们大多通过互联网和多媒体卡等载体观看过暴恐音视频。

腾讯公司公布的数据显示,恐怖组织利用互联网发布的暴恐音频数和频道数不断攀升,2010 年,暴恐音频为 8 部,而 2013 年则达到 109 部,截至 2014 年 6 月已发布 72 部。针对这一严重的现实问题,2014 年 3 月 31 日,新疆高级人民法院、人民检察院、公安厅、文化厅和工商行政管理局联合发布《关于严禁传播暴力恐怖音视频的通告》,加强管理与防控。①

2016 年 1 月,云南省昆明市公安局通报,网警在巡查时发现,有人在网上扬言:"今天我们便是要举起手中的火把和汽油,将圣战进行到底!"经警方进一步调查发现,该人在多个网络社区中公开扬言要自建清真寺并进行"圣战",其言论和行为在网络社区引起恐慌。警方认为昆明还有很多隐藏的恐怖分子,极有可能再次经历与"昆明火车站暴恐事件"类似的恐怖袭击。根据《中华人民共和国刑法》第一百二十条"组织、领导、参加恐怖活动组织罪"的第三款规定:以制作、散发宣扬恐怖主义、极端主义的图书、音频视频资料或者其他物品,或者通过讲授、发布信息等方式宣扬恐怖主义、极端主义的,或者煽动实施恐怖活动的,处五年以下有期徒刑、拘役、管制或者剥夺政治权利,并处罚金;情节严重的,处五年以上有期徒刑,并处罚金或者没收财产。该人的行为涉嫌宣扬恐怖主义,警方将其刑事拘留。②

巴勒斯坦的黑客团体匿名幽灵(Anon Ghost)下属的部分小组,为"伊斯兰国"组织提供技术支援。其技术水平足以发起分布式拒绝服务攻击(DDoS),而且能够熟练配置运用各种"预设工具软件"(preconfigured tools)实施网络攻击。在主题为"以色列行动"(#OpIsrael)的网络攻击行动中,该组织阻塞了数个以色列网站的 TCP、UDP 和 HTTP 通信端口。该小组在 Facebook 网站页面上公开发布自己使用的黑客工具软件,并且在 YouTube 网站上提供视频指导,而且所有操作都是通过代理服务器完成的。通过"伊斯兰国网络服务台"(ISIS's Cyber Help Desk)系统获得黑客的"教导和帮助"后,新手和初级黑客能够迅速提高其发起网络攻击的技术水平,他们只需按部就班移动鼠标敲击键盘,就可以对大型目标发起网络攻击。

---

① 陈京春,徐立. 网络恐怖主义犯罪的防控[N]. 反恐研究院,2015-12-02.
② 昆明一网民在网上散布恐怖言论被刑事拘留[EB/OL]. 云南网,2016-01-18.

3. 在宗教外衣掩护下传播恐怖意识

利用现代化手段,披上宗教的外衣传播恐怖思潮,成为网络恐怖主义恐怖意识传播比较普遍的做法。正是有了这种相对隐蔽的做法,越来越多的人加入极端恐怖组织,年轻人极容易因其现代化的传播方式而被洗脑、吸引以及蛊惑。在中国,极端势力的渗透手段不仅包括互联网的网站、语音聊天室、网盘、微博、QQ 等,还有各类移动的存储介质、书籍、广播、教经、习武等,可以选择的传播渠道和方法很多。

2014 年 6 月 23 日,央视《新闻1+1》播出的节目《恐怖袭击是怎样披上"宗教外衣"的?》,讲述了记者对一个 19 岁青年的采访。这个青年被洗脑仅 1 个月时间,就开始拎着砍刀去施行暴恐行为。在节目中,中国现代国际关系研究院反恐专家李伟认为,极端思想的传播大多数是通过地下讲经点进行的,也就是说,他们从娃娃开始就被灌输极端思想。境外的恐怖势力、极端势力在渗透过程中用大量移花接木的视频刺激这些青少年,最终使其走上暴恐的道路。在如何引导青少年方面,李伟说,要让他们认清这些恐怖活动所传播的极端思想,并不能代表他们所信仰的宗教。他们所宣扬的"圣战",也并不是真正意义上的"圣战",并不符合伊斯兰教义。①

由此可见,网络恐怖主义的做法是:利用网络进行渗透,利用宗教形式,从思想上和意识形态上灌输恐怖主义思想、极端主义思想,进而强化恐怖意识。

第三节　按照工具类型划分的网络恐怖主义

网络既是恐怖分子传播信息的渠道和平台、实现其恐怖目的的工具,也是网络恐怖分子攻击的目标,一旦网络变成攻击目标,其恐怖活动所造成的恐怖影响和带来的经济损失将无法估算。《国际网络恐怖主义研究》一书认为,网络恐怖主义的类型包括将网络作为工具的工具型网络恐怖主义和将网络作为攻击目标的目标型网络恐怖主义两种。本书借用这种分类方法,对工具型网络恐怖主义和目标型网络恐怖主义进行简要分析。

---

① 新疆暴徒被洗脑调查:接触极端思想 1 个月参与砍杀[EB/OL]. 环球网,2014-06-24. http://china.huanqiu.com/article/2014-06/5032177.html.

一、工具型网络恐怖主义

网络成为网络恐怖分子发动恐怖活动的工具,其影响力则是传统恐怖主义无法比拟的。将网络作为工具的网络恐怖主义包括宣传主张、获取相关信息、获取经费支持、发布恐怖信息、传播极端思想、罗织新人员等。① 2015年年底,发生了两起震惊世界的恐怖袭击事件:一起在巴黎市中心,袭击造成至少132人死亡,法国随后宣布进入紧急状态。另一起在美国加州圣伯纳迪诺,警方确认至少造成14人死亡、17人受伤。在这两起恐怖事件中,恐怖分子就是利用网络作为发动恐怖袭击的工具。至于在这两起恐怖活动中,恐怖分子使用了什么工具进行沟通和密谋的问题,引发了各方的讨论。因此,网络恐怖主义利用的网络工具形态值得关注。

1. 电子邮件

电子邮件是互联网应用最广的服务。有的恐怖组织,尤其是民族分裂主义恐怖组织,利用电子邮件散布反政府信息,攻击执政党,以达到分裂国家的目的。"东突"恐怖组织、达赖集团组织等也惯用此法。有报道称,巴黎恐怖袭击的幕后指使阿卜杜勒-哈米德·阿巴乌德就是通过加密邮件发号施令的。

2. 网站

网络恐怖组织大都建立自己的网站,甚至主要以网站为主要载体。数据显示,2014年,全球极端组织的网站已近1万个。"东突厥斯坦新闻信息中心"就是一个打着新闻单位的旗号,不断在互联网上发布宣传宗教极端思想的恐怖组织。"东突厥斯坦新闻信息中心"通过网络与其成员通信、联络,指挥、唆使其成员从事恐怖活动,并积极利用网络与境外恐怖组织进行勾连;鼓吹"圣战"思想,公开号召中国境内穆斯林通过爆炸、投毒等手段,针对幼儿园、学校、政府等目标在汉族人群中制造恐怖事件,袭击中国武装力量和政府部门。

3. 网络游戏

网络社交游戏呈爆发式增长,成为网络恐怖分子利用的目标。2013年,斯诺登爆料称,美国国家安全局和英国政府通讯总部(GCHQ)多年以来一直在游戏中寻找恐怖分子的相关信息。真实世界的特工已经开始在虚拟世界中扮演各种角色,如《魔兽世界》中的兽人、《第二人生》(Second Life)中的人类化身等,而且英美和"伊斯兰国"都有意从一些技术高超的游戏玩家中招募潜在的情报人员。以色列

---

① 王娜,薛阿敏.试论网络恐怖主义及其应对之策——以中亚地区为视角[J].山东警察学院学报,2015,27(2):12-20.

恐怖组织"保卫犹太人联盟"利用网络游戏传播极端思想,建立网络"恐怖社区",甚至非法转移资金,发动虚拟"恐怖袭击"。在2015年巴黎遭遇恐怖袭击事件中,恐怖分子至少有1台PS4游戏机。比利时内政部长让·让邦(Jan Jambon)甚至肯定,"伊斯兰国"武装分子使用PS4通信,因为PS4难以被监控。游戏主机是一个开放的独立环境,即使没有外围设备也可以为恐怖分子提供通信的渠道,而且比传统加密电话、短信和邮件更为安全。

4. 社交网络

在吸引追随者方面,社交网络展示出优势,"核心成员内部有极强的技术骨干"使恐怖主义进入社交网络时代。安全咨询机构苏芳集团(Soufan Group)研究发现,2015年5月的某一天,全球国际问题专家和外交家就叙利亚问题共发出1.07万条相关推特,只得到173条回复;而叙利亚的"战士"共发出308条推特,却得到了惊人的1.1609万条回复。新美国基金会(New America Foundation)的研究显示,通过网站和聊天室传播理念多年后,极端组织找到了"网络圣战"的新阵地。前英国安全顾问、现苏芳集团副总裁理查德·巴雷特(Richard Barret)指出:"极端组织支持者已经在社交媒体上形成一个结构严密的社区。社区具备自我增强机制,而且对外界免疫,人们一旦进入社区内部,就再也听不进其他声音,从此只活在经过自我筛选的信息世界。"①

"伊斯兰国"在短短10年之内将互联网带来的便利用到极致,用现代化的传播手段宣传极端保守的观念,迅猛吸引全世界各地的支持者加入。据《科技新报》(Technews)报道,"伊斯兰国"有很明确的社交媒体策略,会通过至少24种语言传递信息。"伊斯兰国"还有账号专门用于发布可爱猫咪的照片,这些照片中可爱的猫咪和战士、冲锋枪、健身器材一起入镜。在它们的推文中,暴力色彩淡化,内容涉及更多社会问题,试图与人们可能面临的难题建立更多联系。另外,"伊斯兰国"也善于运用谷歌的卫星和街景地图确定攻击计划。

根据美国智库布鲁金斯学会(Brookings Institution)美国与伊斯兰世界关系研究项目公布的报告,通过定性和定量研究伊斯兰使用推特的情况后发现,安卓手机使用者高达69%,苹果手机使用者只占30%,这是"伊斯兰国"基于安全性考量的结果。42%的推特账号宣称,它们并不是来自叙利亚或伊拉克,而是来自"伊斯兰国"。从使用语言上分析,18%是英语,6%是法语,阿拉伯语占73%。账号针对西方的支持者进行宣传的比例引人注意,使用英语、法语的人数加在一起可以占"恐

---

① 葛维樱. 新恐怖主义的社交网络时代[J]. 三联生活周刊,2015(47).

怖网民"的1/4。

马来西亚反恐特别行动副总监阿育汉指出,无论是在招募、联络、策划方面还是发动攻击方面,"卡伊达"等恐怖组织都已改变策略,"以前招募新人不仅要面对面,还要花一年时间来训练,但现在通过社交网站,只需数天甚至数小时,这些新成员就能参与恐怖活动,发动恐怖袭击。"

美国安全局也在一份特别报告中列出了恐怖组织在脸谱上主要干什么:最主要的是散布运作和策略方面的信息,如炸药配方、武器的保养和使用、射击技术等;其次是联络信息,提供其他恐怖组织的网站链接;再次是作为恐怖组织的宣传阵地,进行意识形态上的"洗脑"。另外,还通过数据挖掘对打击目标进行远程侦察。

5. 手机应用

网络恐怖主义在计划和组织恐怖活动时,最基本的通信手段是手机短信。在巴黎恐怖袭击和美国加州圣伯纳迪诺的两起恐怖事件中,美国警方在恐怖分子的手机中找到了109条嫌犯与"伊斯兰国"沟通的短信。此外,手机也是暴恐视频流入社会的重要渠道之一。据新疆官方媒体报道,中国南疆三地州经济虽相对落后,农村电脑用户不足10%,装宽带的电脑用户更少,但是大约60%的年轻人都有手机,大部分都能上网。2013年10月,新疆139人因传播"圣战"等宗教极端思想被查处。据新疆警方统计,从上传文件的5月6日,到发现线索并侦破案件的7月18日,通过手机上传至网络的这些文件,浏览次数达32 971次,保存次数607次,下载次数达15 515次。而在现实中查办的一些讲经点,只能影响几人或十几人。

6. 加密应用

有媒体认为,在2015年的巴黎恐怖袭击中,恐怖分子使用了加密应用软件,因为在现场找到的袭击者的手机里安装有加密应用。巴黎恐怖袭击的调查人员也曾公开表示,有证据证明恐怖分子使用过加密应用,但是调查人员并没有公开这些证据。从巴黎恐怖袭击事件和圣伯纳迪诺袭击事件的调查结果来看,并没有确凿的证据证明端对端加密(end-to-end encryption)为恐怖主义提供了任何方便。各国指控这类加密技术,并不是因为存在事实上的因果关系,而仅仅是存在逻辑上的关联。换言之,西方政府担心端对端加密技术被恐怖分子以及其他不法分子利用,有可能使情报部门完全处于信息不对称的状态,使反恐不力的境况进一步恶化。所谓端对端加密,就是指唯有通信的发送方和接收方两端才能知晓通信内容的强加密技术。由于政府监控规模逐渐扩大,加密技术的开发者为实现通信保密这一根本目标,设计出连自己也不知道如何解密的通信方式。

20世纪90年代,美国政府发起了所谓的"加密战",主要是为了限制国内私营领域,以及国外使用新的加密技术,防止其绕开政府监控。克林顿政府时期,美国国家安全局发起 Clipper Chip 计划,要求对所有电话和电脑植入芯片,政府有权对加密的信息进行提取和监控。计划一经出台,就引起美国社会强烈反对,争论的焦点在于"后门"会破坏整个系统的安全性。Clipper Chip 计划实施3年之后最终流产。其后,强加密技术在私营领域排除了政府干预,得到有效发展。

2013年的斯诺登事件后,端对端加密开始得到更多的使用,美、英等国政府对此表示强烈反对,并要求废除这类技术。虽然所有互联网公司都矢口否认参与过任何监控项目,但是为了挽回用户的信任,苹果、WhatsApp 等公司带头使用了更为安全的端对端加密技术。此后,在社会舆论的压力下,西方政府逐渐作出妥协,虽然不再要求彻底废除这类技术,但是至少要求互联网企业确保满足政府的需求,在政府要求时提供密钥,即为政府开设特定的"后门"。加密技术从在私营领域开始发展起,就一直被视为情报收集的障碍。但是,由于数十年间运行良好,这类技术被使用在流行的社交软件上,如被脸谱收购的 WhatsApp、苹果的 iMessages、德国的 Telegram 和日本的 LINE 等。

2015年,向来低调的苹果公司首席执行官蒂姆·库克在哥伦比亚广播公司《60分》节目中公开反对英国推动的《调查权力法案》,以及其他类似立法所要求给加密技术"开后门"的做法。英国首相卡梅伦多次要求废除这类技术。根据《调查权力法案》,英国政府有权要求获取加密通信的密钥,包括端对端加密。美国作为英国的情报同盟也持类似立场。奥巴马政府公开表示,不对行业施加情报收集的压力,但是在巴黎恐怖袭击发生之后,奥巴马也被迫旧事重提,美国国会通过的《网络安全情报共享法案》也有类似的要求。

2015年,十几位网络安全专家发布了报告《门垫下的密钥》。报告的焦点是:在如今更加复杂的全球信息系统中,政府重新提出所谓"开后门"的诉求会带来什么样的变化。报告认为,20年间,技术可行性的结论并没有改变;改变的是,对强加密技术"开后门"可能造成的损失会比20年前更大。这种做法不仅会带来严重的安全隐患,而且会抑制创新,同时引发人权和国际关系问题。

7. 电脑病毒

电脑病毒与流感病毒等人体生物病毒类似,可在进入主机后进一步实施破坏。据反病毒专家介绍,黑客特征已呈现组织化、集团化的特征,许多黑客组织结构庞大,最多的掌控数十万台"僵尸"电脑网络,对网络安全造成巨大威胁,而越来越多的类似"罗伯特"(Backdoor/RBot)病毒正是形成这股网上黑势力的幕后黑手。

"9·11"事件的幕后策划者被捕后,被发现其电脑中有多个加密档案,当中存有如何摧毁美国客机的详细计划。

2004年,江民快速反病毒中心截获"罗伯特"病毒新变种。该病毒感染基于NT内核的操作系统,可利用多种传播手段,以达到快速传播、大面积感染的目的,被感染的电脑会成为黑客操纵的"僵尸网络"中的一员。这种变种病毒不仅可利用微软漏洞、IRC通道、网络共享的缺省或弱密码传播,还可利用邮件群发的方式,大面积感染计算机。被感染的计算机,不但要面临系统信息、各种账号密码被盗的危险,还很可能被黑客变为"僵尸机",成为黑客"僵尸网络"中的一员,不仅导致计算机的运行速度会越来越慢,而且很可能在不知不觉中成为"网络恐怖主义"的"帮凶"。另外,黑客还可以制订攻击执行计划,使被感染计算机更"精准"地被攻击或更加"忠诚""主动""按时"地执行黑客的攻击指令。

曾经出现过各种电脑病毒,包括Love Bug电脑病毒、SirCam、红色代码(Code Red)、Bugbear等。其中,Melissa病毒曾导致100万台电脑系统受影响,所造成的经济损失高达8 000万美元。黑客或造成更严重损害的"刽客"也是常见的网络威胁者。根据英国大型企业的报告指出,遭受此类攻击的公司数目似乎已超过受电脑病毒影响的公司数目。

勒索软件已经成为当今网络安全的主流威胁之一。2016年是勒索软件大规模爆发的一年,随着勒索软件攻击趋向本地化、多语言化的发展,中国也从一个过去很少受到勒索软件感染的国家变成如今受感染最严重的国家之一。安全机构的监测数据显示,在被称为"勒索软件之年"的2016年,被截获的勒索软件数量高达22 144个,同比2015年增加62%。新的勒索软件家族则增长748%,呈现出爆发态势,其中,影响较大的包括数量最庞大的locky勒索家族、破坏主引导记录(MBR)的PETYA勒索软件、不断更新升级的Cerber勒索软件等。2017年5月,"想哭"(WannaCry)勒索软件袭击全球150多个国家和地区,影响领域包括政府部门、医疗服务、公共交通、邮政、通信、汽车制造业等。

8. 电磁应用

1998年1月21日,《瑞典日报》报道,俄罗斯已研制出便携式强电磁脉冲发生器,能摧毁计算机系统。2000年年初,美国不断发出警告说,美国银行系统面临的威胁还包括恐怖分子随时可能发动的攻击。在夺取达吉斯坦兹利亚尔市的战斗中,车臣恐怖分子拉杜耶夫匪帮使用了一种能够放射电磁波的仪器,致使警察无法通过无线电同外界联系。在伦敦,爱尔兰共和军恐怖分子利用电子干扰系统使银行的计算机网络陷入瘫痪。他们所用的就是电磁武器。这种武器不会致命,易于获得,没有噪声,便于藏匿,可以从较远处发挥作用,能覆盖大量目标,不留痕迹。

二、目标型网络恐怖主义

网络拓扑由节点和连线构成,表示诸多对象及其相互联系。在数学上,网络拓扑是一种图,一般认为专指加权图。除了数学定义外,网络还有具体的物理含义,即网络是从某种相同类型的实际问题中抽象出来的模型。在计算机领域中,网络是信息传输、接收、共享的虚拟平台,通过它把各个点、面、体的信息联系到一起,从而实现这些资源的共享。

目标型网络恐怖主义通过网络攻击水电、通信、交通、金融、医疗、卫生等部门的计算机系统,使公共设施陷入瘫痪。因此,作为攻击目标的网络,不是狭义的因特网,不仅仅是计算机网络,还包括电信网络、有线电视网络、工控网络等各种异质异构的网络,甚至还包括构成社会正常运转的市政设施网络、地铁等交通工具网络等。

莫斯科地铁作为世界上规模最大、最便捷的轨道公交系统之一,拥有170多个车站,日均运送乘客达800万人次,配有较为先进的监视系统和安防设施。2009年11月,"涅瓦号"列车和"374次列车"遭袭以及2010年3月的莫斯科地铁连环爆炸暴露出俄罗斯地铁的"软肋"。2010年2月,车臣恐怖分子头目乌马罗夫威胁对俄罗斯各大城市发动"经济战",把油气管道、发电站和交通干线等作为重点袭击目标,并称派出多组武装分子执行任务。

三、混合型网络恐怖主义

工具型网络恐怖主义和目标型网络恐怖主义的这种分类方法,有不同的侧重,有时候,网络恐怖主义活动是这两种的结合,一方面,网络恐怖主义主体利用网络实现网络恐怖主义攻击的前期组织和策划等;另一方面,网络恐怖主义主体进行网络恐怖主义攻击的对象也是各类异质异构的网络目标。因此,这种类型的网络恐怖主义既将网络作为工具,也将网络作为攻击目标,属于混合型网络恐怖主义。2013年发生在肯尼亚首都内罗毕韦斯特盖特购物中心的恐怖袭击事件,就是由来自索马里、英国等多国的恐怖分子利用社交网站组织、策划并实施的。

第四节　按照地域时空划分的网络恐怖主义

根据网络恐怖主义活动范围的地域时空标准,网络恐怖主义可以分为国内型网络恐怖主义、区域型网络恐怖主义和国际型网络恐怖主义三大类型。这样的划分,主要考虑网络恐怖主义活动实施的场所是在一国国内,还是在一定区域范围内,抑或是跨国行为。然而,因为网络空间的无国界,网络恐怖主义也就无处不在,所以,这里所谓按照地域时空划分的网络恐怖主义,主要也是就其产生和实施攻击的目标而言。因此,这种划分只是为了描述方便,并没有掩盖网络恐怖主义的互联网特征。

一、国内型网络恐怖主义

国内型网络恐怖主义是指在一国内部产生、在本国范围内针对本国目标实施恐怖攻击的网络恐怖主义。这种类型的网络恐怖主义,其产生和针对的攻击目标,都是在一国国内。然而,这并不是说,这种类型的网络恐怖主义就是不变的,而是需要根据具体的情况分析。特别是随着网络化的发展,只局限于一国的网络恐怖主义将会发生变化。网络恐怖主义的袭击对象不仅仅是本国政府和人员,而且越来越多地指向外国人和外国政府,以及国际组织和跨国公司。

"伴随着残酷无情的暴力场景出现,尤其是黑人被警察残酷虐待和杀害的新闻一天24小时循环播放,野蛮暴力的触角似乎已经延伸到日常生活的方方面面。国内恐怖主义已经返回本土,而且越来越多地将目标对象指向年轻人。"[1]这是亨利·吉鲁根据美国社会的情况在其文章中的描述。不能否认政治与战争的关联,在美国,政治已经成为战争的延续,在私有化和妖魔化的话语中,国家支持的暴力获得越来越多的合法理由和借口,这种话语宣扬焦虑、道德恐惧和惊慌,破坏社会稳定,并制造恐怖氛围。

美国社会的网络化程度越高,就越有人担忧新屏幕和电子文化对年轻人生活

---

[1] 亨利·吉鲁. 国内恐怖主义、年轻人和抛弃政治[EB/OL]. 吴万伟,译. 爱思想网,2015-04-29.

习惯的影响。凯撒家庭基金会（the Kaiser Family Foundation）2010年的研究发现，从8岁到18岁的年轻人每天花在智能手机、电脑、电视和其他电子设备上的时间是7个半小时。有专家描述，随着反恐战争延伸到美国国内，公共空间已经转变成战争地区，军事化的警察力量已经担负起占领军的使命，尤其是有色人种聚居的贫穷街区。作为准军事力量行动，警察已经成为国内恐怖主义的新象征，通过将多种行为定为犯罪而彻底打垮有色人种青年。在密苏里州弗格森，所有居民都被视为罪犯，这只能被描述为种族勒索。

在西方社会，军事—工业联合体与娱乐业联手，生产从儿童玩具到视频游戏在内的一切东西，塑造了军事化的男子汉形象，并用以增加征兵的数量。事实上，超过1 000万人下载"美国陆军"及其各种更新版，包括更新的"美国陆军：试验场"，这是用来作为征兵工具的第一人称枪战电脑游戏。在这种攻击型的游戏中，玩家模仿法西斯的军事化，暴力变成了终极性的语言、指代物和货币，反恐战争被转变成为针对社会本身和政治秩序的战争。而且，这种军事化残酷性文化不仅仅局限于美国。

国内网络恐怖主义的产生和发展与国内的网络环境、网络对各种人群的影响不无关系，特别是政府和社会对网络影响的放纵，网络条件下的暴力可以通过媒介的作用被无限扩大，再加上某些观念和组织的共同作用，这些都为网络恐怖主义的发展提供了助力。

二、区域型网络恐怖主义

区域型网络恐怖主义是指在一定区域内产生、在该区域范围内针对既定目标实施的网络恐怖主义。这种类型的网络恐怖主义，其产生和活动范围局限于一定的区域，成为该地区的恐怖力量。然而，如果网络恐怖主义主体将其活动范围扩大，就会演变成国际型网络恐怖主义。因此，区域型网络恐怖主义和国际型网络恐怖主义的区别，就在于其活动范围和攻击目标的范畴，而且，这种转换十分容易实现。

以极右翼恐怖主义为例，其典型代表是主要活动在西欧地区、美国和拉美地区的极右翼恐怖组织，它们奉行新法西斯主义和极权主义、种族主义和反国家主义。世界经济尤其是欧洲各国经济状况相对不景气，造成种族主义回潮倾向十分明显。在西欧，主要表现为对大量外来移民的排斥和仇恨，在美国则表现为鼓吹有色人种给美国社会带来的危害。美国的极右翼组织鼓吹白人优越论，欧洲的新纳粹分子则大肆宣扬"日耳曼种族优越"论。美国的俄克拉荷马联邦大爆炸案就属于这种情况。美国退伍老兵麦克维和他的同伙以反对联邦、反对国家主义为由,炮制了这起震惊美国的恐怖事件。在德国,以光头党为代表的新纳粹分子制造了4 500起袭击事件,1 000起爆炸案和纵火案,成为德国的一大社会公害。

近些年,西亚北非地区局势动荡,恐怖主义事件频发。这场运动先后波及突尼斯、埃及、利比亚、也门、叙利亚等国,多名领导人先后下台,其影响之深、范围之广,引起了全世界的高度关注。以"伊斯兰国"为代表的极端暴力势力,正是这一副产品的代表,尽管它们打着伊斯兰的旗帜,实际上却是在为政治而战,不是为伊斯兰而战。因此,有研究认为,与"基地"组织不同,有些恐怖组织不仅要实现穆斯林地区的联合,还招募该地区之外的人员参与战斗。动员西方穆斯林参与恐怖活动以反对西方是这些组织的明显特征之一。"呼罗珊"集团专门招募持有欧洲国家和美国护照的极端人员,企图让他们接受训练后再回国执行袭击任务。[①]

三、国际型网络恐怖主义

国际型网络恐怖主义不仅是指恐怖组织由不同国籍的人员组成,其得到国外势力的支持以及各国恐怖组织之间的相互合作,更主要是指恐怖组织的活动范围、攻击目标超出一定区域范围,特别是其袭击对象不仅包括本区域人员与目标,而且越来越多地指向外国人员与目标。

最早出现在西欧的极左派恐怖主义,之所以后来成为"联合阵线"跨越其他国家的国际型恐怖主义,是因为极左派恐怖主义的出现具有复杂的政治社会背景。20世纪60年代,西方各国进入经济高速发展时期,同时也出现了严重的社会问题,如教育制度的缺陷、失业人口的增加,尤其是那些在第二次世界大战后生育高峰期出生的年轻人涌入社会,加入失业者的行列后,社会问题更加突出。这些年轻的失业者在失望和愤怒的情绪中,走上街头,发泄对现实社会的不满。当时,极左思潮流行于西欧各国,在此背景下,西欧出现了一些由青年人组成的极左派恐怖组织,其中最著名的是成立于1968年的联邦德国"红军派"和成立于1969年的意大利"红色旅"。这两个恐怖组织自成立后制造了多起针对当局的恐怖事件。到70年代中期,它们的恐怖活动达到高潮。80年代初,联邦德国和意大利警方对"红军派"和"红色旅"成员进行围剿,其主要成员纷纷落网,从而大大削弱了这两个极

---

① 杨恕. 国际恐怖主义新动向新特征[EB/OL]. 人民论坛,2015(1).

左派恐怖组织的力量。80年代中期后,这两个恐怖组织的活动又开始活跃,它们与后来成立的法国"直接行动"组织、比利时的"共产主义战斗小组"和葡萄牙的"四·二五人民力量"等恐怖组织组成"联合阵线",在西欧各国掀起了新的恐怖浪潮,一批西欧政界要人先后死于它们的恐怖之手。进入90年代后,西欧极左派组织活动处于低潮,但是种种迹象表明,西欧的极左派恐怖组织仍是一股不可忽视的恐怖势力。

据美、英、德等国政府举证,美国"9·11"恐怖事件是由奥萨马·本·拉登及其"基地"组织在德国、西班牙等国境内精心策划,并由潜伏在美国的"基地"组织成员实施成功的。这表明,单个恐怖组织的行动范围已跨越国界,特别是在情报收集、人员培训、筹划组织和袭击行动的具体实施等方面,向国际化方向转型,成为国际型网络恐怖组织。各国的恐怖势力联合起来,在全球实施恐怖活动,也使政府的监管变得更为困难,特别是通过互联网的力量实施的网络恐怖主义。正是由于网络恐怖主义犯罪具有国际性的特点,也使打击网络恐怖主义成为各国面临的新课题。

第五节 按照动机根源划分的网络恐怖主义

《中国政府恐怖主义危机管理问题研究》一书根据恐怖组织的动机和根源进行分类,把恐怖主义划分为民族主义型、宗教极端型、意识形态型,这是影响较大和较为普遍的分类方法。[①] 本书对网络恐怖主义类型的分析,也采用这种方法。

一、民族主义型网络恐怖主义

民族问题的形成具有深远的历史根源。20世纪以来,大量民族国家出现,同时也出现了大量的民族、种族之间的矛盾和冲突,并与种族、边界、宗教等问题纠缠在一起,成为许多国家长期不安定的因素,许多民族矛盾和宗教冲突以恐怖主义的形式表现出来。在民族主义类型的恐怖主义中,较有代表性的是民族分离主义者的恐怖组织。英国天主教徒的恐怖组织"爱尔兰共和军"就是通过制造多起暗杀、

---

① 刘玉雁. 中国政府恐怖主义危机管理问题研究[M]. 北京:北京师范大学出版社,2011:12.

爆炸等恐怖事件,试图达到迫使英国政府允许北爱独立的目的。

民族主义型恐怖主义在中东地区表现得最为突出。自从20世纪末犹太复国主义产生以来,大批犹太人从世界各地涌入巴勒斯坦,与巴勒斯坦阿拉伯人争夺有限的资源和土地,经济上日益尖锐的冲突使巴勒斯坦阿拉伯人与犹太人之间的矛盾激化为生存权之争。1948年以色列建国后,以军通过第一、三次中东战争占领了巴勒斯坦大部,数百万阿拉伯人沦为难民,流离失所。民族仇恨已在巴勒斯坦阿拉伯人和以色列犹太人心中打下了深深的烙印,形成恐怖主义产生的重要思想基础。巴勒斯坦人的反犹恐怖活动是与犹太复国主义相伴而生的。巴勒斯坦解放组织成立后,由于与以色列的力量对比悬殊,巴解遭打击。巴解某些组织,如"黑九月""赤色旅"等,开始采取绑架人质、劫机和暗杀等恐怖行动。另外,广大巴勒斯坦难民不堪忍受长期背井离乡的苦难,常常对恐怖分子给予同情和支援,成为滋生恐怖主义的"肥沃土壤"。

民族主义型恐怖主义最为严重的时期是在冷战结束之后,随着两极格局瓦解,原先被掩盖的民族矛盾重新爆发出来。有相当一部分民族国家的民族分离主义分子通过实施恐怖活动以实现其各种目的。据统计,世界上1/3的恐怖组织由极端民族主义者组成,民族矛盾成为冷战后恐怖主义泛滥的主要原因之一。

当恐怖主义和网络结合之后,一些恐怖组织利用因特网进行恐怖主义宣传、募集资金、协调行动。网络恐怖主义主体利用电脑"黑客"技术,不时闯入美国五角大楼储存绝密信息的网站服务器进行破坏活动。而且,各种相关数据和研究表明,利用网络进行恐怖活动或以网络为攻击目标的情况不断增多。

以阿富汗"基地"组织为代表的恐怖主义不同于传统的民族主义型恐怖主义,它是一种非传统的新型恐怖主义,也是全球化时代的产物,受政府控制的程度非常低。它们拥有畅通的网络,使用最新技术传递信息,协调和组织行动。国内外学者对这种恐怖主义进行归纳认为,其具有网络结构;在动机、资金来源和安全后果等方面显现多元化;互动范围逐渐向全球延伸,其残暴性与杀伤性与日俱增。另外,其典型的等级制垂直组织形式已被网络组织形式所取代,活动方式灵活多变,传统反恐经验已不太适用。①

二、宗教极端型网络恐怖主义

宗教极端型网络恐怖主义是指以宗教极端主义为内在动力的网络恐怖主义。它

---

① 钱学文.中东恐怖主义研究[M].北京:时事出版社,2013:31-32.

通常打着宗教的旗号,带着宗教狂热的色彩,是宗教极端主义、宗教(教派)矛盾和邪教发展的产物,其中不少宗教(教派)矛盾又与民族问题和民族冲突相互关联。由此,宗教极端型网络恐怖主义又可细分为宗教极端主义型网络恐怖主义、宗教与民族极端混合型网络恐怖主义和邪教型网络恐怖主义,其中前两者的影响和危害尤甚。

20世纪90年代,大约有25%的恐怖主义起源于宗教目的。冷战结束后,中东出现伊斯兰复兴运动,恐怖活动日益增多,影响日益广泛。这些人极端仇视西方,始终认为西方社会是洪水猛兽,并对西方文化渗透到伊斯兰国家感到极端仇恨。恐怖主义分子屡屡以西方,特别是以美国为袭击目标,在全球各地或在某一区域发起恐怖行动。这些恐怖组织大多分布在一些以信奉伊斯兰教为主的国家中。在阿尔及利亚,该国的极端组织不断掀起恐怖暴力浪潮,以迫使政府下台;在中东,阿拉伯人中的许多激进组织,如哈马斯,出于对以色列士兵的报复而不断制造自杀性恐怖爆炸事件。

中东各国在现代化进程中的问题与挫折使伊斯兰复兴主义全面兴起,宗教激进主义对本土传统文化和宗教价值观的宣扬使其在伊斯兰世界拥有广泛的群众基础。同时,它也是伊斯兰教文明受到西方文明冲击从而产生对立冲突的结果,是中东和平进程迟滞不前的产物。以美国为首的大国在中东地区推行强权政治和霸权主义,导致这股伊斯兰极端势力的畸形发展。

日本的奥姆真理教也属于这种类型。1995年,它制造了震惊日本的东京地铁毒气泄漏案。1995年10月,日本法院曾法院下令解散奥姆真理教。1998年12月25日,日本法务省公共调查厅向政府提交了一份关于奥姆真理教的报告。证据表明,奥姆真理教信徒企图利用新的手段和途径大力展开活动。新的核心成员是以麻原三女儿为首的核心小组。他们公开进行传教活动,并且通过网络联络旧信徒,接纳新成员。在奥姆真理教的加密网络上,每天大约有1 000人浏览。奥姆真理教信徒还依靠雄厚的资金支持,购置产业,引起当地居民反对。据1999年12月9日香港凤凰卫视报道,奥姆真理教位于东京的新总部仍在运作,虽然居住在附近的居民不断张贴标语要求奥姆真理教教众迁离,但是奥姆真理教徒没有理会,他们继续在总部进行宗教仪式,参拜麻原彰晃的画像。

宗教性质的恐怖活动已成为当代恐怖主义的主要形式。目前,世界形势变化,原有的价值观冲击着人们,而宗教满足了人们寻求精神寄托的要求。因此,宗教型恐怖活动迅速在全球各地蔓延,其势头有增无减。而且,宗教性质的恐怖活动将会在相当长的时期内存在。当这些宗教性质的恐怖组织利用网络进行恐怖活动时,有关政府和部门更应该关注其网络化的现状和趋势,并积极采取措施。

三、意识形态型网络恐怖主义

国内外学界通常以集团恐怖主义的恐怖行为主体,即恐怖组织策划和实施恐怖活动的指导理念、动机和根源为标准,大致将当代恐怖主义划分为意识形态型恐怖主义和民族宗教极端型恐怖主义两种。其中,意识形态型恐怖主义又可细分为极左型恐怖主义、极右型恐怖主义和政策歧见型恐怖主义三种。意识形态型网络恐怖主义也可据此进行划分。

极左型恐怖主义是指以极左思潮为行动指导理念的恐怖主义,是当代世界一种典型的政治和意识形态恐怖主义。极左型恐怖主义的特征体现在以激进的革命理论塑造自身行动的合法性,它们通常选择政权机构、军警组织、富人及各种享有较高社会地位的人群作为袭击对象,或将进攻的矛头指向现行社会政治秩序(如选举制度)。极左型恐怖主义通常抱有改变政治进程以夺取政权的目的。[①]

极右型恐怖主义是指以极右思潮为支撑的恐怖主义。这种类型的恐怖主义在意识形态上崇奉法西斯主义和种族主义,反对社会主义,攻击社会左翼和外来移民,又称极右排外型恐怖主义。极右型恐怖主义或反动恐怖主义是指一些组织使用暴力活动左右社会变化,或促使社会向相反方向变化。由于极右意识形态往往与民族主义甚至种族主义有密切的关系,所以,极右型恐怖主义主要存在于那些以纯白种人为主体民族的国家。极右型恐怖组织一般很难追踪,因为这种恐怖组织往往规模较小且组织松散,活动相对不积极。并且,这种组织经常得到来自国家的支持,有时其本身就是得到国家认可的准军事组织。[②]

与极左型、极右型相比,政策歧见型恐怖主义没有强烈、鲜明和宏观的政治意识形态目标,它通常是少数组织和个人对政府或社会某些微观的现行政策法规强烈不满,试图通过采取极端暴力的恐怖行为来加以改变,实现其政策主张。

意识形态型网络恐怖主义虽然也有以上三种细分,也表现出不同的特点,但是它们利用网络实现其恐怖意识形态传播,并通过网络组织和实施恐怖袭击,以达到其恐怖目的的特征是一致的。特别是互联网应用和社交媒体的发展,为这种类型的网络恐怖主义传播意识形态提供了更便捷的平台和渠道。而且,对其监管的难度增大,也成为政府部门必须面对的难题。

---

① 张家栋. 恐怖主义与反恐怖:历史理论和实践[M]. 上海:上海人民出版社,2012:114.
② 张家栋. 恐怖主义与反恐怖:历史理论和实践[M]. 上海:上海人民出版社,2012:126-127.

第四章
网络恐怖主义的基本特征

　　网络恐怖主义的行为方式、人员构成、组织机构等都随着网络技术和信息技术的发展不断发生变化,网络恐怖主义呈现出若干新特点,而且其表现出来的特征也是动态发展的。因此,本章关于网络恐怖主义基本特征的梳理,是基于一定时间段的观察、分析和总结,结合动态的趋势分析和静态的语言描述,剖析现阶段网络恐怖主义的基本特征。

第一节　网络恐怖主义的主体特征

　　在信息化时代,网络恐怖主义在行为主体的成员构成、理念主张、活动方式、产生后果、自身特征等方面,与传统恐怖主义相比,都实现了超越。这些超越本身使其具有更广泛的活动领域和更强的生命力,同时对国际社会和各国的国家安全提出了新的挑战。[1]

---

[1] 网络恐怖主义对国家安全的新挑战[N]. 情报与反恐研究院,2014-09-17.

一、网络恐怖主义主体成员构成特征

随着网络恐怖活动的愈演愈烈,网络恐怖主义主体更加多样化、复杂化,将来的网络恐怖袭击更多可能来自敌对国家政府或地区区域机构。传统的恐怖分子主要是极端民族主义分子、宗教激进主义分子以及一些邪教组织的成员,而在信息时代,网络恐怖分子的成分日益复杂化。社会心理学家罗斯把社会结构变量与心理变量结合起来描述恐怖分子的基本性状,包括个性特征、挫折感或自恋—侵犯倾向、群体驱动力、学习的机会、成本—收益的计算等。[①] 这也是从不同学科对网络恐怖分子进行特征分析的又一个视角。

1. 网络恐怖分子专业化

网络恐怖分子中很大一部分是受过培训的专业恐怖分子,他们属于新一代恐怖集团的成员。这些恐怖组织非常关注信息技术,如奥萨马·本·拉登的恐怖组织曾大规模训练其成员学习使用网络,哈马斯、真主党和长枪党的成员也采用因特网进行宣传和策划活动。

冷战结束后,中东、南亚及欧洲一些国家的民族、宗教矛盾更加激化,由此引发的恐怖活动与日俱增,并且又出现许多新的爆发点。各种成功实现策划的恐怖袭击案例表明,当代国际恐怖组织在情报收集、人员培训、策划组织和袭击行动的具体实施,以及目标设定、攻击手段、攻击时间选择等方面,都有详细的方案,极具专业化特征。

调查显示,奥萨马·本·拉登所领导的恐怖组织就像一个分工精细的跨国公司,设有专门的中央委员会,下设分别负责军事、财政、宣传等任务的几个专门委员会,俨然与跨国公司的"董事长—总裁—副总裁"的层级管理相似,并拥有一批高素质的专门人才,各司其职,使恐怖组织变得更加严密、行动更加"高效"。

2. 网络恐怖分子技术化

恐怖组织最早的作案手段只是简单的暗杀、小规模爆炸,或者绑票勒索,后来逐步发展为劫持或破坏汽车、飞机等交通工具,再后来动辄就是特大爆炸、化学制剂袭击等,现在则是通过网络发动各种恐怖袭击,手法不断翻新,行动更加隐蔽,组织更加复杂。实际上,发动网络恐怖主义攻击,要求网络技术人员参与,更要考虑政治、经济等各种现实环境因素。

[①] 杨隽,梅建明. 恐怖主义概论[M]. 北京:法律出版社,2013:63-66.

网络恐怖分子通过网络高科技进行恐怖主义活动,高智能与良好的技术支持是网络恐怖犯罪活动实施的保障。① 年轻一代的恐怖分子已经能够熟练使用最先进的电脑设备,规避美国中央情报局等机构的监控。而且,由网络黑客转化而来的网络恐怖分子已经成为网络恐怖组织重要的人员构成。

网络黑客的成分也比较复杂,一些是被恐怖组织收买和雇用的黑客,他们没有自己的政治主张和立场,在网络恐怖活动中充当"杀手";一些是对现实世界怀有强烈不满情绪的黑客,因而借网络攻击引起社会关注,这些黑客大多属于自由职业者或独立个人,即他们不属于任何恐怖组织,也不受任何国家资助或明显不代表恐怖主义支持国的利益。

3. 网络恐怖分子年轻化

被称为网络恐怖主义"精神领袖"的尤尼斯·特苏里,20多岁就凭借网络黑客技术迅速崛起,被"基地"组织视为无价之宝。② "基地"等恐怖组织的"网上轰炸"把年轻人,尤其是西方的年轻人作为吸收对象,催生大量"本土恐怖"。在2015年世界互联网大会上,联合国安理会反恐委员会执行局副主任陈伟雄指出,许多恐怖主义活动的对象集中在青少年。一份数据显示,有近3万人是通过网络被招募到叙利亚或者伊拉克,参加"伊斯兰国"等恐怖组织,涉及全世界100多个国家。

哈萨克斯坦的一些学者在反思国内恐怖主义情势趋于严峻的原因时指出,社会价值观念缺失、道德滑坡、信仰危机是恐怖主义、极端主义和非法犯罪产生的根本原因。一些对宗教本真认知不清,对宗教知识知之甚少的青少年被招募以充实极端主义和恐怖组织的队伍。活跃在中亚的"伊扎布特"主要利用清真寺和宗教学校青少年培训班,抑或在边远贫困地区开办地下讲经点,以离经叛道的"讲经"形式给青少年洗脑。该组织认为,这一办法在中亚取得了成功。

2014年6月,伊拉克逊尼派武装组织"伊斯兰国"接连攻下伊拉克第二大城市摩苏尔和前总统萨达姆的家乡提克里特,取得"里程碑式"的胜利,并正式宣布建国。CNN等媒体披露,"伊斯兰国"并非单纯由阿拉伯人或穆斯林组成,还有"数以千计"的西方人。据统计,奔赴中东加入"伊斯兰国"的西方人已经从上百人骤增到至少3 000人。美国智库专家巴雷特则在报告中披露:"他们很多都是年轻人、青少年,虽然大部分来自阿拉伯国家,但也有不少人从西方国家来,比如美国、加拿大、澳大利亚和新西兰等。他们来自至少81个国家。"

---

① 赵星,宋瑞.论网络恐怖犯罪[J].山东警察学院学报,2015,27(2):21-26.
② "基地007"——尤尼斯·特苏里[J].每周文摘,2008-02-15(6).

在 2014 年 10 月联合国大会第 69 届会议的一般性辩论会上,英国首相卡梅伦表示,英国有 500 多名青年参加了在伊拉克和叙利亚的冲突,恐怖团体从繁荣社会招募年轻人的趋势令人不安,这些外国战斗人员给国际和平与安全构成的威胁远远超过从前。同时,法国总统奥朗德强调,恐怖主义正显现新的层面,恐怖组织征召和培训包括妇女、儿童和年轻人在内的人进行各种恐怖行动,各国均面临这种恐怖主义的威胁。

4. 网络恐怖分子高学历化

新生代恐怖组织的成员与传统的恐怖分子不同,他们主要是来自中产阶级且受过高等教育的年轻人,加入激进组织、发动恐怖袭击的主要动因是出于对"基地"的仰慕以及对美国霸权的不满。由于网络恐怖主义活动需要智能化的工具与手段以保证恐怖活动的有效性和组织内沟通的质量,所以,很多网络恐怖分子具有高智商和高学历,并熟练掌握网络与计算机技术,同时,也有一些高学历、高智商的知识分子被恐怖组织所利用。

日本的奥姆真理教以研制化学药品为名,网罗一大批化学家、生物学家、医生、电脑专家等"高级人才",不少人是东京大学、大阪大学的毕业生。奥姆真理教设立的专门从事毒气研究与开发的"化学班",实际上利用这些人组成了一支力量雄厚的"化学部队"。[①] 爱德加·欧巴兰斯认为,一个成功的恐怖分子(所谓成功即意味着恐怖分子既活着也没有被捕,仍处于逍遥法外的状态)基本上具有以下六个特点:献身精神;勇敢;没有怜悯或同情之心;相当高的智力水平;很强的隐蔽性;受过良好的教育,具有一般的知识水平。[②]

根据 2008 年普林斯顿大学经济学家艾伦·克鲁格(Alan Krueger)的研究和调查,很难证明具有代表性的恐怖分子是极其贫穷或缺乏教育的。兰德公司研究人员将哈马斯(Hamas)和伊斯兰"圣战"组织从约旦河西岸和加沙地带招募的自杀式炸弹袭击者和巴勒斯坦一般男性成年人的特性作比较发现,将近 60% 袭击者有高中以上学历,相比于一般男性少 15%。它们出身于贫困家庭的概率比一般男性少一半。Alan Krueger 在黎巴嫩曾做过一项相似的实验,收集真主党武装分子的出身记录。实验也证实,他们相比于什叶派统治的黎巴嫩南部地区的普通民众,教育程度更高,更少来自贫困家庭,多数武装分子来自该地区。高层次的恐怖主义嫌疑人依然包含大量受过良好教育的中产阶级。时代广场爆炸未遂嫌疑人费萨尔·沙赫扎德(Raisal Shahzad)拥有 MBA 学位,并且是巴基斯坦一名空军高级官员之

[①] 郑宝明. 国际恐怖主义活动的新特点及反恐对策[J]. 理论学刊,2002(1).
[②] 杨隽,梅建明. 恐怖主义概论[M]. 北京:法律出版社,2013:63-66.

子。在"内裤炸弹"事件中被指控试图在大西洋航班上引爆一枚山寨炸弹的尼日利亚人尤马尔·法洛克·塔拉布(Umar Farouk Abdulmutallab)拥有大学学位,还是尼日利亚一个富裕银行家的儿子。

在解释为什么那么多相对富足的国家中相对富裕的人最终成为恐怖分子时,有回答说,或许是因为一定程度的教育让人政治化。这与网络恐怖组织需要的人才类型也有关系。实施网络恐怖主义攻击是个复杂的过程,所以网络恐怖组织更倾向招募有一技之长、受过教育的人来完成任务。本米莱克·埃弗雷姆(Benmelech Efraim)和贝拉比·克劳德(Berrebi Claude)在2007年发现,巴勒斯坦的自杀性炸弹手受教育程度的平均水平要高于普通人民,而且巴勒斯坦恐怖组织会给更年长、受教育程度更高的自杀性炸弹手分配更重要的目标,他们在任务中杀害的人数也更多。这类恐怖分子造成的伤亡更多,且更不易失败或在袭击中被抓。然而,还有研究可以说明,经济条件能影响恐怖活动的效率。根据2000年到2006年巴勒斯坦自杀袭击的数据,耶路撒冷希伯来大学的研究人员在论文中指出,当经济状况糟糕时,恐怖分子的平均技能水平将上升。这是因为失业人口增多让巴勒斯坦的恐怖组织能招募到更高学历、更成熟的恐怖分子。所以,改善经济状况能让恐怖组织招募到的人才平均素质下降,从而抑制恐怖袭击的效率。①

二、网络恐怖主义主体理念主张特征

传统的恐怖主义通常有明确的政治纲领、政治主张和行动安排。虽然有些恐怖组织的恐怖行动往往只是源于狂热的虚无主义愤慨和极端的立场,但是也代表了一定群体的利益诉求。然而,网络恐怖主义主体因其产生背景和行为模式与传统恐怖主义主体的差异性,其政治特征也不同。

1. 网络恐怖主义主体政治主张模糊化

有研究者称,恐怖组织从根本上说是政治组织,专注于政治和民族斗争,它们为了达到政治目标不惜滥杀无辜,可以说是政治上的极端派。大多数恐怖主义行为都出于政治目的,这也是恐怖主义的一个重要特征。虽然一些恐怖袭击的对象是普通平民,但是,其出发点却不仅仅是想要非法占有公私财物,也不是为了对平民造成损害,而是希望通过造成社会恐慌,对个别国家和地区施压,从中谋取政治利益。这种政治图谋既可以表现为向某些国家的政权挑战,也可以表现为对某些

---

① 破除误解:贫困与恐怖主义[EB/OL]. 经济学人,2011-07-16. http://wen.org.cn/modules/article/view.article.php/2641/.

国家民族政策、宗教政策和种族冲突的威胁与抗议。

艾资哈尔教法原理学教授伊斯玛仪·阿卜杜·拉赫曼博士在对极端思想和恐怖主义进行解读时表示,极端分子和恐怖分子认同一些在特定环境下形成的极端宗教主张。这些极端主张,有的通过比拟和揣度的方式而上升到妄断他人悖信的程度,这些主张明显违背了伊斯兰的宽容原则。伊斯兰的宽容是经训明文中明确规定的,是建立在确凿的经训明文基础上的指导原则。持有这些主张的人正如真主所说的那样:"各派都因自己的教义而沾沾自喜。"它们因为政治的原因,或个人,或部族的原因,而坚持自身的极端理论。这样的思想就如毛杜迪的思想一样。当时毛杜迪所生活的印度次大陆,穆斯林遭受重重的迫害,因而,毛杜迪将他所生活的社会判定为"不信道的社会"。为此,毛杜迪倡导拯救穆斯林,以便让他们脱离锡克教以及其他宗教对他们的种族屠杀。① 实际上,经训的原文与后来的各种阐释不可避免会有偏差,原本的教义会在后来信众的传播过程中产生内容上的变异,因而会导致更多的误读,甚至被人利用。

"无论是极端宗教思想、极端分裂主义还是极端民族主义,都有其诞生的深刻经济和政治根源,但从本质上说,思想体系又有独立的逻辑和演变规律。"② 然而,网络恐怖主义出现了政治主张"模糊化"的趋势,颠覆了传统的恐怖主义通常有明确政治纲领的鲜明特征。这样的情境给研究、判断、跟踪和防范网络恐怖主义危险的来源、特征和方向带来困难。

2. 网络恐怖主义主体政治动员网络化

政治动员是政治生活中常见的政治行为和政治现象,是在特定的政治生态中,主体在自身利益的驱动下通过对客体实施说服、诱导、操控、影响等行为整合资源和获取支持,并最终实现其利益诉求的行为和过程。政治动员本质上是一种寻求政治支持的方式和促成集体行动的策略,同时也是一种凝聚资源的手段。政治动员还是一个政治过程,既充满了主体与客体的政治互动,也始终伴随着主客体与外部环境之间不间断的能量交换。

网络恐怖主义已经将互联网转化为影响舆论、招募新手和筹集资金的首选,并通过互联网的影响力和放大器作用,使其成为网络恐怖主义政治动员的利器。网络恐怖主义主体利用互联网的广泛性、隐蔽性在网络空间大肆宣传恐怖思想,引诱未成年人或者意志力不坚定的人成为它们忠实的追随者,扩大其组织势力

---

① 对当下肆虐的极端思想和恐怖主义的解读[EB/OL]. 侯赛因,译. 铁血网,2015-12-07.
② 周鑫宇. 大国外交怎样应对恐怖主义[N/OL]. 凤凰博报,2014-05-17. http://blog.ifeng.com/article/32932566.html.

范围,或者在网络空间散布恐怖信息,破坏社会安定。网络恐怖组织及极端主义者在网络空间大肆宣传恐怖主义价值观,将网络作为它们意识形态发布的平台,比较典型的就是有关所谓"圣战"(Jihad)的一系列网站,通过网络宣传试图为恐怖组织和极端势力的恐怖活动寻找正当证明,并不断诱使新的成员加入其恐怖组织。

"9·11"事件之后,各国政府都加大了对传统恐怖活动的打击力度,原有的恐怖主义联络、指挥等活动面临很大困难,这使互联网成为恐怖分子联系、策划、组织恐怖活动的主要途径。随着网络恐怖活动数量的增多,相关网站数量不断增加,发布信息的质量和复杂程度也在提升,在信息交流方式上,也由单一的信息推送转变为信息交流互动。

2007年7月,英国首例网络恐怖主义招募案的3个罪犯在被捕前实施了网络恐怖宣传活动。他们通过网站在伊拉克等地招收自杀炸弹客,"准备在全球大规模杀害不信真主的敌人",并进行亲"基地"组织的宣传,包括杀害西方人质的宣传。有分析认为,自2009年新疆"七五"事件以来,逐渐呈现出恐怖袭击案件利用互联网突破国境限制的现象。境外的恐怖组织开始利用互联网工具进行串联,在境内招募培训恐怖分子,并鼓动他们发动暴力袭击。原先分散在世界各地的一些零散组织,利用网络系统已经能够很快地结成跨地区、跨国界的大组织。① 利用网络的无国界特征,网络恐怖组织实现了政治动员在国内外的能量转换。

3. 网络恐怖主义主体政治宣传意识形态化

网络恐怖主义主体的政治宣传有极强烈的意识形态色彩,意识形态型恐怖主义势力呈上升趋势。在一些国家和地区,随着经济停滞、失业率上升、移民冲突等问题的出现,右翼和左翼都对现状产生不满,它们为实现一定目标,不断采取各种行动,结果使意识形态恐怖主义得到进一步发展。根据相关数据,2010年,印度有1 174人死于极左恐怖活动,占当年印度恐怖活动死亡人数的62.1%,创历史新高。欧洲的西班牙、希腊、意大利三国在2009年发生了大约40起极左和无政府主义暴力活动,比2008年上升了43%,是2007年的两倍。

具有强烈的意识形态色彩的"伊斯兰国"等极端组织,也极力谋求建立它们所主张的国家。有分析认为,"伊斯兰国"组织的首要目标是建立一个包括整个阿拉伯世界的"伊斯兰国"。与大多数寻求政治改革的叙利亚反政府武装不同,"救国阵线"也为意识形态而战,并试图在叙利亚建立一个伊斯兰国家。2011年7月22日,

---

① 陈京春,徐立. 网络恐怖主义犯罪的防控[N]. 反恐研究院,2015-12-02.

挪威发生一起枪击案,一个名叫安德斯·贝林·布雷维克的极右翼分子伪装成警察向青年营地内的集会者肆意开枪射击,造成93人死亡,100多人受伤。事后调查表明,这是布雷维克长期精心准备,蓄意策划而实施的,意在驱逐欧洲的穆斯林,实现欧洲独立。①

一些看似正常的网站,实际上可能成为网络恐怖主义交流的平台。有专家提出,现在的反恐战争已经不能光靠子弹和武力,而要靠意识形态斗争。在防范网络恐怖主义的措施中,抢占去极端化等意识形态阵地的政策和手段还不足,国际社会对网上极端主义的认识还不尽相同,很难达成一致意见,给网络恐怖主义意识形态的传播发展留下真空。

2016年5月11日,联合国安理会就"反击恐怖主义言论和意识形态"举行公开辩论会。中国常驻联合国代表刘结一在发言时说,恐怖极端势力加大利用互联网和社交媒体等新技术力度,刻意歪曲宗教教义,宣传恐怖主义意识形态和极端思想,散布仇恨、歧视、暴力等极端言论。一些国家的一部分人,特别是青年人,受恐怖主义意识形态和极端思想蛊惑加入恐怖极端活动,造成严重危害,已经成为国际反恐领域一个突出动向。②

三、网络恐怖主义主体行为模式特征

巴里·科林认为,网络恐怖分子的行为与传统恐怖活动之间的区别,就如同爱尔兰共和军的网络炸弹与伦敦地铁爆炸的区别。网络恐怖主义作为一种传统恐怖主义向网络渗透的表现形式,在活动主体、活动手段、组织形式和活动目标等方面具有独特性。

1. 网络恐怖主义行为模式的虚拟性

各种网络恐怖主义行径在虚拟的网络空间博弈、发酵、升级,网络恐怖分子也在不断强化利用网络虚拟数据将自身虚拟化。得益于网络的虚拟性,网络恐怖主义行为很难追踪和追责。据美国联邦调查局计算机犯罪侦查机构估计,85%到97%的计算机入侵犯罪没被发觉,在已发现的计算机犯罪案件中,真正受到制裁的仅有3%。就现阶段技术发展情况看,利用远程计算机通信网络实施的网络恐怖

---

① 周鑫宇. 大国外交怎样应对恐怖主义[N/OL]. 凤凰博报,2014-05-17. http://blog.ifeng.com/article/32932566.html.
② 倪红梅,孔晓涵. 中国代表呼吁合力打击传播恐怖主义言论[EB/OL]. 新华社,2016-05-12. http://news.xinhuanet.com/2016-05/12/c_1118852316.html.

主义行为,其犯罪证据往往难以追寻。

在网络恐怖主义的传播方面,由于网络信息资源具有交互性、共享性、便捷性、即时性以及传播广泛的特征,网络恐怖组织可以将思想和理念通过各种网络平台传递给其成员,实现网络恐怖主义宣传思想、理念最为迅捷的传递。由此,跨国恐怖组织和地区恐怖组织也便于实现信息共享,而且只要应用通用语言,就可以实现传播范围广泛的效果。

有人担心,网络恐怖分子可能会和黑客联手实施网络恐怖主义攻击,实现物理攻击和网络攻击的结合。恐怖分子会在发动诸如劫持飞机等物理攻击行动前先利用黑客干扰和阻挠各种可能的营救努力,这种袭击也被称为"混合袭击"或"集群袭击"。美国海军军事学院的计算机专家多罗西·邓宁说:"现在的问题是情报部门缺乏想象力。不能只是想象可能会发生的情况,还要把那些看起来不可能发生的因素也考虑进去。"① 而且,网络恐怖主义往往可通过木马程序等构建庞大的僵尸网络,实现大规模的攻击,破坏力极大,难以有效防御。

2. 网络恐怖主义行为模式的典型性

网络恐怖主义行为模式的典型性是指网络恐怖分子会选择特定的时间和公共场所实施恐怖主义以达到威慑的目的。一般来说,任何时间和地点都可以成为网络恐怖分子的选择对象。然而,网络恐怖分子为达到其政治目的,造成社会恐怖效应,往往会选择暴露在阳光下的、赤裸裸的恐怖,尤其是在重要时刻或重大活动期间。

在网络恐怖主义的言论方面,网络恐怖组织选择在网络空间散播恐怖信息、传递恐怖思想甚至进行恐怖培训,并通过社交网络等实现其传播的最大效应,只有这样才能给人们的心理造成严重的影响,使其产生恐惧、担忧、慌乱等诸多心理反应。

此外,网络恐怖主义的攻击地点,往往会选择人员较为密集的公共场所,诸如交通枢纽、学校、教堂等;发动攻击的时间,往往会选择节假日等人员密集的特定日期。只有选择那种具有典型性的时间和地点,才能达到"理想"的恐怖效果。例如,重大体育赛事的举办就是实施恐怖袭击的"最佳"时间和地点,以达到"最佳"的恐怖效果。

2017年10月,恐怖组织"伊斯兰国"发布图片,威胁将于2018年俄罗斯世界杯期间发动恐怖袭击。该图片的背景为2018年世界杯的一处比赛场馆,场馆前为一名手持枪械的"圣战"分子、炸弹以及世界杯的图标。简氏防务曾警告说,2018年

---

① 东南亚激进组织用网络征员筹资[N].联合早报,2006-05-23.

世界杯可能会成为"伊斯兰国"特别关注的目标。简氏防务中心负责人亨曼(Matthew Henman)说:"成功的袭击将为伊斯兰国及其战斗人员和支持者提供巨大的宣传推动力,尽管其丧失了领土,但是依然具有较大的国际威胁。"此前,针对2016年里约奥运会,包括"伊斯兰国"在内的恐怖组织通过暗网论坛和加密社交媒体应用 Telegram 和 Twitter 等,公开宣扬在巴西发动恐怖袭击。①

虽然早在数字技术出现之前,体育赛事期间发生恐怖袭击、机动车辆事故或人群挤压事件的风险已经存在,但是随着汽车的智能化发展,如果失控的运输车辆被远程控制进入比赛场地,就可能造成更大的伤害。在安检环节,如果全身扫描仪、面部识别系统等安检设备被黑客攻击,那么携带武器的恐怖分子有可能借机进入比赛场地,后果不堪设想。从重大体育赛事的历史进程看,尽管在各方的努力下这类安全威胁事件未能真实上演,但是,未来恐怖分子通过互联网技术和恐怖袭击对人身安全造成威胁的可持续性依然存在。

3. 网络恐怖主义行为模式的预谋性

网络恐怖主义行为模式的预谋性是指网络恐怖主义的言论和行动等都是经一定的组织策划并实施的有针对性的恐怖行为。大多数恐怖主义集团都具有严格的组织网络和严密的章程,而且在实施每一项恐怖主义行动时都有组织领导者和行动实施者,分工明确、组织严密。这是因为大多数的恐怖活动仅仅通过一两个人的力量是不可能完成的,恐怖活动只有依托恐怖组织,在严密策划和预谋的基础上才能成功。鉴于网络提供的便捷,网络恐怖组织利用网络进行有预谋的网络宣传和网络攻击,所造成的后果和损失更加严重,更难以估量。此外,相对于传统黑客而言,网络恐怖组织更具备组织性和稳定的经济支持,对于既定的目标实现有准备的攻击,甚至可利用互联网攻击金融、通信、交通、水电等事关国计民生的核心命脉,制造恐慌。

4. 网络恐怖主义行为模式的灵活性

由于网络恐怖组织的训练与成型速度快、成本低,短时间内就可形成一定规模的战斗力,因此,网络恐怖组织模式出现灵活化的发展趋势。"9·11"事件之后,以往那种等级森严的"有组织犯罪集团"模式已逐渐消失。近年来,各国警方在抓捕活动中发现,网络恐怖分子的背景差异越来越大,出现了背景不同的成员组建小规模基层组织的现象。具有共同纲领和目标的个人随时结成小组,在约定目标地点会合实施恐怖行动,然后结束小组关系,重新各奔东西。这种灵活的行为模式,使

---

① 王丹娜. 重大体育赛事网络安全威胁评估[J]. 中国信息安全,2018(2).

网络恐怖主义活动更难被有关部门确认。

从理论上讲,网络恐怖主义攻击成本低,不需要进行大规模投资制造或购买武器,却可以在千里之外进行网络攻击,甚至可以通过制作自己的软件和程序进行攻击,同时隐藏自己的身份,并可以同时攻击数个目标,包括对政府、个人、公共单位以及航空公司等各领域、各行业。这种灵活的攻击行为,对网络恐怖组织更为有利,因为这样的攻击并不造成自身的人员伤亡。

现实世界中,恐怖主义的组织、活动具有明确的地域限制;而网络恐怖主义打破了地域限制,只要有网络存在,网络恐怖主义就可以存在于世界的任何角落。随着各国反恐政策的强化,规模太大的恐怖组织不易生存,于是恐怖组织出现了分散化和个体化现象,形式更加灵活。在美国、英国和挪威发生的一些重大恐怖事件,基本上都是由少数恐怖分子甚至一个人完成的。这些微小的恐怖活动单元往往不在各国反恐怖机构的监控视野之内,很难跟踪与预防,增加了各国反恐怖部门的工作难度。①

5. 网络恐怖主义行为模式的匿蔽性

传统恐怖主义在实施恐怖袭击前通常会有一定的迹象,然而,由于网络空间的匿名性、开放性与庞杂性等特征,网络恐怖分子更易藏匿其中,因此,网络恐怖主义具有高度的匿蔽性。

在选择网络恐怖主义攻击目标方面,网络边界和距离"终结",理论上能让网络恐怖分子在任何地方实施行动。网络恐怖组织编织起一张复杂的网,每个人都是一个节点,即使组织的大部分被破坏,他们也能独立完成行动。现实与虚拟世界的结合处成为恐怖分子最好的突破口和进攻点,使恐怖组织挑选攻击目标更为容易。信息化社会,人们日益依赖于基础设施以及现实和虚拟世界的结合,从而使网络恐怖主义攻击潜在目标的范围快速扩大,网络恐怖分子能够选择的目标就越来越多、越来越容易。

在监控网络恐怖主义信息方面,网络本身的特性决定了网络恐怖攻击不易被发现,恐怖分子使用在线"昵称",即网上的化名,或者以"过客"身份登录网站,这些做法使安全机构和警察很难追查到恐怖分子的真实身份。特别是软硬件的各种漏洞、网络的多重代理技术、网络域名的易变性和IP技术的缺陷等,即使调查人员能够追踪到发布恐怖信息者的IP地址,等执法人员赶到现场时,发布信息或发动攻击者早就逃之夭夭。特别是,如果恐怖分子在手机等智能终端随机网址登录网络,

---

① 杨文静. 恐怖主义"新面孔"让世界忧虑[N]. 国际先驱导报,2013-10-14.

则更难追查到恐怖分子的真实身份,且随着时间、地点不同而变化,给建立信息与终端、信息与人员之间的对应关系带来极大困难。①

网络恐怖主义主体利用掌握的知识和技巧在虚拟世界策划和实施网络恐怖主义行动,导致网络恐怖攻击的随机性更大、隐蔽性更高。据有关专家估算,网络恐怖主义从"简单无组织"水平到"高级有组织"水平,需要2~4年时间;达到"综合协同"水平,需要6~10年时间。但是,这也只是理论数据,而实际发展速度有时会超乎人们的想象。②

6. 网络恐怖主义行为模式的低成本

古典犯罪学理论大师贝卡利亚和功利主义代表人物边沁都提出"理性人"的观点,即一切人类的行为都是趋利避害、避苦求乐的,犯罪人员也不例外,会在犯罪的成本、收益、可行性等因素之间进行理性的计算,寻求以最小的犯罪成本获取最大的犯罪收益。③ 网络恐怖主义活动凭借网络特有的传播迅速以及普遍化的特点,可以发动低成本却后果严重的攻击,网络恐怖主义活动的低成本化趋势明显。

第一,网络恐怖主义工具成本低。与传统恐怖主义需要用到的炸弹、化学、生物、辐射乃至核武器不同,网络恐怖分子不需要购买枪支、炸药等传统的攻击性武器,也不需要花钱来租赁车辆或雇人去运送爆炸物,只需要一台计算机和一根网线就可以实施网络恐怖主义攻击,大大降低了网络恐怖主义行为的成本。而且,"恐怖分子仅靠几部智能手机就能保证联络所需,至于攻击武器,自制爆炸装置和易得的生化武器,都是成本低廉但对平民威胁更大的恐怖工具。"④此外,那些针对网络天然弱点,研制、掌握攻击网络系统的逆用科技成本低廉,加上网络系统对故障和病毒缺乏免疫力,而进入系统的程序和信息内容具有难以检测的特点,这就使网络系统十分脆弱,易受攻击。

第二,网络恐怖主义传播成本低。越具突发性、爆炸性、对当事人伤害越大、对民众好奇心满足程度越高的事件,往往其网络传播成本越低。在某些情况下,低成本、高效率的传播反过来又会进一步加剧事件对当事人造成的困扰与伤害。恐怖分子无论是在国内还是在国外,通过网络发动攻击时皆不易引人注意,因而更好地隐藏了自己,不会有太大的危险。相反,网民用鼠标在网上点击一个非常好看的图片,可能就会中了恐怖分子的"网络炸弹"。网络恐怖主义利用网络无声无息地传

---

① 网络恐怖主义危害日益突出评论:需全球合作打击[N]. 解放军报,2014-06-24.
② 奇云. 网络恐怖主义:没有硝烟的战争[J]. 城市与减灾,2012(3):14-18.
③ 王高阳. 国际关系理论视域下的网络恐怖主义分析[J]. 重庆交通大学学报(社会科学版),2012,12(5):99-102.
④ 蔡文之. 网络权力与规制下的恐怖主义[J]. 中国信息安全,2015(5).

播,直到造成严重后果,才会引起人们的高度关注。

第三,网络恐怖主义风险成本低。只要在有技术人员和与互联网链接的计算机,且相对隐蔽和独立的空间,网络恐怖主义主体就可以实施行动,这大大降低了实施恐怖行动的风险。由于采用了数字化武器,网络恐怖攻击不会对恐怖分子的生命构成危害。可以想象,恐怖分子可以在一个不会被捕或受伤害的地方,在舒适的沙发上或在空闲的时候实施恐怖主义攻击,进而影响、改变、破坏、毁灭距离遥远的保险库、通信系统、炸弹控制器、药品控制中心、电力分配系统等信息化系统或关系国计民生的关键基础设施。网络还可以为恐怖组织提供不断改进攻击的手段,提升其发动网络攻击的能力。

第四,网络恐怖主义管理成本低。网络恐怖组织不需要复杂的人力资源、特殊的实验室、笨重的设备、复杂的操作或者炸药等,只需要黑客的技巧和程序员编程用的计算机和相关设备,这样就降低了网络恐怖主义组织的管理成本。美国白宫科技顾问理查德·克拉克根据"9·11"事件调查委员会的报告分析,"基地"组织发动"9·11"恐怖袭击的成本为四五十万美元,还不包括该组织在阿富汗训练劫机行动人员的费用。网络化后的"基地"组织规模小型化,一般只有二三十人。网络恐怖组织向小型化、灵活化方向发展的趋势,使其发动恐怖攻击的成本也在下降。网络恐怖攻击仅仅需要极少的资源,就可以通过利用网络对资源雄厚而又强大的对手发动攻击。

7. 网络恐怖主义行为模式的非直接暴力性

网络恐怖主义活动通过作用于网络危害国家设备、网络秩序、人们的心理状态,这种远程的、看似非暴力实则影响巨大的特性被称为间接性暴力。网络恐怖主义行为与网络犯罪虽然目标不同,主体有差异,但是也有相近的特性,那就是这两种活动实施的主体都隐蔽在庞大的网络背景之下,藏匿在繁杂的网络信息背后。没有哪个国家可以做到对网络信息秩序没有丝毫遗漏的监管和控制,网络犯罪与网络恐怖行动都乘虚而入,对其有效地进行预防和控制极具难度。网络恐怖主义活动的非直接暴力性表现在这种暴力直接作用于网络而不是直接作用于特定人身。与国外网络恐怖活动相比,中国网络恐怖活动具有以下特点:首先,网络恐怖袭击造成的危害不明显。其次,利用互联网传播恐怖活动相关非法信息的犯罪非常严重,已成为主要形式的网络恐怖活动犯罪。其中,最为严重的是利用互联网煽动暴力恐怖活动。① 网络恐怖主义改变了过去那种暴力破坏的硬手段,转向袭击

---

① 朱宁宁. 双重构建反恐怖法刑法重击网络恐怖行为[N]. 法制日报,2014-12-09.

信息网络这种非暴力的软手段。虽然有针对网络基础设施的硬破坏，最主要的还是通过使用针对网络信息的技术手段达到恐怖攻击的目的，网络恐怖分子使用这种软手段的优势显而易见。

第二节　网络恐怖主义的组织特征

根据相关数据，世界上有案可查的恐怖组织多达 1 000 多个，比较活跃且影响较大的有几十个。2003 年 12 月 15 日，中华人民共和国公布了境内第一批认定的 4 个与"东突"相关的组织为恐怖组织，包括东突厥斯坦伊斯兰运动、东突厥斯坦解放组织、世界维吾尔青年代表大会和东突厥斯坦新闻信息中心。

根据国际网络安全公司闪点（Flashpoint）的报告《ISIS 黑客行动：新兴网络威胁态势》(Hacking for ISIS: The Emergent Cyber Thereat Landscape)，"伊斯兰国"的网络力量主要由五支力量组成，主体是"网络哈里发"（Cyber Caliphate），在 2016 年整合统一为"联合网络哈里发"（United Cyber Caliphate）。第一支力量"联合网络哈里发军"，是 2014 年"伊斯兰国"宣布其"哈里发"成立后出现的第一个亲"伊斯兰国"黑客组织。其曾经劫持美国《新闻周刊》和美国中央司令部的推特账户，声称对一系列引起全球关注的网络攻击负责。第二支力量"伊斯兰国"黑客技术部门（Islamic State Hacking Division），出现于 2015 年初，松散地隶属于"联合网络哈里发"，得到科索沃黑客的支持。第三支力量"伊斯兰网络军"（Islamic Cyber Army），主要进行一些反美的网络宣传。第四支力量 Rabitat al-ansar 组织，是规模较大的亲"伊斯兰国"媒体"媒体前线"（Media Front）的一部分，其主要活动是网络反美宣传。第五支力量"哈里发军之子"（Sons of the Caliphate Army），隶属"网络哈里发"。另外，卡拉什尼科夫小组（Kalashnikov Team）声称以传播黑客技术、鼓舞黑客行为，以促进"圣战"为目的，也加入"联合网络哈里发"。

"基地"组织大力发展网络力量，并倚重年轻、具有创造力的成员，如"突尼斯网络军"（Tunisian Cyber Army）成员，实施网络攻击。美国网络安全智库关键基础设施技术研究所（Institute for Critical Infrastructure Technology）的报告《"网络圣战"分析》(ICIT Briefing: The Anatomy of Cyber-Jihad)指出，2015 年 2 月，"基地"组织宣称，组建完成一支专门负责实施电子"圣战"作战行动的网络空间武装力量,即"基地电子圣战军"(Qaedet al-Jihad al-Electroniyya)。

随着网络化和信息化的发展,网络恐怖组织也表现出明显的特征,主要表现在组织结构、组织规模、活动模式、管理方式等方面。

一、网络恐怖组织结构特征

网络改变了传统的组织结构,网络恐怖组织在组织类型、组织规模、组织层级等方面都表现出网络时代特点。

1. 网络恐怖组织类型全渠道化

恐怖组织关系结构是指恐怖组织内部成员之间与恐怖组织内部与外部之间的关系结构。恐怖组织成员的关系结构有三种基本模型:金字塔型、放射型和功能结构型。美国兰德公司伊恩·莱塞撰写的一份"反新恐怖主义"文件,将恐怖组织分为三种网络类型,即链式网、星式网和全渠道网(图 4-1)。

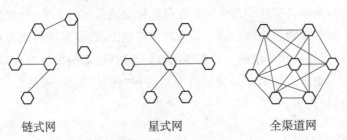

链式网　　　　　星式网　　　　　全渠道网

图 4-1　恐怖组织网络类型

由于互联网的特点,网络恐怖组织可以是上述某种类型或混合类型,但是,大多数网络恐怖组织属于全渠道网型。伊恩·莱塞认为,全渠道网型的组织决策和行动都是分散的,允许各地发挥其积极性和自主性,最具合作潜力,而且由于信息革命的发展,网络恐怖活动将变得更加有力,更难以对付。因此,伊恩·莱塞提出,打击全渠道网型的网络恐怖组织,必须依靠网络型的情报机构才能更具成效。[①]

2. 网络恐怖组织规模小型化

网络恐怖分子深谙网络的运行特征,并把网络赋予的权力滥用到极致,特别是网络恐怖分子对包括推特、脸谱、Instagram、优图等新媒体、社交媒体的娴熟使用,

---

① 何方明,侯晓娜. 美国反网络恐怖活动的情报工作及对我国的启示[J]. 江西公安专科学校学报,2009(1):56-59.

使其不断趋于小型化。大多数网络恐怖组织的成员不会超过50人,并且只有少数恐怖组织存在的时间超过3年到4年。当然,也有一些例外,有一些恐怖组织存在的时间比较长,而且其成员也比较多。随着网络恐怖组织规模大小的变化,其危害程度往往也发生变化。

3. 网络恐怖组织层级意识淡化

网络恐怖主义活动所受限制明显少于传统恐怖主义活动,而且网络恐怖组织内部层级结构淡化,等级意识淡化。网络不仅能使恐怖组织与外界交流便捷,还能使其内部交流更加迅速高效,因此,网络使恐怖组织不再有单一的头目,而是有多个头目,这能够分散反恐行动的注意力。不仅如此,网络还能帮助恐怖组织进行计划和协调,甚至能让不同恐怖组织相互勾结。以"基地"组织为例,其组织结构分为四层:第一层是以扎瓦西里为首、盘踞在巴基斯坦部落区的"基地"核心层;第二层是叙利亚、索马里、也门和北非等地正式向"基地"效忠的分支组织;第三层是未正式投靠"基地",却认同"基地"意识形态的恐怖组织;第四层则是全球范围内受"基地"意识形态影响的各类组织及个人。在国际社会的共同打击下,传统的"基地"核心层被严重削弱,其对于全球"圣战"运动的掌控能力减弱,但是各恐怖组织及极端分子活动的自主性则相应增强。目前,对全球"圣战"运动的发展方向,各恐怖组织意见并不统一,更多恐怖组织是根据自身利益和"理想"实施"圣战"。"伊斯兰国"就是其中的典型代表。

二、网络恐怖组织管理特征

分权的管理方式在恐怖组织中比较普遍,最主要的原因是恐怖组织对隐蔽性要求很高,从而需要给每个小组以及其他部门充分的自主权。网络恐怖组织的管理,借鉴了传统恐怖组织的一些经验,也表现出新的变化。

1. 网络恐怖组织管理虚拟化

网络恐怖分子可以通过网络克服空间、资金的障碍和限制,所以,他们的网络恐怖主义活动不需要有一个非常清晰的组织者或者一个领袖,而是可以分散地进行活动。恐怖组织非常善于利用网络进行宣传,也非常善于利用网络传播自己的观点和理念,它们的网站甚至打着人道主义救援和维护国际和平的口号推广自己的目标。同时,它们很善于吸引支持者,特别是一些富有的支持者,帮助它们获得融资和提供资金来源。奥萨马·本·拉登的"阿富汗阿拉伯战士"组织、巴勒斯坦伊斯兰"圣战"组织、埃及"伊斯兰集团"、阿尔及利亚"伊斯兰武装组织"等都不同程度地采用了网络组织的原则,利用网络进行管理,通过虚拟网络进行指挥。

2. 网络恐怖组织管理制度化

美国兰德公司恐怖主义问题专家霍夫曼说,奥萨马·本·拉登实际上把现代的商业和管理科学技巧运用到恐怖组织的运作上。20世纪90年代初,全世界许多跨国公司都在进行机构调整,减少机构重叠,向精简化和网络化发展。奥萨马·本·拉登正是运用这样的概念同他的手下一起创立了恐怖组织。他和他主要的"干将"进行精心策划,建立了一个在多层面运作的组织,能够同时用自上而下和自下而上的方式进行活动。

"基地"组织由组织联络比较松散和半独立的小集体组成,分布在世界各地,区域集中性不强。表现最明显的是组织头目奥萨马·本·拉登被打死之后,组织活动受到的影响并不大。"基地"组织没有地理上明确的总部,没有等级制结构,没有明确的力量中心,也没有固定的上下级指挥体系,这是具有明显后现代特征的新的组织形式,可能代表未来恐怖组织结构的发展方向。

奥萨马·本·拉登所学的专业是经济学和公共管理,他把所学的知识运用到恐怖主义领域。据报道,奥萨马·本·拉登自上而下地一手策划了"基地"组织的重大行动,同时他又自下而上地在基层孕育和推行各种观念与行动。分析人士指出,正如许多出色的公司总裁和首席执行官那样,奥萨马·本·拉登看来也做好了内部人员接替计划。"基地"组织继续为非作歹,恰恰反映了这一组织中高层人员替补的持续能力。

在恐怖组织内部的财务制度上,有文章指出,"全凭小票报销,财政支出苛刻"。2013年年初,美联社在马里的延巴克图获取了100多张手写的小票。这些原本准备用来报销的小票全部属于伊斯兰马格里布"基地"组织。随着小票的被曝光,人们发现"基地"组织有一套非常严格的报销制度。大到3 720美元购买的20桶柴油,小到1.8美元的一块香皂,全都可以找到对应的消费记录。哪怕只是买了一块0.60美元的蛋糕,也必须索要小票,以备报销使用。虽然作为"不差钱"的恐怖组织,其背后的众多金主源源不断地慷慨解囊,但是,这些详尽的开销记录体现出"基地"组织在财政支出方面的苛刻。[①]

3. 网络恐怖组织管理去中心化

网络的便捷通信特点被恐怖分子利用所带来的另一个改变是恐怖组织内部管理模式的去中心化。传统的恐怖组织内部高度集中,等级森严,有统一的领导和明

---

① 揭秘恐怖组织内部管理方式?买块肥皂要报销[EB/OL]. 西陆网,2014-03-05. http://junshi.xilu.com/20140305/1000010000389388.html.

确的政治目标,是具有明确指挥和管理结构的层级组织。恐怖主义研究专家库什纳指出,昔日那种等级森严或者有组织的犯罪集团的模式将不复存在。

恐怖组织过去的管理模式是由最高级的"头领"负责,以下等级划分明确。其优点是组织严密、执行力强。其缺点同样明显,组织联络存在障碍,且容易暴露,容易造成一个成员的身份暴露而导致整个组织或某一地区行动的瘫痪。网络恐怖组织通过互联网进行联络,很好地弥补了这一缺点,组织成员之间更加分散,隐藏得更深,彼此之间的接触更少,相互之间除了具体的任务之外,不了解其他环节的情况。所以,即便其中的一部分成员暴露了,也不会对组织正常运转造成太大的影响。利用网络不但可以使恐怖分子的破坏行动得逞,而且恐怖分子自己不会受到任何伤害。对于网上的匿名操作,则很难辨明其究竟是某个国家政府所为,还是出自某个恐怖分子,抑或来自一些玩电脑的孩子。

三、网络恐怖组织背景特征

网络恐怖组织从产生、发展,到引人关注,既与国际政治、经济、文化的发展有复杂的关系,也是由于宗教冲突加剧、民族矛盾激化、国际贫富不均、社会不公正等内外因素所致。此外,网络恐怖组织及其活动与各种敛财集团、各种犯罪组织等密切相关,也造成了其背景更加复杂。

1. 与各种敛财组织相结合

网络恐怖组织的各种活动需要有强大的财力支持。传统恐怖主义被认为是政府攻击他国的一种较为经济的手段。然而,与传统恐怖主义可以得到来自政府方面的资助和支持不同,网络恐怖组织成员依靠恐怖组织的人际网络和互联网传递信息,在完成恐怖行为后就被解散,很少接受来自政府的训练和补给。网络恐怖组织如果要实现策划和发动恐怖活动,就要通过各种方式获得足够的资金支持。因此,网络恐怖组织和卖淫、贩毒、人口拐卖、军火走私等相关组织、集团联络,以达到筹措资金的目的。据媒体披露,策划美国"9·11"事件的嫌疑人奥萨马·本·拉登及"基地"组织就曾多次参与塞拉利昂的"血腥钻石"走私活动,从中牟取暴利,为恐怖活动聚敛资金。此外,暗网世界充斥着军火、毒品等非法交易,诸如枪支、伪钞等都可以通过暗网获得,成为恐怖组织招募成员,策划发动恐怖袭击的"策源地",助长网络恐怖主义发展。联合国一个专家组在 2016 年向联合国安理会提交的报告中警告,"伊斯兰国""基地"等组织使用暗网招募外国成员,策划发动袭击,其加密信息即便水平高的安全机构也很难破解,各国政府应对此保持警觉。一些富翁、犯罪集团、黑社会组织、基金组织甚至个别国家的政府,也通过提供资金、训练和庇护场所等手段,操纵、控制恐怖组织,为己所用,加剧了恐怖主义背景的复杂性。

2. 与各种犯罪组织相结合

网络恐怖主义不仅与其他形式的犯罪交织在一起,还会利用网络进行宣传,鼓吹捐助或进行其他犯罪活动,包括攻击金融信息网络盗取资金,甚至进行毒品交易、欺诈网民以获得非法收益等。更为严峻的是,现实空间的恐怖袭击正与网络空间的恐怖攻击紧密地结合在一起,优势互补,使恐怖主义活动更加隐秘复杂,对社会和谐与稳定破坏更大。网络恐怖组织与可以实现敛财的组织集团勾结获得财力,而这些组织集团的行为属于非公开不正当的行径,也就意味着网络恐怖组织的行为与上述犯罪形式紧密结合,为了达到目标,制造恐怖主义事件,其所造成的灾难不只是"夺命伤财",更重要的是,由于"骇人听闻",恐怖袭击会给一些国家和人民带来挥之不去的巨大精神和心理恐惧,直接引发金融动荡、社会混乱,进而对国家的政局稳定、经济发展等造成极大的负面影响,并进一步恶化地区乃至世界环境。

3. 与各种政府机构相结合

2003年5月,伊拉克战争结束之后,国际反恐形势发生了很大变化,一些西方国家实行双重标准,将特定的国家、民族组织妖魔化、恐怖化的倾向越来越明显,打击恐怖主义时常成为强国干涉他国主权和内政的借口,甚至成为"挥舞大棒"、推行强权政治的法宝;一些欠发达国家、贫国和弱国在全球化过程中被边缘化,在受到霸权主义或强权政治欺压时,或明或暗地支持包括网络恐怖主义在内的各种恐怖活动,甚至把支持网络恐怖主义组织当作反对信息霸权、对付强权政治的秘密武器。"震网"病毒事件被称为国家网络恐怖主义的开端,得到政府支持的网络恐怖组织更容易发动相应大规模的恐怖主义攻击而不容易被追踪,因而,网络恐怖主义组织更容易与各种政府机构相结合。

第三节 网络恐怖主义的技术特征

网络恐怖主义的技术特征是网络恐怖分子在策划、实施网络恐怖主义行动中凭借和使用网络与信息化技术等所表现出来的特点,表现在网络攻击目标、攻击手段和攻击后果等方面。

一、网络恐怖主义攻击目标特征

网络恐怖主义攻击的目标包括政治、经济、民生和军事等各种领域的"人"和"物"。"基地"组织就曾悬赏时任美国总统布什和联合国秘书长安南的人头。但是，大多数情况下，无辜平民则成为其发动恐怖袭击、制造恐怖气氛的"靶子"。以色列前总理内塔尼亚胡曾说：恐怖分子的攻击对象与其实际目标联系越少，其行为就越具有恐怖主义的性质，恐怖程度就越高。2004年5月1日和29日，发生在沙特的针对石油产业的恐怖事件，可能直接影响世界经济稳定和能源产业的繁荣。

1. 网络恐怖主义攻击目标多元

美国虽然拥有世界上最先进的信息技术、最强的经济实力应对网络恐怖攻击，但是，从2000年至"9·11"事件发生，美国遭受的网络攻击达到4万次，其中不乏网络恐怖攻击。美国除了继续加强军事、政府部门的计算机、网络系统的安全防护外，又特别把电信、金融财政、电力供应、燃油燃气的分发和储存、供水、交通、紧急服务等领域列入防范网络恐怖攻击的范围。美国政府认为，这些领域的计算机、网络系统更加脆弱，一旦遭到恐怖攻击，将导致更大的人员伤亡和财产损失。

第一，政治目标。网络恐怖分子选择网络上的政治目标进行攻击，对政府相关的网络实施攻击，以造成对政府相关设施的破坏。同时，网络恐怖分子还借网络的传播效应扩大恐怖宣传，通过网络向每一个网上个体传播恐怖信息，制造社会恐慌。

各级政府机关使用的网络，尤其是公共安全和国防部门使用的系统，是网络恐怖主义重点攻击的目标。从军队到各级地方部门和机构，计算机系统和设备都由直接负责保护公民安全的政府工作人员进行管理。通过破坏或者控制这些系统，恐怖分子可以对警察、消防员和军人执行的任务进行破坏，让他们的工作"徒劳无功"，诱惑他们开展错误（并且可能带来危险）的行动。此外，通过控制并利用新闻媒体传播信息的网络系统，包括报纸、电台和电视台的新闻团队，以及在线媒体工作人员在内的新闻机构等，恐怖分子可以将公众蒙在鼓里，并且可以通过散布谣言造成社会恐慌。俄罗斯软件公司卡巴斯基实验室创始人兼CEO尤金·卡巴斯基曾在达沃斯论坛指出，在物联网时代，个体遭遇黑客攻击的风险只会增加不会减少，因为黑客的攻击手段会更多。在以往的攻击中，匿名者的攻击目标包括以色列总理的官方网站，以色列银行、国防军，以色列驻美国大使馆及以色列总统官方网站等。①

　　研究人员发现,"伊斯兰国"黑客在针对法国电视台 TV5Monde 的攻击中使用了恶意软件 Kjw0rm。攻击者设法控制了电视台网络的系统及社交媒体账号,干扰电视台的 11 个频道并利用公司的社交媒体账号发布威胁及敏感信息,其中包括参与反"伊斯兰国"行动的法国战士们亲属的个人信息。② 2015 年 4 月 15 日,比利时主流法文日报《自由比利时报》和《最后时刻》的网站遭遇网络黑客攻击,导致网站页面不能正常打开。《自由比利时报》当天在社交网站推特账号上发布公告说:"目前 lalibre.be 网站正遭遇新的攻击,我们会尽最大努力迅速恢复连接。"比利时《晚报》的网站遭遇黑客攻击,直到次日上午才恢复正常。此后两天,比利时《南方新闻》《未来》等报纸均遭遇网络攻击,出现一段时间无法连接服务器的状况。此前,比利时瓦隆大区政府的经济门户网站也遭遇网络攻击。据当地媒体报道,始作俑者是名为"法拉加之队"(Fallaga Team)的突尼斯黑客组织。遭攻击期间,该网站首页出现一段视频,循环播放伊拉克战争中受害者的画面。据悉,"法拉加之队"在 2015 年 1 月巴黎《沙尔利周刊》袭击事件发生后,曾对百余家法国网站发起过网络攻击。

　　网络恐怖主义袭击的目标还包括国家的电信网络以及电力系统等基础设施和政府运营系统,以达到其胁迫政府或民众的目的。美国海军战争学院和信息技术市场调查机构——加特纳数据搜索公司于 2002 年 2 月联合进行了一场名为"数字珍珠港"的模拟反恐战争演习,模拟进行攻击一方设定的电子攻击,规模不亚于 2001 年的"9·11"恐怖袭击。据参加演习的有关人员透露,这次演习代号为"沉默的地平线",主要目的是测试美国在敌方针对电信系统、金融系统、电力系统和政府运营系统发动攻击时的反应能力。

　　第二,经济目标。20 世纪 90 年代以来,网络攻击经济目标的网络恐怖主义活动数量上升。而且,随着金融和银行网络化的发展,银行、零售商和企业对企业的交易都与计算机息息相关,与此相关的目标则成为网络恐怖组织的直接目标。通过破坏或者控制这些系统,恐怖分子可以让整个经济陷入停滞状态,并在公众中造成恐慌。金融系统中银行、交易市场以及其他金融公司可能遭受攻击,任何对计算机网络造成破坏的病毒,都会对金融系统造成相当大的破坏,让金融市场瘫痪。

　　2005 年 3 月,英国政府反恐协调官大卫·奥蒙德称,恐怖分子很可能会对英

---

① Recco. 匿名者威胁以色列 4 月 7 日发动"电子大屠杀"[EB/OL]. 安全牛网,2015-04-01.
② ISIS 对法国电视台攻击中使用了恶意软件 Kjw0rm[EB/OL]. freebuf, 2015-04-12. http://www.freebuf.com/news/63613.html.

国实施大规模网络攻击,使英国重要经济、媒体和运输网络陷入瘫痪状态。奥蒙德称,对可疑"基地"组织成员的监视表明,他们在接受训练,利用互联网和其他电子通信系统制造破坏。英国安全官员通常并不愿意在公开场合谈论恐怖分子潜在威胁,但是,私人机构和国家安全之间日益紧密的联系使他们不得不作出选择。英国情报官员表示,不管国家应对网络恐怖主义的措施如何,国家安全很大程度上还是取决于企业是否愿意"加强"其系统的安全性,国家必须为此类攻击做好准备。虽然他没有直接提及"基地"组织或者其组织成员,但是他暗示恐怖分子不断提高的技术能力和英国对电子网络越来越高的依赖程度,预示着即将来临的是"突如其来的威胁"。然而,官方最大的担心还是来自对那些非独立网络的攻击,这些网络是"重要的国家下设组织",很多都掌握在民众手中。中央和当地政府系统、金融市场、国际卫生机构、紧急机构、运输和能源机构的网络甚至是食品和饮料工业的网络系统都有可能成为恐怖分子攻击的目标。①

"匿名者"黑客组织已经针对以色列的银行网络发动过多次网络攻击。2013年4月,一次名为"打倒以色列"(OpIsrael)的网络攻击行动,针对以色列3万个银行账户、10万个网站、5 000人推特账户和超过3万个脸谱页面。据称,攻击造成了30亿美元的损失,网上公布了5 000名以色列官员的个人信息,包括姓名、身份号码和电子邮件地址。

第三,民用目标。网络恐怖攻击的主要目标还包括防护相对薄弱却关系国计民生领域的计算机、网络系统。全球已经发生了多起针对电信、电力、金融银行、石油天然气、供水、交通、紧急服务以及政府服务等国家基础设施的网络恐怖攻击事件。

网络恐怖分子可能控制电网或供水系统等公共事业的计算机,并通过关闭或者控制此类系统,切断成千上万人正在使用的服务,甚至制造可能导致人员伤亡的爆炸事故。其中,对于核电站来说,网络恐怖分子通过制造辐射泄漏,还可以带来更大的危机。恐怖组织曾放置专门用来关闭大型网络集线器的"定时炸弹"程序,试图破坏美国整个东海岸领域的911紧急服务系统。

网络恐怖分子可以控制运输系统的计算机,包括从汽车到火车到街道、地铁和公共运输系统,以及空中飞行的大型客机,甚至交通控制设备和空中交通管制设备等。获得这些系统的控制权后,恐怖分子就可以切断旅行,破坏企业生产,制造交通事故,以及制造财产损失和人员伤亡等重大事故。交通系统中的铁路、船舶、客运、货运遭受攻击后,攻击者可以利用网络取得铁路控制系统的控制权,让两列火

---

① 章田. 英情报官:基地正策划对英发动"网络恐怖"袭击[EB/OL]. 中国新闻社,2005-03-23.

车在同一轨道上相撞。

输电设备、电站等可能遭受网络恐怖主义攻击,通过网络可以攻击电力设施的数字控制系统,造成局部停电。据估算,如果网络恐怖主义袭击导致美国停电一天,将使美国损失 400 亿美元,更何况其他重要的系统。统计表明,"我爱你"病毒就影响了超过 2 000 万因特网用户,并且造成了数十亿美元的损失。"最可怕的景象还不是个体遭遇黑客袭击,而是大型基础设施遭遇攻击,如电厂、通信设施、金融系统等。没有了电,整个世界就得瘫痪。"①2015 年 12 月,乌克兰的 140 万名居民突然遭遇长达数小时的大规模停电,至少三个电力区域网络被攻击。2019 年 3 月,委内瑞拉全国发生大规模停电。随后,委内瑞拉总统马杜罗表示,该国电力系统已经成为新一轮网络攻击的目标。

蓄水池、运河、水坝以及水处理设施可能遭受攻击,攻击者可以通过网络让饮用水未经处理便输出,或者提高水中氯等化学物质的含量。1998 年,美国挫败了一起袭击亚利桑那州罗斯福水坝的计算机网络恐怖事件,该名网络袭击者实际上当时已经控制了水闸监控系统。罗斯福水坝蓄水量惊人,一旦所有水闸放开,下游的亚利桑那州首府菲尼克斯将被巨流冲击成为积水 1.5 米深的城市,造成重大财产损失和人员伤亡。

能源贸易、能源工厂运营、工厂管理、开采等也可能遭受网络恐怖主义攻击,破坏能源交易系统所使用的网络,从而因危害能源正常交易而造成暂时性的能源短缺。2002 年 6 月 27 日,美国《华盛顿邮报》在头版刊登文章警告,奥萨马·本·拉登的"基地"组织正在策划通过网络攻击美国的核电站、水坝以及其他关键设施;其后,美国警方从"基地"组织办公室搜查到电脑,发现其中已设计出制造这种"水坝"灾难的网络测试软件。②

网络恐怖分子可以攻击专业护理人员用于诊断和治疗的计算机,并通过控制这些系统或者导致它们在关键时刻宕机,这可能带来可怕的后果,甚至可以造成死亡。给出错误的药物或者错误的剂量,破坏进行中的手术或者误诊导致向患者提供错误的治疗方法,都是可能发生的情况。医疗保险服务提供商普里梅拉(Premera)蓝十字曾披露,2015 年 1 月 29 日发现的黑客入侵,可能导致 1 100 万客户的医疗和财务数据泄露。此前,美国第二大医疗保险服务提供商 Anthem 也发现被黑客入侵,数据泄露数量达 8 000 万。普里梅拉表示,在 2014 年 5 月 5 日至 2015

---

① 卡巴斯基.物联网恐催生网络恐怖主义[N].环球时报,2015-01-26.
② 北京市公安局西城分局课题组.网络恐怖主义发展趋势及其打击防范对策[J].公安研究,2010(9):45-49.

年1月29日之间,攻击者潜入其内部网络,访问客户数据,包括姓名、生日、地址、电话、邮件、社会保险号、会员号、医疗信息和财务信息。美国《联邦医疗保险便利和责任法案》(HIPAA)并不强制医疗保险服务商加密其服务器上的数据,但是普里梅拉并未透露这些可能泄露的信息是否经过加密。2014年8月,在美国社区医疗系统(CHS)被入侵后,联邦调查局发布了"针对医疗系统的恶意攻击"警告。但是,之后还是相继发生了几起医疗系统数据泄露的安全事件。

网络恐怖主义攻击可以制造的最大威胁就是释放一颗巨型电磁脉冲炸弹(EMP),它可以摧毁绝大部分或者全部电子设备中的电路。电磁脉冲将迅速摧毁所有未被屏蔽的计算机、电话系统、电视机、收音机、车辆中的电子部件、洗衣机、装配生产线、交通信号灯,以及几乎所有依赖于电子电路的设备和机器。这将产生深远的灾难性后果,很大一部分人将有可能死于饥饿和饮用水缺乏。

第四,军事目标。随着网络恐怖主义技术的更新,网络恐怖分子不满足于攻击传统民用目标,而逐渐转向军事机构和安全机构,因为针对这一种攻击目标实施一次网络恐怖攻击可以获得更多机密与情报,甚至获得更大的期待效果。

2013年6月,距离英国士兵李·里格比遭伊斯兰极端分子谋杀后不到一个月,斯诺登以手握机密文件的中情局前雇员身份出现,震惊世界。斯诺登总共向媒体提供了170万份文件中的约20万份机密文件。他曾对《卫报》表示,已仔细评估过每份文件,保证每份文件无损公共利益,因为他的目的不是伤害人。对于为何泄密,斯诺登解释称是因为美国政府的政策"威胁民主"。斯诺登称,包括英国政府通信总部以及美国国家安全局在内的间谍机构监控公民的隐私信息,包括上网记录、电子邮件、短信、电话和口令等。安全官员却警告称,斯诺登泄露给英国《卫报》的那些秘密技术被恐怖分子和有组织的罪犯利用,以便逃避侦查。

英国前第一海务大臣韦斯特说,自从斯诺登泄密后,恐怖组织改变了互相沟通联络的方式。"他(斯诺登)的行为让我们所有人缺少了安全。毫无疑问,因为他的不负责任,一些本不该死的人会死去。"2013年5月,一家安全智囊机构发布的报告披露,斯诺登事件后,制造恐怖活动嫌疑人用人工通信代替了电子邮件和电话进行联系。"基地"组织武装分子也改变了通信手段以避免监控,还制作了一段视频通知其他极端分子注意。此外,间谍工作也受到影响,英国政府通信总部丢失了英国某些最危险的罪犯的线索,当局不得不停止对毒贩团伙、恋童癖者、人口走私贩和洗钱者的监控。①

---

① 斯诺登所泄露文件部分为恐怖分子利用[N]. 中国青年报,2015-04-08(5).

2. 网络恐怖主义攻击目标分散化

随着物联网的发展,恐怖分子更容易找到系统的"脆弱环节"发起攻击。而且,网络的各个节点都可能成为网络恐怖分子攻击的目标,因而也造成了可以攻击的目标分散化,因为这时的网络恐怖主义攻击,不是针对某一点,或者某一个部位,或者某一个国家,而是可以攻击全世界的网络。

关键信息基础设施已经成为网络恐怖分子的重要目标。首先,大量的监控和数据系统以及其他形式的网络计算机系统在数年前就开始被用来控制电网、天然气和石油运输管道、水处理和分配系统、水电和洪水控制大坝、石油和化学炼油厂以及其他有形的基础设施,给网络恐怖主义攻击提供了可能;其次,针对网络系统的攻击效果比任何传统的恐怖活动和战争方式的破坏力更大,造成危害的速度更快、范围更广,而攻击者本身的风险却很小。这些分散于各个领域的基础设施,在成为网络恐怖主义攻击目标的同时,也为防范网络恐怖主义工作带来了一定困难。

3. 网络恐怖主义攻击目标随机化

网络恐怖主义主体在选择恐怖袭击目标的时候,带有诸多不确定性,而对于防范网络恐怖主义的各项工作而言,网络恐怖主义主体选择恐怖袭击目标的随机性,也加大了防范的难度。

网络的多种接入方式为恐怖分子隐藏提供了便利条件,他们可以在任何一个提供互联网接入服务的地方,甚至可以利用移动电话的移动电话网络应用协议(wireless application protocol,WAP)技术,在不断移动的交通工具,如汽车、轮船、飞机等对万里之外的目标发动攻击。因此,网络恐怖主义活动具有不可控制的特点,它不像传统的暴力恐怖活动那样具有明显的特征,甚至在获取一些线索后,可以在没有发动网络攻击前被发现、制止。

开放的网络为网络恐怖组织提供了丰富的资源,因此,网络恐怖分子既能获取有关国家的政治、经济和军事信息,又能掌握多种武器的制造技术和黑客技术等。网络恐怖分子不需要公开活动,而是利用电话线路、非对称数字用户环线(asymmetrical digital subscriber loop,ADSL)、综合服务数字网(integrated services digital network,ISDN)、WAP 等方式接入网络进行攻击。而且,这种攻击更具不确定性,网络恐怖主义主体在选择攻击目标时,就有更多的可能。[1] 再加上现实世界对信息网络的依赖性,以及信息网络本身的脆弱性,网络恐怖攻击防不胜防,可能造成的破坏更大。

---

[1] 陈钟. 论网络恐怖主义对国家安全的危害及其对策[J]. 江南社会学院学报,2004(3):18-21.

二、网络恐怖主义攻击手段特征

网络恐怖主义攻击手段多样、形式复杂,在互联网技术推陈出新的同时,网络恐怖主义的攻击手段也不断翻新。有文章总结,网络恐怖分子实施网络恐怖攻击通常采用以下手段:第一,毁坏网络空间的物质部件。利用专门的软件程序破坏计算机硬件,使系统丧失信息处理及控制功能,以此摧毁工作系统,如供电网、交通网、金融网等。第二,植入病毒和嵌入程序,使计算机网络系统不能正常工作。第三,瘫痪网站,阻断信息交流的平台。第四,篡改、复制或销毁数据。侵入计算机系统,窥视机密信息,篡改、复制或销毁重要信息资源,特别是那些具有重要社会意义的信息、程序和技术资源。第五,对网络系统和管理系统中的软件和信息施加影响,以期将其歪曲或改变其原有性质。第六,发布恐吓信息。例如,宣称要摧毁经济目标并会造成严重后果,制造社会恐慌。第七,摧毁或压制通信线路,发出错误邮件,人为地使通信枢纽超载。第八,占用大众媒体,传播虚假信息和谣言。此外,网络恐怖主义攻击的手段也呈现出以下特征。

1. 网络恐怖主义攻击手段的高科技化

与传统恐怖组织使用如刀具、小型自动步枪或塑料炸药等工具不同,网络恐怖分子不仅拥有移动电话和无线电设备,还有加密传真机、高性能解码器、大型电脑主机等高科技设备。网络恐怖主义主体充分利用网络发动的恐怖攻击,本身就是高科技手段的恐怖主义活动,而且,受过良好教育的网络恐怖分子都掌握信息技术等与信息化发展相关的技术。

网络恐怖分子不仅将信息技术用作网络攻击和破坏行动的武器,还利用信息技术协调和支持自己的行动。网络恐怖组织越来越多地通过网络传播恐怖活动信息,利用"黑客"闯入储存绝密信息的网址进行破坏活动。同时,网络恐怖分子抓住现代信息传播快速性、广泛性、渗透性的特点,利用现代媒体,散布恐怖信息,制造恐怖氛围,进行恐吓和威胁。

网络恐怖分子利用网络可以随时随地发起秘密的、范围广泛的攻击,在很短的时间内攻击对方的服务器或客户端,或以极其便利和迅捷的方式传播大量恐怖信息,意图引起社会恐惧。高科技化是网络恐怖主义攻击手段最基本的特性,并由此可以衍生出网络恐怖主义的隐蔽性、成本低廉性、迅捷性等特性。

2. 网络恐怖主义攻击手段的智能化

随着网络恐怖分子更多地采用高新科技手段为其恐怖攻击服务,网络恐怖主义攻击技术呈现出高智能化的特征,智能化与良好的技术支持成为实施网络恐怖主义活动的保障。

网络恐怖主义通过信息和通信技术较容易对虚拟社会中的无辜受害者(国家、组织或个人)进行匿名、低成本、高效率的恐怖袭击。因此,信息与通信技术(ICT)已成为网络恐怖分子最感兴趣的技术亮点、主要目标和进攻武器。网络恐怖主义主体实施网络攻击的手段由过去的以硬件为主,转向以软件为主,不断翻新。

从1995年发生在美国俄克拉荷马城的爆炸案,到2001年纽约、华盛顿的恐怖袭击,恐怖主义行动的规模屡屡升级,使用的作案工具或器材更为尖端、先进。同时,网络恐怖分子还可能发动以高科技系统及设施为目标的恐怖袭击。

3. 网络恐怖主义攻击手段的复合化

传统的恐怖袭击手段,包括绑架与挟持人质、爆炸或纵火、暗杀、劫持飞机、恐吓或讹诈等,已经成为配合网络恐怖攻击达到预定目标的手段。无论是对网络恐怖分子还是对传统恐怖分子来说,并不是所有的手段都适用,很多因素制约着恐怖袭击的实施。这些因素可以包括环境因素,如地理、气候、季节、政治、经济、安全、人口等自然环境和人文环境方面的因素,在这些环境因素中人文环境因素对恐怖分子行为和手段起的作用较大;恐怖分子的人力状况,不仅包括恐怖分子人数的多少,而且还包括恐怖分子的技能状况,当人数有限的时候,实施劫机的可能性就比较小,对恐怖手段选择产生更大影响的是恐怖分子的技能状况、恐怖组织的财力状况和武器的可获得性等。[①]

三、网络恐怖主义攻击后果特征

美国反恐专家科林指出,网络恐怖活动是不同寻常的破坏力增强器。如果网络恐怖分子对互联网进行攻击,将造成全世界的灾难,影响到网络的每一个角落。实施网络恐怖主义攻击后果,可能呈现出以下特征。

1. 物理设施的高破损性

网络恐怖主义的攻击行为造成物理设施的破坏和经济损失,成为网络时代不可回避的问题。网络安全技术不断发展,网络攻击技术也随之发展,网络攻击在距离、速度上已突破传统的限制,并拥有多维、多点、多次实施隐蔽打击的能力,这种情况决定网络漏洞总是存在,因而总是存在网络被破坏的可能。

---

① 杨隽,梅建明. 恐怖主义概论[M]. 北京:法律出版社,2013:84-88.

实施网络恐怖攻击的后果是摧毁社会赖以运行的信息和控制机制。美国前国防部长帕内塔曾警告说:"网络攻击可破坏载客火车运行、污染供水或关闭全美大部分的电力供应,造成大量实体破坏与人命伤亡,使日常运作陷入瘫痪。"因此,网络恐怖主义利用网络攻击实现恐怖活动的危害程度更严重。

从理论上说,网络恐怖主义主体实施的网络攻击,其破坏性主要取决于两个因素:其一是现实世界对信息网络的依赖程度,现实世界对信息网络的依赖性越大,至少从理论上说,网络恐怖主义可能造成的破坏性就越大;其二是信息网络自身的脆弱性,信息网络本身越脆弱,网络恐怖主义可能造成的破坏性就越大。

2. 心理感知的高恐慌性

网络恐怖主义的恐怖性不仅仅表现在恐怖分子所实施的攻击行为或者传播的信息是恐怖信息,而且表现在恐怖分子直接毁损人们日益依赖的网络系统,使人们从心理上对信息社会产生不信任感,也加剧了恐怖效应。因此,网络恐怖主义可能影响更多人,一方面,影响潜在接受恐怖思想的人,扩大其队伍;另一方面,对更多普通人产生心理压力。

在日本悬疑小说《午夜凶铃》中,"贞子录影带"其实是"电脑病毒"的代名词,"贞子"是人们对网络空间集体恐惧的投射意象。有评论称,之所以有为数不少的人对电脑网络产生无以名状的恐惧,是因为电子资讯与档案科技的高速发展,个体的社会位置、角色以至其存在本身,已越来越依仗一个接一个的档案来界定,如健康状态档案、职业状态档案等,而非其肉身的有机存在。换言之,个体的"资讯身体"(data body)渐渐取代了其"有机肉身"(organic body)的原有重要性。网络空间不但是一个流动与储存了大量资讯的空间,也是资讯与档案时刻都有机会被不知何方神圣的力量大量篡改、删除的无人地带。于是,"死亡"不再意味着肉身的消亡,而是一堆用来界定一个个体存在与否的档案的彻底删除。[①]

网络恐怖主义活动造成的灾难远非夺命伤财,更重要的是由于制造事端"骇人听闻",给一些国家和人民带来挥之不去的巨大精神和心理恐惧,直接引发金融动荡、社会混乱,进而对国家政局稳定、经济发展等造成巨大的负面影响,并进一步恶化地区乃至世界环境。例如,中东地区的恐怖活动,不仅会直接引发石油危机,甚至引发政治危机直至战争爆发。

3. 社会氛围的高恐惧性

由于网络的关联性,网络恐怖主义活动会在很大范围内引起连锁反应,加剧了

---

① 符号打冷[N]. 星岛日报,2000-04-20.

社会危机。通常情况下,网络恐怖主义的目标被认为是利用暴力或者暴力威胁直接伤害攻击目标,而且还意图恐吓其他人。人们了解得越多,产生的恐惧就越大,传播的范围就越广。

从金融、交通、通信、电力、能源等国家重要基础设施,到卫星、飞机、航母等关键军用设施,以及与人民群众生活密切相关的教育、商业、文化、卫生等公共设施,都越来越多地依赖网络系统。互联网、计算机网络作为国内、国际及社会各方面的生活纽带和桥梁,自然成为恐怖分子攻击的主要目标。在这种情况下,任何一个依赖互联网运行的系统遭到网络恐怖主义攻击而瘫痪,其结果显然都是不堪设想的。

"伊斯兰国"等组织通过斩首的方式制造恐怖情绪,以此警告并报复美国在伊拉克开始的空袭行动。2014年11月16日,"伊斯兰国"在互联网发布视频,宣称又斩首一名美国人质彼得·爱德华·卡西格,这是该组织宣布斩首的第三名美国人质。此前,"伊斯兰国"先后发布视频,以砍头方式杀害两名美国记者詹姆斯·福莱、史蒂芬·索特洛夫以及两名英国援助人员。联合国安理会11月18日发表声明,强烈谴责极端组织"伊斯兰国"杀害美国人质和至少15名叙利亚士兵,要求该组织无条件安全释放所有其他扣押人质。

4. 网络传播的高扩散性

网络恐怖活动影响的覆盖面及造成的危害程度都比传统的恐怖活动更大。无论是网络上的暴恐音视频等信息,还是网络攻击工具,都可以任意复制,更容易扩散。特别是一些恐怖袭击发生的过程被媒体直播,则会引发巨大的社会反响,甚至对无辜受害者造成挥之不去的影响。2019年3月15日,据新西兰网络上流传的一段视频显示,清真寺枪击案的枪手在枪击案发生前上传的视频里称,"让我们开始派对吧"(let's get this party started)。随后,便持枪走进清真寺。这起在网络直播且被确定为"有组织有预谋的恐怖袭击",暴露出很多值得思考的深层问题,包括枪支管制问题、白人至上主义等极端思想通过社交媒体传播等。

网络恐怖分子还借网络的放大效应宣传恐怖主义,通过网络向每一个网络用户传播恐怖信息,突破了传统恐怖主义传播的局限性,真正将恐怖渗透到人群中,制造社会恐慌。发动网络恐怖主义攻击的主体只要向一个计算机系统发送具有网络武器效力的电子邮件,就足以造成网络系统崩溃。更为严重的是,恐怖分子能够凭借网络及卫星通信引爆放在他国的爆炸物,而且类似"震网"等网络武器的扩散速度更快。

美国国际安全负责人特里·霍金斯说过,恐怖分子可以利用网络渗透到铁路转换系统,扰乱和破坏铁路运输,还可以利用网络将飞机引上相撞的航线,甚至使导弹改变目标,通信系统被摧毁,等等。尽管一些国家正在研究保护办法和措施,但是,网络恐怖活动威胁的现实,无不令人忧心忡忡。据美国一位计算机安全专家说,全美有75%～85%的网站都抵挡不住黑客的攻击。在美国,还有人扬言说:用10亿美元和20名"黑客"就可以把美国结束。这些都绝对不是耸人听闻,网络恐怖分子藏在暗处,防不胜防。通过一触即发的网络攻击,就可以使整个网络空间丧失安全感。[①]

第四节　网络恐怖主义的哲学特征

规律是事物内部的本质联系和发展的必然趋势。任何事物都有它自身的客观发展规律。网络恐怖主义既是准军事行动,也是具有政治目的的犯罪活动,是一种特殊的社会现象。因此,它同其他任何事物一样有其内在的基本规律。总结其规律,才能更好地理解和认识网络恐怖主义,更好地防范网络恐怖主义。

从哲学角度考量网络恐怖主义的发展历程,就是将网络恐怖主义的历史发展与现实状况进行梳理,分析其相关联的内涵线索,观照历史逻辑与现实逻辑的统一;将网络恐怖主义发展作为个案与全球历史发展进程作比较,寻求"一般到特殊与特殊到一般"的规律;将网络恐怖主义的产生、现状与发展置于宏观大背景下考量,运用历史唯物主义逻辑辩证法进行"归纳与演绎",探寻其相关哲学意义和哲学规律。

一、网络恐怖主义的存在是历史和现实逻辑的统一

历史逻辑与现实逻辑的统一,是指思维的逻辑应概括地反映历史发展过程与现实发展状况的内在必然性,探索从一个规范体系到另一个规范体系的变化。历史逻辑与现实逻辑的统一包括:逻辑进程与客观现实的历史发展进程相一致和逻辑进程与关于对象认识发展的历史进程相一致。恩格斯说:"历史从哪里开始,思想进程也应当从哪里开始,而思想进程的进一步发展不过是历史过程在抽象的、理

[①] 郝文江.网络恐怖主义分析与对策研究[J].云南警官学院学报,2009(3):8-11.

论上前后一贯的形式上的反映。"然而,实现历史逻辑与现实逻辑统一的基础是实践。历史逻辑与现实逻辑的统一,是在总的发展趋势上的统一,这种统一包含着差别。因为,历史发展常常包含着无数的细节和偶然因素,甚至通过迂回曲折的道路表现其规律;思维的逻辑则是对历史的总结和概括,它撇开历史发展的各种细节和偶然因素,以"纯粹"的理论形态把握历史发展的规律,它是"经过修正"的历史。

1. 逻辑进程与客观现实的历史发展进程相一致

客观现实的历史发展过程,包括自然界的历史和人类社会的历史与现实在思维中概括的反映。网络恐怖主义的发展进程,是社会历史发展进程中的一部分,也是人类社会历史进程中不能抹去的印记,在这个进程中的重要事件、重要人物、成功与失败的转折点等一切与此进程相关的人和事,都是人类社会发展史的客观现实。对网络恐怖主义历史的研究,对其发展现状的梳理,以及对其未来发展趋势的前瞻性研究,是在观照其在网络化和信息化的发展进程和现阶段呈现的特征的阐述,是观照历史的现实思维映照的逻辑进程体现,是其历史发展进程与逻辑进程相一致的体现。

2. 逻辑进程与关于对象认识发展的历史进程相一致

人类认识客观现实的历史,是包括科学史、哲学史、思维史等与现实的辩证逻辑统一。研究网络恐怖主义在数字化时代的发展,是以研究者为代表的现实世界的人们认识此进程的历史和此进程所表现出的特征、趋势、意义等客观现实的辩证的逻辑的统一。网络恐怖主义的发展进程从互联网的兴起开始,对此历史进程的研究也就从那里开始,研究者对研究对象的认识也是如此。研究的过程、结果是对这段历史发展进程的认识的理论提升,也是人类思想进程的进一步发展,是对历史过程在抽象的理论上从历史到现实的前后一贯性在语言表述形式和认识论形式上的反映。

二、网络恐怖主义是社会存在和社会意识的辩证统一

社会存在指社会的物质生活过程,其核心是物质资料的生产方式。社会意识指社会的精神生活过程,广义指社会的一切意识要素和观念形态,包括社会心理和社会意识形态;狭义则专指关于社会关系的意识,即意识形态。社会存在与社会意识何者为第一性的问题,是划分历史唯物主义和历史唯心主义的根本界限。历史唯物主义认为,社会存在是第一性的,决定社会意识,而社会意识反映社会存在并对社会存在起促进或阻碍的作用。

1. 社会存在决定社会意识

社会存在决定社会意识,社会意识是社会存在的反映。社会存在的性质决定社会意识的性质,社会存在的变化决定社会意识的变化。当前,国际政治格局变动的社会存在是引发宗教极端主义的重要根源。首先,国际格局的剧变会使原先潜伏在黑暗中的民族矛盾和宗教矛盾浮出水面,给宗教极端主义者制造动乱提供契机。在冷战时期,美苏两个超级大国在国际社会形成了两大势力对峙且又相对平衡的状态,掩盖了在这一国际形态下各民族间以及各宗教之间的矛盾。随着东欧剧变、苏联解体,两极格局瓦解,国际上原先的相对平衡状态被打破,各种民族矛盾、宗教矛盾凸显,并日益加剧。在民族主义浪潮推动下,传统的宗教情感成功地使民族主义发展到政治斗争的最前沿,从而产生宗教极端主义。其次,剧变给人们造成前所未有的心理冲击,在人们的思想和精神受到严重影响之际,宗教就会乘虚而入,成为许多人的心灵寄托,加上一些极端组织采取资金援助的方式,增加了人们的宗教归属感。从当前世界政治经济影响看,国家或地区政府的腐败以及国家政治权威的丧失等情况,也会成为宗教极端主义的发展依据和借口。

2. 社会意识对社会存在具有能动的反作用

不同的社会意识对社会存在起着不同的作用。先进的、革命的、科学的社会意识对社会的发展产生巨大的促进作用;反之,落后的、反动的、非科学的社会意识对社会存在的发展起着重大的阻碍作用。狭隘民族主义和宗教极端主义是落后的、反动的、非科学的,恐怖主义常与民族主义、宗教极端主义合谋。根据我国学者的研究,当前世界主要的恐怖组织大多都与极端宗教主义和狭隘民族主义有关。在各种由宗教极端分子发动的恐怖袭击中,包括基督教激进主义、犹太教激进主义、印度教激进主义和伊斯兰教激进主义。民族认同本身有其先天的缺陷,因为民族永远是有限的,不会是普世的。马克思主义认为,民族主义是放大了的利己主义。宗教极端主义与狭隘民族主义结合,将为恐怖主义这种非理性、反人类的行为披上神圣的外衣。[1]

3. 社会意识具有相对的独立性

社会存在的变化最终会引起社会意识的变化,但是社会意识的变化与社会存在的变化并非一定同步进行,意识在思维层面也有自己的发展规律,思维的深度和广度可以与现实社会存在相对分离,因此,社会意识有时候会滞后于社会存在的变化,有时候也会超前对未来的社会形式进行思考和规划。网络恐怖主义的存在,如

---

[1] 宗教极端主义是恐怖主义的思想基础[N]. 中国民族报,2010-07-13.

果脱离了信息技术的发展,那么就有可能被武装到牙齿的防范恐怖主义的力量所打败。反之,如果网络恐怖主义的发展超前于社会的现状,甚至在网络武器的使用和信息技术的应用方面超过其他社会力量,那么,就会倒逼防范网络恐怖主义力量的发展。因此,不论网络恐怖主义滞后于社会存在的变化,还是超前于社会形式进行思考和规划,都必须引起整个社会的高度重视。

三、网络恐怖主义的产生是内因与外因的共同作用

内因与外因,是表明事物运动发展的动力同条件之间关系的哲学范畴。内因是指事物发展变化的内在原因,即内部根据;外因是指事物发展变化的外部原因,即外部条件。事物的运动和变化,是由它本身固有的内部矛盾引起的,又与它所处的外部环境相关联,是唯物辩证法关于事物发展原因和动力来源的范畴。内因和外因在事物发展过程中的地位和作用是不同的。

1. 内因是事物变化发展的根据

内因是事物发展的源泉,是事物发展的根据,是事物发展的根本原因,决定着事物的性质和发展方向。虽然内因是事物发展的根本原因,但却不是唯一的原因;内因是事物发展的根本动力,但却不是唯一的动力。

从网络恐怖主义主体的情况看,网络恐怖主义主体的心理因素是其参与和进行恐怖主义行为的内因,表现在:第一,网络恐怖分子区别于常人的心理特征是网络恐怖主义产生的内因之一。早期的心理学家试图从精神病理学的角度探讨个体的暴力及反社会行为,将其行为看成是病理性的,是缺陷基因或先天人格缺陷造成的。第二次世界大战以后,很多心理学家提出了"权威人格综合征"这个概念,试图解释纳粹德国和希特勒的种族大屠杀行为。但是,这种研究倾向遭到现代很多心理学家的反对,因为恐怖主义主体并不单纯地宣泄暴力,恐怖行为仅仅是一种工具或手段,恐怖分子的攻击目标具有定向指征。恐怖分子不是变态人格者,即他们在人格上与普通人并没有太大的区别,但是,恐怖分子的人格构成还具有一些共性。有学者总结出恐怖分子的共同特质:有较高的智能、压抑感、冒险敢为和狂热性。第二,网络恐怖分子区别于常人的另一个心理特质是"压力寻求"。恐怖主义不同于其他反社会行为的地方不仅在于其暴力性,也在于它能够制造压力的特点。恐怖主义之所以对有些人有吸引力,部分原因在于它能够带来生理上的危险性。恐怖分子更喜欢能够促进情绪紧张和机体激活的行为。压力寻求者会迫使自己完成越来越难的行动。压力寻求者分为两种类型:一种是个人主义的压力寻求者,这种

人的注意力在于自我陶醉的时刻。恐怖组织的领导者一般情况下是属于这种类型的压力寻求者。另一种是团体压力寻求者，这种人希望在团体中抛弃自我。这种类型的压力寻求者认同团体，把自己完全融于集体人格之中。恐怖组织中的一般成员基本上是这种类型的压力寻求者。[①]

总的来说，恐怖分子的行为动机十分复杂，在不同类型的组织之间，甚至组织内部也是不一样的，而且在时间上也是变化的。但是，有学者认为，在恐怖分子中，至少存在以下四种类型的动机：获得行动机会、归属需要、对社会地位的期望和物质奖励的获得。因此，在理解恐怖分子的行为动机时，不可忽视以下三个方面的问题：第一，不公平感。不公平感被认为是理解恐怖主义暴力的中心因素。美国社会学和心理学家罗斯（Ross）认为，委屈感是恐怖主义最重要的原因，而冤屈可能来自经济、宗教、种族、法律、政治、信仰或社会等方面。第二，身份认同。根据英国学者布卢姆的观点，为求取得心理上的安全感，每个个体都有一股内在的冲动去"内在化"。所以，很多学者认为，恐怖组织的成员身份为恐怖分子提供了身份的意义。第三，归属需要。对于潜在的恐怖力量而言，其加入恐怖组织的心理动机是巨大的归属需要。很多变成积极恐怖分子的个体，最初吸引他们的通常是团队而不是意识形态或暴力。正是团体的社会心理效应，使正常的人变得疯狂、残忍。社会心理学家曾提出两个著名的理论，解释恐怖组织如何使人们破除禁忌，走向恐怖暴力之路：一个是去个性化理论，另一个是道德脱离理论。这两个理论可以解释网络恐怖主义主体的群体性特征，也可以解释网络恐怖主义主体发展的内部原因。

2. 外因是事物变化发展的条件

外因对于事物变化发展，能够起加速或延缓的作用。外因是事物发展的必要条件，任何事物的发展，仅有内因是不够的。外因在事物的发展过程中，不仅是不能缺少的，有时甚至发挥重大作用。外因的作用再大，也是第二位的原因，决不能撇开内因独立发挥作用。

在分析网络恐怖主义形成的原因时，关于社会环境方面，包括以下内容：不合理的国际政治经济秩序的存在、世界政治格局复杂矛盾不断激化、霸权主义与强权政治滋生国际恐怖主义、宗教冲突与民族矛盾以及南北经济矛盾与国际社会经济发展极不均衡等。从政治、经济、文化、科技、军事等社会环境分析网络恐怖主义的形成原因，是从宏观环境的大背景下进行分析，也就是 PEST 模型分析，这是分析

---

① 恐怖主义的心理根源[N]. 北京日报，2015-05-25.

网络恐怖主义形成的外部原因的方法。无论是从成因、表现,还是未来的发展趋势看,网络恐怖主义发展都和网络发展有着密切的关联。网络具有无国界、开放性的特点,使网络恐怖主义活动更为灵活、分散;网络恐怖主义打破了地域限制,只要有互联网存在的地方,网络恐怖主义就可能存在。同时,由于网络的匿名性等特征,借助网络技术,恐怖组织的活动成本越来越低。特别是随着移动互联网的发展,网络恐怖分子仅靠几部智能手机就能保证联络所需。从时间上看,网络恐怖主义活动在一天24小时均可能发生。从空间上看,网络恐怖组织和个人可以在任何有网络的地方发动网络攻击。这些都是网络恐怖主义之所以存在的原因,而且网络系统在国家重要部门和社会各领域使用的广泛性与威胁国家安全因素的多样性,客观上造成防范网络恐怖主义预警困难。

3. 事物的发展是内因和外因共同起作用的结果

内因是事物变化发展的根据,外因是事物变化发展的条件,外因通过内因起作用。各种对网络恐怖主义形成的内因和外因的分析,说明网络恐怖主义的发展是内因和外因共同作用的结果,而不是其中某一个原因的结果。在基于PEST分析的宏观背景大环境下,各种政治、经济、文化、科技等原因交叉作用,加上网络恐怖分子无论是作为个体还是作为团体的内因,共同作用的结果是催生了网络恐怖主义,并推动着网络恐怖主义的发展。

四、网络恐怖主义的发展是由量变到质变的过程

质量互变规律是唯物辩证法的基本规律之一,它揭示了事物发展量变和质变的两种状态,以及由于事物内部矛盾所决定的由量变到质变,再到新的量变的发展过程。这一规律,提供了事物发展是质变和量变的统一、连续性和阶段性的统一的观察事物的原则和方法。

1. 任何事物的发展都必须首先从量变开始

没有一定程度的量的积累,就不可能有事物性质的变化,就不可能实现事物的飞跃和发展。网络技术和信息技术的发展,成为促进网络恐怖主义发展的重要推动力。可以说,网络恐怖主义发展的各个历史阶段所表现出来的特征,与网络技术和信息技术的发展有紧密的关联。而且,网络恐怖主义的发展与网络媒介的发展有直接的关联,特别是新媒体技术和社交媒体的应用等,对网络恐怖主义的传播起到了相当大的作用。网络恐怖分子利用网络宣传恐怖主义知识,传播极端思想,已经成为网络恐怖主义行为的"常态"。网络恐怖主义思想、极端主义思想、宗教主义

思想的长期宣传,对一些潜在受众的影响逐渐强化,促使一些人逐渐开始接受、认可网络恐怖主义的理念、思想等,甚至有人经不住诱惑而投入恐怖主义阵营,这就是由量变引起质变的过程。网络恐怖分子不断在网络空间发布恐怖信息,逐渐影响社会甚至各种力量博弈,最终量变引起质变,让公众对恐怖内容心生恐惧,在不知不觉中引发公众的恐慌心理,从而达到控制公众的目的,以便于在恐怖分子需要的时刻,引导公众自愿地根据恐怖意图行动。例如,通过网络传播暴力血腥的恐怖信息,制作充满恐怖主义气息的恐怖"戏剧",最终目的是震慑目标人群和政府,引发目标人群及政府的恐慌情绪。

2. 事物的发展最终要通过质变来实现

没有质变就没有发展。所以,在量变已经达到一定程度,发生质变,改变事物原有的性质后,才能向前发展。由于量变只有在一定的范围和限度之内,事物才能保持其原有的性质,所以,当需要保持事物性质的稳定时,就必须把量变控制在一定的限度之内。在网络恐怖主义发展到一定阶段之后,利用网络为工具发动恐怖主义袭击,或者以网络为对象发动攻击,都可能随时发生。2009年,美欧多次破获类似案例,如纽约公交系统险受炸弹袭击案件等,这些案件虽然找不到"基地"组织策划的直接证据,但是恐怖嫌疑犯无疑受到"圣战"蛊惑宣传,一些嫌犯还有曾到巴阿恐怖策源地受训的前科。"基地"组织还能够"与时俱进",运用网络工具武装自己,实现技术上和宣传手段上的发展,以顺应网络化时代的变革。

3. 质变是量变的必然结果是不以人的意志为转移的规律

网络恐怖主义的产生和发展是众多社会矛盾碰撞、激化的结果,是社会矛盾积累到一定程度产生质变之后的爆发。网络恐怖主义恐怖分子一次又一次进行网络恐怖活动,积少成多,给社会带来的各种损失是巨大的。因为网络的开放性、隐蔽性等特征,网络恐怖组织在发动恐怖袭击之前,很难被发现,但是,一旦恐怖袭击发生,其带来的经济损失等则不可估量。据印度计算机紧急小组统计,在2011年到2013年期间,全球有308 371家网站被黑客攻击过。美国《基督教科学箴言报》2014年6月9日报道,一项调查显示,因受网络黑客攻击,全球每年损失4 000多亿美元,仅美国的损失就超过1 000亿美元。调查还显示,网络经济每年可以收益2万亿美元到3万亿美元,是全球经济增长最快的领域。然而,网络犯罪导致15%至20%的收益损失。①

---

① 朱宏胜. 浅析网络恐怖主义[J]. 蚌埠学院学报,2015(1):167-170.

五、网络恐怖主义不是阻碍世界发展的主要矛盾

唯物辩证法认为,在事物或过程的多种矛盾中,各种矛盾的地位和作用是不平衡的。在事物发展的任何阶段,必有而且只有一种矛盾居于支配的地位,起着规定或影响其他矛盾的作用。这种矛盾就是主要矛盾,其他矛盾则是非主要矛盾。这是表征诸种矛盾在矛盾体系中不同地位和作用的哲学范畴。

1. 主要矛盾在不同事物中和事物发展的不同阶段情况复杂

在有些事物中,主要矛盾与基本矛盾是统一的,贯穿于事物发展全过程的始终。在有些事物中,主要矛盾与基本矛盾不完全统一,它可能是基本矛盾中的一个矛盾,也可能是基本矛盾中某几个矛盾的综合,也可能是非基本矛盾。在这种情况下,主要矛盾在事物发展的全过程中将随着矛盾运动的发展而变化,尽管事物的基本矛盾尚未解决,事物的根本性质没有改变,但是由于事物的矛盾体系中各种矛盾的力量消长变化,有些矛盾激化了,有些矛盾缓和了,有些矛盾解决了,又有些新的矛盾发生了,原来的主要矛盾下降为非主要矛盾,非主要矛盾上升为主要矛盾,从而使事物的发展过程呈现出阶段性和复杂性。

影响社会发展的因素多种多样,网络对社会方方面面的浸入越来越深,网络恐怖主义对社会的危害也越来越大。网络恐怖主义已成为信息时代恐怖主义发展的新问题,成为非传统安全威胁挑战国家安全的新的全球性问题,是恐怖主义向信息技术领域扩张的特殊产物。任何一个依赖互联网运行的系统遭到网络恐怖活动的袭击而导致瘫痪,其后果都不堪设想。因此,网络恐怖主义已经成为各国必须面对的一个重要矛盾,而且,在不同国家的不同阶段,表现出不同的复杂情况。在有些国家,网络恐怖主义是国家诸多矛盾中的一个矛盾,也可能是某些矛盾的综合表现,还可能是非基本矛盾。随着影响网络恐怖主义各种因素和各种矛盾力量的消长变化,有些矛盾或缓和或解决,或伴随新的矛盾,网络恐怖主义呈现出阶段性的特征。

2. 次要矛盾是处于从属地位、对事物发展不起决定作用的矛盾

在事物矛盾体系中,非主要矛盾虽然受主要矛盾的支配和规定,但是它并不是消极被动的因素,它可以影响和制约主要矛盾。

在全球化进程中,发展与和平是世界的主题,是主要矛盾,而网络恐怖主义虽然有巨大的破坏作用,却不是世界发展的主题,不是影响世界发展的主要矛盾。在全球化发展进程中,虽然网络恐怖主义的发展不是主要矛盾,而是从属于主要矛盾

并受到主要矛盾的影响,但是,它并不是消极被动的,仍然会随着其发展,对世界的发展起到影响和制约作用,影响世界的和平与发展进程。

3. 主要矛盾和次要矛盾相互依存并在一定条件下相互转化

主要矛盾和次要矛盾的地位不是一成不变的,在一定条件下可以相互转化,即主要矛盾在一定条件下转化为次要矛盾,次要矛盾在一定条件下上升为主要矛盾。

网络恐怖主义的发展与世界和平发展的主题,都是现存的矛盾。世界和平发展与网络恐怖主义的发展互为存在条件,和平与发展之所以是世界发展的主题,是相对于次要矛盾而言的,没有次要矛盾,也就无所谓主要矛盾。而且,主要矛盾和次要矛盾是相互影响的。主要矛盾的解决规定着次要矛盾的解决,主要矛盾解决得好,次要矛盾就容易解决。反之,次要矛盾的解决又影响着主要矛盾的解决,次要矛盾解决得好,又有利于主要矛盾的解决。如果世界的和平发展进程顺利发展的话,网络恐怖主义这个次要矛盾,才有更多得到解决的机会,反之,如果网络恐怖主义这个次要矛盾发展脱离了控制,则会影响主要矛盾的发展。

4. 主要矛盾和非主要矛盾相互关系的原理具有重大方法论意义

人们在观察和处理任何事物或过程的诸种矛盾时,必须善于以主要精力从多种矛盾中找出和抓住主要矛盾,提出主要任务,从而掌握工作的中心环节;当矛盾的主次地位发生变化,事物的发展进入新阶段时,要善于找出新的主要矛盾,及时转移工作重点;还要把事物或过程的主要矛盾和非主要矛盾作为一个有机体系予以统筹兼顾,发挥它们之间相互促进、相互制约的作用,以推动事物的发展。需要特别指出的是,网络恐怖主义这一非主要矛盾本身也有主要方面和次要方面,因此,打击网络恐怖主义就要抓住网络恐怖主义的主要方面,打击其重点,同时也要兼顾次要方面。想要遏制网络恐怖主义的发展,除了创建公正、公平、和谐的国际政治、经济、文化、宗教、民族新秩序,消除网络恐怖主义产生的根源外,更要标本兼治,消除法律体系不完善、互联网防控技术薄弱、传播信息监控不力、国际合作领域缺乏相应的制度机制和合作规范等,防止网络恐怖主义迅速蔓延给社会造成严重危害。

六、网络恐怖主义有其个性也有其他恐怖主义的共性

个性和共性,或说个别和一般、特殊和普遍,往往被认为是整体和部分这对范畴的深化。唯物辩证法认为,个性和共性是辩证统一的关系,是关于矛盾问题的精髓,是理解对立统一规律诸问题的钥匙。共性指不同事物的普遍性质;个性指一事物区别于他事物的特殊性质。共性和个性是一切事物固有的本性,每一事物既有

共性又有个性。共性决定事物的基本性质;个性揭示事物之间的差异性。网络恐怖主义与传统恐怖主义相比,既有共性,也有其独特的个性。

1. 个性和共性是对立的

个性,即个别的属性(不仅有它所独具的属性,也有它与同类个体所共有的属性)。共性,是一类事物共同的属性,由部分个性组成。网络恐怖主义与其他恐怖主义形式一样,其本质都是恐怖主义,本质上都是企图通过制造能引起社会足够关注的影响实现其政治或宗教目的;都会对社会造成重大损失,并让人们形成恐慌心理;其产生的根源都由政治、经济、文化等方面的不平等造成;都违背人道主义精神。这些是网络恐怖主义与其他恐怖主义的共性,是网络恐怖主义之所以属于恐怖主义范畴的原因。而且,这些共性对人们认识网络恐怖主义的特征有着借鉴意义。同时,由于网络恐怖主义的网络属性,又有与其他恐怖主义相区别的个性存在。

2. 个性和共性是统一的

其一,个性和共性互相包含,个性包含共性(当然还包含其特性),共性也包含个性(更确切地说,包含部分个性),不能设想有任何两个事物是绝对不同的或者是绝对相同的。其二,个性和共性(特殊性与普遍性)可以相互转化。例如,个性相对于更低层次的个体来说可以成为共性,共性相对于更高层次的共性来说也可以成为个性。又如,在同一关系中,个性的交集可以成为共性。网络恐怖主义与传统恐怖主义、网络战、网络间谍、网络黑客等有相似的特征,包括在攻击手段和理念思想方面,有类似的特征。这些特征与恐怖主义的特征既相似又相互区别,既相互包含又可能在某些情况下相互转化。

3. 个性和共性的辩证范畴对人们的认识与实践有很大意义

人们通过对个别东西的认识,从而归纳概括出对共性(普遍性)的认识,而只有共性认识才能大规模地指导实践。因此,对网络恐怖主义的认识,既要看到其与其他恐怖主义的共性,也要了解其与其他恐怖主义相区别的个性,才能够全面地认识网络恐怖主义的本质,才能够指导打击与防范网络恐怖主义的实践。

七、用联系和发展的观点看网络恐怖主义的未来趋势

唯物辩证法的总特征即是联系的观点和发展的观点。

1. 用联系的观点看网络恐怖主义的发展

所谓联系,就是事物之间以及事物内部诸要素之间的相互影响、相互制约和相互作用的关系。唯物辩证法认为,世界上一切事物都不是孤立存在的,而是和周围

其他事物相互联系的,整个世界就是一个普遍联系着的有机整体。唯物辩证法认为,联系具有普遍性、客观性、多样性、条件性、可变性。因此,唯物辩证法主张用联系的观点看问题,反对形而上学孤立的观点。联系的观点包括:世界是普遍联系的;坚持整体与部分的统一;坚持系统优化原理。

网络恐怖主义的发展不是孤立存在的,是社会存在的反映,是与社会政治、经济、文化、科技等的发展相联系,统一于世界发展的整个进程中。掌握系统优化方法,就是要着眼于事物的整体性,遵循系统内部结构的有序性,注重系统内部结构的优化趋势。因此,对网络恐怖主义的认识,也要从其所在的宏观环境、中观环境和微观环境出发,将其与其所在的环境普遍联系在一起,只有这样才能够认清楚网络恐怖主义的本质、现状和未来,才能够从着眼于其整体的全局角度出发,根据其内在的特征和网络化、信息化时代的各种表现,找出最优化的防范措施和从根本上解决问题的方法。即使目前阶段还没有能够从根本上解决问题的可能,但是,这样做的方向是对的,这样思考问题的方法,才是认识和理解网络恐怖主义的最优方法,是符合唯物辩证法的方法。

2. 用发展的观点看网络恐怖主义的发展

发展的观点包括:世界是永恒发展的,发展的实质是事物的前进和上升,是新事物的产生和旧事物的灭亡;事物的发展是前进性与曲折性的统一,这是事物发展的趋势;事物的发展是由量变到质变的过程,这是事物发展的状态;事物的发展是内外因共同作用的结果,这是事物发展的原因。

网络恐怖主义是不断发展的,这种发展是不断前进和上升的,同时其发展趋势、发展状态、发展原因,也符合前进性与曲折性的统一、由质变到质变、内因和外因共同作用的辩证统一。而且,随着网络技术的进一步发展,网络恐怖主义的实施主体、组织模式、活动方式、活动目标、政治诉求等各方面也会发生改变。因此,打击和防范网络恐怖主义的措施和方法,也要有发展的眼光,与时俱进。各国在打击网络恐怖主义过程中,需要不断调整各自的战略。

2015年4月23日,美国国防部发布了一份新的网络安全战略,新版战略最显著的不同,表现在美国的网络安全策略从重在防御转向"在必要的情况下"主动进攻,攻防并重。该战略是美国国防部对2011年7月公布的《网络空间行动战略》的更新版,是对2011年美国政府制定的网络空间国际战略的进一步细化和落实。新战略用相当长的篇幅详细地规划了五大"战略目标"的执行方案。美国国防部长卡特解读称,必须更多地将过去暗中研发的网络能力呈现出来,让全世界知道美国将在网络空间进行自卫。2018年,特朗普政府发布的《国家安全战略》,表达出与以往不同的倾向。可以看出，美国政府在不同阶段，都在调整相应的网络安全战略，并出台相应的政策措施。这种做法，正是随着事物发展而作出必要调整的结果。

　　事物的发展，前途是光明的，道路是曲折的。网络恐怖主义处于不断发展的进程中，防范网络恐怖主义需要动态的战略调整，因而，打击网络恐怖主义的道路是曲折的。虽然网络恐怖主义难以防范和打击难度大，但是各国在实践中不断更新理念、战略、法律、技术等，打击网络恐怖主义也获得了一定的成效。随着各国法律法规的完善和信息技术、网络技术的发展，未来各国能够在打击和防范网络恐怖主义的实践中形成更多共识，并取得更多合作成果。

第五章 网络恐怖主义的生成机制

　　网络恐怖主义的产生有其复杂的社会背景,包括宏观的大环境、大历史背景,也包括中观和微观的中小环境,其产生受到政治、经济、社会文化、技术等各种变量因素的影响,这些共同构成了网络恐怖主义生成机制的各个要素。网络恐怖主义的产生与发展,包括深刻的历史、政治、经济、社会、文化、技术等原因。这些因素不是孤立的,而是相互联系、共同作用的;这些因素也不是静止的,而是处在一个动态发展的过程中。剖析网络恐怖主义的生成环境,特别是对其发展的宏观环境进行分析,可以从政治、经济、社会文化、技术等角度观照网络恐怖主义发展的大背景,以及在这样的环境下各方面因素影响和作用的方式,同时分析网络恐怖主义是怎样应对这些因素的变化,同时又以怎样的策略实现自身的发展等。

　　PEST模型分析法就是对宏观环境的分析方法,通过对影响某一行业或社会现象的各种宏观力量的比对和研判,包括对政治(political)、经济(economic)、技术(technological)和社会文化(social-cultural)这四大类主要外部环境因素进行分析,得出具有判断性和整体性的结论。网络恐怖主义的产生与升级是诸多因素共同作用的结果,可以根据PEST分析模型,对网络恐怖主义生成机制进行宏观环境分析。

第一节 网络恐怖主义生成的政治环境

政治环境,即 PEST 模型中的 P 因素,包括一个国家的社会制度、执政党的性质和政府的方针、政策、法令等。不同国家的社会性质决定了不同的社会制度对组织活动的不同限制和要求。即使一个国家的社会制度在一段比较长的时期内不变,但是,在不同的历史时期,由于执政党执政纲领的不同,其政府的各项方针、政策的战略倾向性等对组织活动的态度和影响也是不断变化的。网络恐怖主义生成的政治环境既包括国际环境,也包括各国的国内环境,既有共同的因素,也有各国不同的特殊国情。

一、信息革命导致网络赋权与网络分权

信息革命导致权力转移和权力扩散是网络恐怖主义产生的直接原因。对权力(power)概念拥有深邃理解的约瑟夫·奈,在《权力的未来》一书中讲到 21 世纪的两大权力转移,一种是国家之间的权力转移,所谓"权力正在从西方转移到东方",实际上这应该被称为亚洲的复苏,或者回归,这是个重要的转变。另外一种重要的转变,就是权力的扩散,在这个方向上,权力正在从所有的国家向非国家的行为者扩散,也就是说,权力从国家层面扩散到更多的非政府层面,而这是由信息革命所引导的。① 从互联网的本质属性看,网络既是权力源,也是威胁源。信息与网络传播颠覆了权力内涵、权力关系、权力结构和权力运作的传统范畴,所有权力概念的核心都变得与信息和传播有关。这为恐怖主义转战网络提供了条件和可能。

1. 网络赋权

互联网的赋权功能助推网络恐怖主义的发展。网络为每个人提供了自由平等的交流平台,它体现了互联网是一种社会赋权工具的宗旨。恐怖主义正是充分利用了这种赋权功能,加之互联网是一个公共平台和一种技术范式,客观上为其成为威胁滋生蔓延之地提供了条件:网络的"时空凝缩"使其作为传播工具,可以实现扩

---

① 于胜楠,窦晨. 美学者:权力正在转移"中国取代美国"言之过早[N]. 中国新闻社,2011-03-31.

大政治动员的范围和功效,同时,作为通信工具的网络,可以增加联络的效率并降低成本;网络的"精准定位",可以增加网络作为攻击手段对物理目标物的破坏力;网络的社交功能、隐匿功能等,可以从不同侧面帮助网络恐怖组织实现其在网络时代之前所不能实现的目标。

21世纪,网络恐怖主义同气候变化、金融稳定、流行病以及其他具有挑战性的跨国问题一起,成为国际社会共同面临的威胁。谈论霸权甚至多极化都没有任何意义,因为没有任何一个国家能填补所谓权力真空,世界需要各国政府间的合作,而这种合作又是基于权力争夺和妥协的博弈。

必须看到,权力不总是零和游戏,即一方获胜就是另一方失败,或者反过来。权力可以是正和的,既是一方的胜利,同时,也是另一方的胜利。大规模的人口通过网络联系在一起,同时也通过信息的传播而被赋予权力。基于电脑、通信和软件飞速发展的"第三次工业革命",导致创造、处理、发布和搜索信息的成本急速下降,特别是网络政治的发展超越了国界,实现全球网民的网络化参与。这意味着,国际政治将不再是政府的专利,包括企业、非政府组织和恐怖分子在内的个人与私人组织,也被赋予直接参与国际政治的权力。

2. 网络分权

网络分权使互联网成为威胁源滋生地。随着权力的分散,世界正在进入一个"没有任何一个国家或国家联盟具有在国际舞台上为所欲为的实力和意愿"的时代,过去"霸权下的稳定"没有了。传统观念认为,那些拥有最强大军事力量的国家将夺得优势。在信息时代,真正的赢家是那些最会讲故事的国家或非国家组织。虽然国家依然是国际舞台上的主角,但是这个舞台正变得日渐拥挤并难以控制。

信息的传播意味着权力将被广泛地分配,而网络将打破传统官僚组织的垄断。互联网的传播速度意味着所有的政府都将对它们的议程拥有更少的控制力。政治领袖们的自由度将减少,且必须在短时间内对各种事务作出回应。在全球信息化时代,政府或国家的角色在国际舞台上的影响力受到质疑,随着通信成本的迅速下降,非国家行为者参与到国际政治中的障碍也逐渐减少。

网络力量对世界政治的影响不容忽视,非政府组织在利用网络方面具有更大灵活性,但是,这并不意味着政府的终结。政府仍然很重要,但是,国家不再演"独角戏",很多其他非政府角色也扮演着不同的角色,例如,乐施会和"基地"组织等。类似"基地"组织这样的非政府组织,动用其力量发动恐怖袭击,所造成的伤害也是不可预估的,这是权力扩散的重要表现。

3. 网络主权

人类的活动空间已经从传统的领土空间，扩展到更加广阔的非领土空间，包括海洋、天空、外层空间、极地等。如何构建这些非领土空间的游戏规则，始终有两种竞争性的指导原则。欧美发达国家普遍倾向于"先占者主权"原则，认为在这些非领土空间，行为者可以依靠自身实力的强弱，先来者先占，获取与自身实力相匹配的利益，而无须考虑实力相对弱小者的利益诉求；发展中国家倾向于"人类共同财产"原则，认为应该遵循主权平等原则，无论实力强弱，都有权平等享有从非领土空间获益的权利，即使暂时不具备相应的技术能力，也应该通过制度化的方式进行保留。最终，国际社会对非领土空间游戏规则的确定，还是达成了建立在尊重主权原则基础上的基本一致。无论是网络赋权还是网络分权，都绕不开网络主权。网络主权，即国家主权在网络空间的诞生、投射、发展与实践，是信息时代国际体系面临的历史任务。

自1648年以来，主权原则构成支撑、维护与保障国际体系正常运行的最重要的国际法基本原则；1648年至今，人类社会经历的各种实践最终证明，必须建立以尊重主权为最大公约数的游戏规则，才能有效地保障国际体系的和平与安全。1945年，联合国成立之初，尊重主权即作为最重要的国际准则，由此支撑起运行至今的国际体系。中国强调网络主权，是在网络时代践行联合国宪章与国际法基本准则，维护国际体系安全与稳定的具体表现。然而，从国际社会的发展看，网络主权成为国际博弈的焦点之一，同时，与之相对力量的存在，也必须是国际社会需要观照的领域。

从诞生之日起，主权就包含两个方面的含义：对内，主权意味着对领土内事务处理的至高权力，包含对合法使用暴力权利的垄断，以及面对外来干涉的自主抵制。这一需求，在历史上是通过在《威斯特伐利亚条约》中规定"神圣罗马帝国境内各诸侯国无论大小有权自主确定其领地内领民的宗教信仰"来体现的，尽管那时还没有互联网，也没有全球网络空间，但是抵制来自普世教权对领地内信仰问题的干涉，天然地成为主权原则要实践的优先任务。对外，主权意味着国家不分大小、强弱，在法理基础上一律平等。长期以来，对主权的认识，主要聚焦于对内主权的至高性，而较少实质性地涉及对外主权的平等性问题，尤其是在构建国际秩序的过程中，具备实力优势的欧美国家，并无意过度强调主权原则，以避免构成对自身对外扩张战略的法理阻碍。

2010年1月8日，全球青年运动联盟的联合发起人之一利伯曼在《赫芬顿邮报》实名发表文章，称"脸谱、推特和优图是外交的工具"。文章介绍了时任美国国务卿希拉里·克林顿邀约包括谷歌总裁埃里克·施密特（Eric Schmidt）、推特创始人杰克·多西（Jack Dorsey）等在美国国务院探讨利用新媒体社交平台在全世界推进符合美国国家利益的民主的战略构想。在此基础上，美国政府进一步完善和强化了后来被称为"互联网自由"的网络外交战略并付诸实践。这种实践的后果，包括显著改变中东地缘政治的"阿拉伯之春"等，展示了无视网络主权、滥用技术优势、推进网络霸权可能带来的负面效果。

二、网络空间利益分配与网络空间新秩序

现实世界权力的转移在网络空间实现了权力的重新分配。然而，这种网络空间的权力争夺与现实世界的争夺一样，都带有一定的政治、经济、军事等色彩。在相互依赖（interdependence）理论和软实力（soft power）理论的提出者约瑟夫·奈看来，所谓权力，是为获得某个结果而去影响别人的行为。行使权力的方法通常有三种，即威胁、奖励与说服。网络空间权利分配不均造成权力失衡亟待重塑网络空间新秩序，这也是网络恐怖主义形成的现实原因。

在前网络时代，主权原则的实践也不是一帆风顺的。从历史发展的经验看，第一批倡导主权原则的发达国家，关注的问题是如何用主权原则保障自身权益，尤其是在面临来自教廷的普世权力压力时如何保障国家独立性。当这个问题历史性地解决之后，发达国家并无意自觉让实力弱小的行为体自发获得主权保障，即使在联合国创立之后，相关的争论与博弈也始终没有停止过。

主权原则在全球网络空间的适用，是一个重要但没有得到相应重视的问题。从21世纪初期开始，国际社会即开始关注高速扩展的互联网以及由此带来的全球网络空间如何有效治理的问题。美国将互联网以及随着互联网扩展而形成的网络空间视为战略工具。美国国防部的机密报告《互联网：战略评估》于2007年前后被解密。该报告指出，网络空间"是实施心理战等特种行动的空间。……通过投放特定类型的信息，可以让受众采取美国政府希望他们采取的行动。……原先美国政府必须通过派遣特种部队（渗透、煽动和组织）才能实现相似效果，现在可以避免人员损失的风险，也能降低美国政府直接介入面临的政治风险"。

国际社会早已对全球网络空间置于霸权掌控之下表现出担忧。2003年，联合国组建的互联网治理工作组在提交的报告中明确指出，"网络域名解析系统的根服务器、根区文件和根区文件系统事实上处于美国政府的单方面掌控之下"。此后，国际社会启动了网络治理国际化的进程，涉及两种有关如何在网络空间实践主权

的主张:一种是美国政府偏好的"多利益相关方"模式,本质上是排除其他主权进入网络空间,保障全球网络空间及其关键基础设施处于美国单一主权掌控之下,这是一种名为互联网自由的霸权主张,其核心是通过形式上的淡化与实质上的强化,追求扩张美国的主权管辖范围,挤压其他国家的主权管辖空间;另一种是国际社会追求的建立在主权平等原则基础上的治理新秩序,但是因为力量分布、技术发展与既定游戏规则等多种因素,长期未能得到有效实践。

中国自1994年接入互联网以来,在实践过程中形成了以尊重主权平等原则为核心诉求的全球网络空间治理新主张。这种主张的形成,与美国凭借自身先发优势进攻性地使用互联网服务于美国外交战略有密切关系。2015年12月16日,中国国家主席习近平在乌镇世界互联网大会上发表主旨演讲,系统地阐述了中国对全球网络空间的主张和看法。其中,强调尊重网络空间的国家主权,共同构建和平、安全、开放、合作的网络空间,建立多边、民主、透明的国际互联网治理体系,是构成中国主张的全球网络空间新秩序最重要的特点。中国的主张,系统体现了新兴大国对信息时代人类命运共同体最主要使命——构建全球网络空间的秩序与结构——的核心观点与看法。

三、国际政治秩序斗争与霸权主义思维

不合理的国际政治秩序与冷战思维影响下的霸权主义持续,是网络恐怖主义存在的客观原因。

冷战后,美国推行霸权主义和单边主义政策导致世界矛盾激化。美国力图依靠其超强的实力地位打破现实国际条约体系中于己不利的部分,并借助全球化进程竭力向发展中国家推行美国式的文化价值观和经济模式,而且为追求自身的绝对安全,接连抛出"邪恶轴心国家"理论及"先发制人"战略。特别是美国对中东地区的政策,致使阿以冲突长期得不到解决,加剧了某些地区和民族对美国的反感与仇视,也刺激了网络恐怖主义的发展。美国《基督教科学箴言报》于2001年9月27日发表文章说:多数阿拉伯人知道答案。关于"9·11"事件,他们认为,这些攻击的目标是经过精心策划的,而不是攻击"文明"或"自由",这种袭击是美国在中东和其他地方"不公"和"傲慢"政策的结果。

由于冷战后各种政治势力乘机填补地区权力真空,一些始终抱有冷战思维的西方大国为牢固确立在国际政治秩序中的主导地位,不断插手地区冲突,使国际格局更加复杂。不合理的国际政治秩序的存在,阻碍相对发展较晚的伊斯兰世界无

法通过正常的制度性手段获取成功,使广大伊斯兰国家受到经济、政治、文化上的挫折,进而转向实施网络攻击行为。除了政府直接或间接地支持和组织网络恐怖活动外,为了维护国家利益,主要处在国际竞争弱势地位的发展中国家的一些非政府团体或个人,也会基于爱国主义情绪发动对他国政府或民众的网络攻击。

美国等西方国家在国际事务中基于本国利益对他国进行不断干涉,"双重标准"导致南北矛盾日益突出,恐怖主义袭击就是在这种打击下的本能反应和报复行为,极不理智,但是并非毫无缘由。美国等少数西方国家认为,少数"无赖国家"和极端势力对美国和西方式的"民主和自由的政治制度、文明和生活方式"的反对与仇视,才是国际恐怖主义存在的内在原因。美国等少数西方国家始终把国际恐怖主义的根源推到伊朗、伊拉克、利比亚、叙利亚、苏丹、朝鲜、古巴等少数几个他们认定的所谓"支持国际恐怖主义的国家"和伊斯兰极端势力身上。

阿拉伯历史性大变局带来的秩序混乱以及美国等西方国家的错误干预政策也给所谓"伊斯兰国"等极端组织的发展提供了机会。阿拉伯世界爆发历史性大变局之后,一系列长期把持政权的强人被推翻,多数阿拉伯国家陷入深刻危机。一方面,强人政权的垮台和阿拉伯国家普遍陷入危机为"伊斯兰国"等极端组织发展提供了难得"机遇"。另一方面,美国等西方国家对利比亚、叙利亚等国的干预直接导致"伊斯兰国"壮大。美国奥巴马政府实施所谓的"亚太再平衡战略",全面收缩反恐战线,减轻了国际恐怖主义面临的外部压力。然而,2011年12月,美国自伊拉克完全撤军后,恐怖势力迅速死灰复燃,并出现威胁更大的"伊斯兰国"。

随着网络恐怖组织在全球的扩展,各种影响其发展和行动的因素也变得更加复杂。网络恐怖分子试图通过极端行为影响政治结果,最终实现有利于自己的政治均衡,成为网络恐怖主义的重要行为目标。一旦国家的某些政策将利益相关者参与讨价还价的权利排除在外,如某些特别有针对性的民族政策(系统性地查验某个民族成员的身份背景)将权利人的意见排除在外,反而更加容易激发恐怖主义行为。有学者表示,随着人均国内生产总值(GDP)的增加,网络恐怖活动也会随之递增。

四、政府权力弱化与国家控制力弱化

许多国家内部存在网络恐怖主义得以滋生的土壤。现代化进程的失败引发社会危机深化,贫富悬殊,社会不公,种族歧视,各种社会矛盾日益突出,加上经济的衰退以及失业等原因,这些都成为恐怖主义和网络恐怖主义泛滥的社会温床。有研究者认为,恐怖主义是力量较弱的一方对付力量较强的一方的常用手段,恐怖手段是"弱者反对强者的不得已的选择,是穷人的原子弹"。

资本在全球范围的配置情况,削弱了传统的国家主权,使国家对包括网络在内的经济资源控制力下降。伦敦经济学院教授约翰·克雷曾指出:"政府的权力不断弱化,一些种族与宗教集团、非政府组织甚至是非法组织拥有越来越大的控制力,国际局势仍然处于无政府状态,国家控制力的日益下降将很难抑制高技术犯罪。"[1]

信息技术的发展和组织革新,使民间社团和非国家势力等行为主体,能够建立远程的国内或国际网络,并能比以往更好地联系、协调和采取集体行动。尤其是全球范围组织、管理、协调网络机制的缺失,使某些别有用心的组织和个人能够利用这个漏洞,发展和壮大网络恐怖主义力量。

许多国家内部由于缺乏对恐怖行为的严密控制与管理,也为网络恐怖主义的发展提供了客观的社会土壤和政治环境。以西亚北非地区为例,"阿拉伯之春"大变局所诱发的后果经发酵和扩散后,导致叙利亚、伊拉克、埃及、突尼斯、也门、利比亚等国面临国家失序、政局不稳、教派矛盾激化、经济衰退、失业率升高、腐败严重等问题。这些矛盾的综合作用导致一些国家政府军力、物力、财力衰微,客观上为恐怖势力的滋生蔓延提供了土壤。

五、民族宗教矛盾与意识形态斗争

网络恐怖主义的发生和发展都是基于一定的政治或宗教主张和诉求,民族矛盾、宗教矛盾是恐怖主义犯罪形成的重要原因。世界上许多国家与地区的恐怖主义活动,往往包含民族矛盾、宗教矛盾的因素,民族矛盾、宗教矛盾往往又会演化成严重的政治矛盾、社会矛盾,从而加剧恐怖主义活动,促使民族分裂主义、极端宗教主义成为被利用的工具。此外,全球化过程中出现的各种问题,如毒品泛滥、生态灾难、技术进步所带来的困惑等,也使人们产生信仰危机,各种邪教组织乘机兴起。

许多恐怖组织都是以极端民族主义为基础的政治组织。20世纪70年代以后,随着伊斯兰革命的发展,伊斯兰教复兴运动在全世界产生广泛的影响。伊斯兰教徒大都主张国家伊斯兰化,要求建立伊斯兰国家,所以,信仰伊斯兰教的民族之间为此展开了长久的战争,与此相伴的就是暴力恐怖活动。伊斯兰世界的世俗派、政治伊斯兰和伊斯兰激进势力三股力量长期博弈,此消彼长。政治伊斯兰势力曾

---

[1] 赵星,宋瑞. 论网络恐怖犯罪[J]. 山东警察学院学报,2015,27(2):21-26.

借"阿拉伯之春"迅速崛起,激进势力则面临被边缘化的境地。但是,以埃及穆尔西政权遭军事政变被推翻为标志,政治伊斯兰势力在埃及、突尼斯、摩洛哥等国的参政努力受挫,通过议会选举掌权的温和变革之路变窄。世俗势力与政治伊斯兰势力斗争加剧,导致部分温和势力开始选择暴力。而激进势力和"圣战"思潮则获得良机,大行其道。新兴极端组织不断涌现,强调用伊斯兰教法管理和改造社会,用"圣战"消除异教徒,用武装斗争夺取政权,暴力恐怖主义思想的市场不断扩大。

把一定的地域、权利、宗教、政策等作为某一个民族固有的资源,把民族问题政治化,往往是产生恐怖主义的重要源头。随着民族标识、民族差异和民族意识的强化,群体与其他民族的不平等意识加强,就会为产生分裂活动和恐怖主义提供意识形态基础。现代国家通常要淡化民族标识,要求各民族、各宗教走融合式道路——通过国籍法、移民法等法律和公共政策,着力构建一个不分来源、不分族群、不分宗教的统一的国家,不以种族身份为由在政治任命、选举、教育、工作机会、地域居住、历史文化等方面给任何人以优待或者歧视。这种做法强调的是国民身份的建构、统一与平等,避免把国民的财富、地位、权力、名誉、职业、教育等个人差距与族群身份、族群集体、族群区域联系起来。这样,既可以保障国家的统一,又有利于激发国民个人之间的竞争与合作,促进国家繁荣,同时也有利于防止个体之间的矛盾演化为族群矛盾和冲突。

特别是在网络空间成为人们表达思想和传递信息的网络时代,网络恐怖主义活动通过各种网络手段传播至世界各个角落,网络恐怖分子通过网络交流思想并通过传播的扩散影响潜在信徒,网络甚至成为各种意识形态斗争的场所和各国意识形态斗争的平台。

"9·11"事件后,美国加大反恐力度,组织国际反恐联盟,加强对大规模杀伤性武器的国际监控,导致传统的大规模恐怖活动变得越来越困难。另外,由于国际恐怖活动的致命性日益严重和伤亡率增加,国际社会谴责国际恐怖主义的呼声越来越高。所以,恐怖分子改变原有策略,把活动转移到隐蔽性更强、危害性更大的网络空间,从而使网络恐怖活动日益增多。对此,法国学者让·博德里亚尔指出:"当世界强国垄断了一切,当人们面对由唯一的技术官僚和单一思想控制的机器时,除了采取恐怖主义手段,还有什么方法可以改变现状呢?正是这一体系本身创造了进行激烈报复的客观条件。"美国采取的政策,导致各种"敌对势力使用非对称手段,例如,恐怖主义、核武器、生物武器和化学武器威胁,进行信息战争或环境破坏,攻击美国的海外军队和国内的美国人"。

第二节 网络恐怖主义生成的经济环境

经济环境,即 PEST 分析模型中的 E 因素,是指经济环境对网络恐怖主义形成的影响。根据马克思政治经济学原理,经济基础决定上层建筑。包括传媒在内的意识形态领域的发展与变化,都是由国家的经济发展状况决定的,虽然各国在各个时期所反映出来的意识形态特点不同,但是,其背后无不隐藏着经济因素对政治决策的影响。从经济学研究的角度分析,一个国家或社会的经济环境,主要包括两方面:宏观经济环境和微观经济环境。美国学者哈克认为:"恐怖主义从来不是在真空中产生的,而是一种对社会现实(或者主观印象)的激进反应,恐怖主义的泛滥正是对社会不公正的强烈反感和不满。"网络恐怖主义的产生与发展是全球经济发展失衡和世界南北发展失衡的结果。全球化在推动世界经济发展创造财富的同时也造成了各种资源分配不均带来的冲突,南北经济发展的不平衡以及由此带来的诸如环境问题、腐败问题等,都可能成为网络恐怖主义发展的温床。

一、经济全球化是客观条件

经济全球化是一把双刃剑,它既能推动各国资源在全世界范围的自由流动与合理配置,创造出更多的财富,促进各国经济的发展;同时,国际分工的不合理,也使财富在世界范围的分配不均衡。国际分工不合理使国家间贫富差距日益扩大,发达国家财富不断累积而发展中国家利益却不断受到侵害,国际经济局势的不稳定推动落后地区人群寻找表达不满的方式和途径。从本质上看,经济全球化就是资本的全球化,因而,以贸易自由化和金融自由化为核心的经济全球化迅猛发展并不意味着经济全球化所带来的利益分配公平性。相反,由于长期以来发达国家在世界政治、经济中居于主导地位,经济全球化造成发展中国家与发达国家之间的经济差距趋于扩大,富国愈富、穷国愈穷。这种极度的经济发展不平衡成为当代恐怖主义产生的深层次原因。

中国学者邱国梁认为,现代恐怖主义是全球化浪潮冲击的结果,是新恐怖主义。张东升也认为,全球化为恐怖主义滋生提供了物质基础,"现代恐怖主义是全球化的伴生物"。现代恐怖主义的发展,一方面使恐怖主义基本的诉求与行动范围从政治领域转向经济领域,另一方面也对国际反恐策略的形成产生深远的影响。正如《纽约时报》一篇文章所指出的:"要知道,贫穷和绝望是招募恐怖分子的必要条件,而长时间的冲突往往会酿成大祸。"正是因为一些人对经济状况不满,而且这种不满找不到合理、合法的方式进行宣泄和表达,最终导致一部分人选择采用极端的方式提出自己的诉求,甚至借助机构或组织的恐怖活动发泄愤懑,最终导致恐怖主义活动和恐怖组织的发展与泛滥。

经济全球化背景下恐怖主义活动目标与领域出现新的变化,表现在政治目标日渐淡化,经济目标日渐凸显,恐怖活动的主要阵地转向经济领域。全球化浪潮迅猛发展使国家与国家、集团与集团的经济联系、依赖日益加强,利益关系变得更为紧密,蝴蝶效应在国际经济领域中的作用越来越明显,国际经济关系变得更加紧密也更加脆弱。全球化和网络化时代国际经济关系的这种特点,使网络恐怖主义更可能把自己的行动目标锁定经济领域,特别是网络经济的各要素,把破坏国际经济秩序作为自己的行动方式与目标。

二、南北问题是重要经济根源

愈演愈烈的"马太效应"使南北经济矛盾所造成的贫富差距,成为网络恐怖主义滋生的重要经济根源。尤其是随着经济全球化和世界一体化进程的加快,这种差距和不均衡逐渐以影响社会发展和稳定的各种危机形式表现出来,包括经济衰退、局势动荡、地区冲突和恐怖主义活动泛滥。恐怖主义发展的动因和类型也发生了多样化的变化,为了向国际社会"讨取公道",通过极端暴力手法制造恐怖事件则成为恐怖集团的选择,而且借助网络和信息化技术平台和渠道实现其目标的成本降低,但是,效果不减。

贫困、民生不协调、经济欠发达等问题被归咎为网络恐怖主义产生的重要因素。中亚及其周边地区极端主义和恐怖组织的扩员原则无一不是引诱和吸收那些贫困、失业以及对宗教本真缺乏认知的人。然而,对某一地区发生的诸多与恐怖主义有关的案例进行定性和定量分析后的结果表明,重大恶性事件的"行为启动者"大都是社会精英,"行为实施者"多为边缘化群体。"行为启动者"借助民族、宗教作为一种动员力和聚合力,是其扩大自身社会基础的思想武器和政治利益所需,其制造乱象的结果就是要对国家、平民安全和民族经济造成巨大的打击。尤其在社交媒体的普及和网络应用推广,甚至移动网民数量不断增加的情况下,"社会精英"通过各种网络媒介传播恐怖主义思想,策划和组织网络恐怖主义活动,实施对金融等经济目标的网络攻击,具有极大威胁性和不确定性。

三、社会并发效应提供发展空间

各国经济发展失衡与各国社会问题的并发效应,为网络恐怖主义发展提供了空间。南北经济发展的差距和各国经济发展的现状不一,网络恐怖主义发生和发展的土壤也不同。国际经济因素主要指持续扩大的南北差距问题,不仅影响全球经济的持续健康发展,国际社会动荡不安,而且,国际经济秩序的不合理性,也是恐怖主义逐渐泛滥的原因。在金融危机面前,欧美发达国家自顾不暇,亚非拉等发展中国家经济也急剧衰退,失业大军激增。这些失业大军有的成为难民、移民迁入欧美,成为欧美恐怖势力的一大来源;有的就地变为恐怖分子,如索马里海盗。

就一国国内经济因素而言,网络恐怖主义的发展主要与本国的贫困问题、失业问题、贫富差距问题有关。2011年,挪威枪击案的发生,除了多元文化主义政策的原因外,还与金融危机带来的失业问题、社会保障问题等造成的本土居民安全感下降有关。不论发达国家还是发展中国家,只要国内存在这些经济问题,就可能遭受不同程度的恐怖主义危害。在非洲一些国家,一批批官员被"养肥"以后,移民出国,留给民众无休止的"贫穷",从而导致社会问题和部族矛盾交织,使恐怖组织获得扎根的土壤。在政府腐败、社会动荡和贫穷落后的现实基础上,极端主义宗教信仰的灌输与传播促使恐怖组织茁壮成长。

伊斯兰马格里布"基地"组织的首领贝尔摩塔尔是阿尔及利亚人,受奥萨马·本·拉登的精神导师阿卜杜拉·阿扎比的影响极大。在继承了"基地"血脉之后,"伊斯兰马格里布组织"趁乱壮大,成为全球"圣战"组织的重要组成部分。有段时间,该组织总人数有几千人,通过各种不同的犯罪行为集结了大量财富,其中最主要的两种手段包括毒品买卖和绑架人质。2012年,马里发生军事政变,马里政府军大败,北方武装势力则趁政变再次扩大地盘。可以说,政治环境的动荡和各种犯罪对社会的影响,多种因素的叠加,共同作用于恐怖组织的产生与发展。

四、资金需求提供发展驱动力

经济全球化时代,恐怖分子要在更大范围、更深层次上进行跨国犯罪活动,就必须有强大的经济实力作为支撑。正因为如此,当代恐怖组织,特别是国际恐怖组织极其重视财力支持在其整个恐怖活动中的作用,并千方百计地通过各种非法与"合法"途径聚集财力。恐怖主义融资与洗钱犯罪日益猖獗,成为经济全球化时代恐怖主义实施恐怖活动的最主要形式之一。

2012年3月24日,哈萨克斯坦国家安全委员会识破了一起企图在阿拉木图实施恐怖袭击的阴谋。恐怖袭击的策划者曾是哈萨克斯坦第一大商业银行图兰—阿列姆银行前董事长的私人卫队队长。他向实施者提供了2.5万美元的活动经费,用于在阿拉木图市实施爆炸。

据美国中央情报局披露,奥萨马·本·拉登"基地"组织为筹集资金,成立了一个由高级领导人组成的协商会议,下设职能委员会,由货币和商业委员会负责经营管理。2002年,美国外交事务委员会公布的关于恐怖主义金融网络报告指出,奥萨马·本·拉登不是一个军事领袖,也非宗教首领,而是一个富有的金融资本家。奥萨马·本·拉登为"基地"组织建立了庞大的金融网络,资金多来源、多渠道。由此可见,经济全球化时代,恐怖主义活动主要阵地开始转向经济领域,"恐怖组织的经济犯罪活动正在变成其活动中心之一,并成为该组织赖以生存的必要活动"。

奥巴马认为,"极度贫穷的社会为疾病、恐怖主义和冲突提供最理想的温床",并倡导推动援助贫困国家的发展,支持用发展经济作为与恐怖主义斗争的武器。希拉里·克林顿称,发展是"美国国家安全政策的一个重要部分"。把贫穷和恐怖主义联系在一起的想法并不是难以置信的。如果一无所有的人会发起恐怖袭击,那么由毫无经济前景且被洗脑的人来进行这些活动,虽然不成比例,却也情有可原。[①]

第三节 网络恐怖主义生成的社会文化环境

社会文化环境,即PEST模型中的S因素,包括与社会、文化、习俗、审美、价值观以及宗教等诸多方面相关内容。随着新技术的发展,信息也成为社会文化的重要组成部分,甚至关系到一个国家的政治、经济和社会生活等方面。信息成为普通民众日常生活的重要内容,影响民众的心理、意志等精神生活。PEST分析模型关注社会文化环境(socio-cultural Factors)因素,并关注一些关键的社会文化因素,

---

① 破除误解:贫困与恐怖主义[N/OL]. 经济学人,2011-07-16. http://wen.org.cn/modules/article/view.article.php/2641/.

如生活方式、习惯、态度、道德、社会责任、人口变化和宗教信仰状况等,以及与社会生活息息相关的众多因素。

一、世俗主义环境孕育产生的温床

凯末尔主义所说的世俗主义,目的是要建立一个不受宗教力量影响的政治环境,包括公众教育、政府补贴及法律事务等。世俗主义并没有鼓吹无神论,并没有从宗教思想及宗教体制中独立出来。凯末尔主义的世俗主义是理性、反教权主义的世俗主义。这样的世俗环境正是网络恐怖主义所害怕的,与此相反,经济富裕、教育普遍且公平、机会开放且平等的多样化社会则是广大民众所期望的。

然而,当这样理想的社会环境无法实现的时候,网络恐怖主义实施恐怖行为的吸引力就会高于对世俗生活的向往,也就会有更多人支持这类破坏活动,而不会有人愿意为了一个虚幻的乌托邦放弃充满希望的现世生活,这就形成了网络恐怖主义产生的社会基础。

曾任美国助理国防部长的约瑟夫·奈也认为,"伊斯兰国"极端组织的扩张正是"这种不平等、经济控制和咄咄逼人的世俗主义环境所造成",而"国际恐怖组织介入的节奏就是等待动乱,形成政府和反政府两派的对抗,同时再有外国入侵和干涉,比如伊拉克战争,这样就可以借助民众反抗情绪做大自己,并得到掩护"。① 据"9·11"事件调查委员会发布的报告揭示,恐怖分子通常不都是穷人,其中一些出身于中产阶级家庭,甚至是高收入家庭,且受过良好教育。所以,委员会在报告中得出的一个结论就是"贫穷并不是恐怖主义的根源"。

二、文明的冲突是造成认同的鸿沟

社会剧烈变动导致原有秩序的紊乱、身份的变更、生活的起伏和政治经济状况的波动,使社会经常呈现出一种"失范"状态,如何解决这种"失范"状态,如何化解文明的冲突,达成文明的和解,是全球性问题。"9·11"事件之后,"文明的冲突"成为西方学界的主流观点,尤其是巴黎暴恐事件之后,"文明的冲突"再次甚嚣尘上。在很多人的论述中,恐怖袭击是伊斯兰文明与西方文明的冲突,恐怖袭击"想要摧毁西方文明"。

---

① 西方诬蔑中国新疆政策催生恐怖主义是故意栽赃[N]. 环球时报,2015-03-05.

塞缪尔·亨廷顿说:"全球化并不会给世界带来和谐,相反却会在不同文明之间引发冲突。""文明冲突论"认为,文化认同是由共同的宗教信仰、历史经验、语言、民族血统、地理、经济环境等因素综合形成的,其特性比起政治、经济结构更不容易改变。亨廷顿认为,冷战后的世界,冲突的基本根源不再是意识形态,而是文化方面的差异。他认为西方,尤其是美国,应该注意伊斯兰教汇流所带来的挑战。[①]

近些年来,所谓的文明冲突似乎在日益加深,特别是在代表基督教文明的英美与代表伊斯兰教文明的中东国家之间。根据美国社会学家默顿的分析,当个体面对一个文化目标时,通常存在不同的手段以达到目标,而当制度性的手段不能使其获得成功时,个体往往选择非制度的手段。不合理的国际政治经济秩序阻碍了相对发展较晚的伊斯兰世界通过正常的制度性手段获取成功,于是,广大伊斯兰世界选择恐怖主义作为其手段以获得全世界对伊斯兰文化的认同。[②]

智库机构新美国基金会于2015年6月发布了一组数字:"9·11"事件发生后的14年中,"圣战"分子在美国制造的致命恐怖事件有7起,共造成26人死亡;而同一时期白人至上的种族主义者制造的致命恐怖事件有19起,共造成48人死亡。但是,西方世界并没有由此将白人脸谱化,认为恐怖主义是白人文明的一部分,却给"圣战"分子的恐怖袭击戴上伊斯兰文明的帽子。因此,有人认为,将恐怖袭击简单归因于"文明的冲突"是西方文明中心论的一厢情愿。

人们在"文明的冲突"框架下将恐怖主义与伊斯兰文明画上等号,会导致"伊斯兰恐惧症"的蔓延:一方面是对伊斯兰的排斥和排挤,另一方面是对伊斯兰的大肆冒犯和挑衅。法国《查理周刊》在"言论自由"的名义下,"毫无顾忌地嘲讽穆斯林的宗教感情"。在1 000多部涉及阿拉伯或伊斯兰世界的西方影片中,仅有12部基调是正面的。可以说,不是伊斯兰文明催生了恐怖主义,而是人为的"文明的冲突"造成歧视与隔阂,使恐怖主义有了渗透扩散的空间。

宗教既是人们的一种信仰,也是人与人之间交往的纽带,在促进社会发展进步、文明传承繁荣方面发挥了重要作用。但是,不同宗教信徒极易把社会冲突升级。认为自己所信仰的宗教文明代表真善美,而对方则代表邪恶的想法,往往会导致宗教徒为维护信仰和教义而不惜采取一切手段去消灭"异教徒",伊斯兰教文明和基督教文明之间的冲突在很大程度上则是源于这样的思想差异。亨廷顿对此作出解释:"这两种宗教都是一神教,与多神教不同,它们不容易接受其他的神;它们

[①] 河西. 文明的冲突:恐怖主义的历史根源[J/OL]. 新民周刊,2015-11-19. http://xmzk.xinminweekly.com.cn/News/Content/6483.

[②] 韩晓松. 对网络恐怖主义活动的犯罪社会学分析[J]. 网络安全技术与应用,2011(12):54-56.

都用二元的、非我即彼的眼光看待世界;它们又都是普世主义的,声称自己的宗教是全人类都应追随的唯一真正信仰;它们都是负有使命感的宗教,认为其教徒有义务说服非教徒皈依这一唯一的真正信仰。"①

三、暴力文化蔓延和极端思潮泛滥

文化差异并不必然会产生冲突,但是文化差异又与暴力冲突和恐怖主义有着密切的关系。仅仅从文明范式出发,并不能认识恐怖主义问题的全貌;而完全排斥文明范式,也不符合当代恐怖主义问题的全部事实。

19世纪末以来,人类社会经历了四次恐怖主义浪潮:无政府主义、反殖民主义、意识形态冲突和宗教极端主义。在第四次恐怖主义浪潮中,伊斯兰教是最受关注的。进入现代以来,民族主义一直是西方的主要推动力。历史学家已注意到它在伊丽莎白时代对英国的影响(清教徒叛乱和移民美洲的精神动力便源于此),也认识到它是法国大革命和俄国革命背后的推动力。希特勒的国家社会主义的根源也是民族主义,第二次世界大战爆发亦然。

西亚和北非多国社会转型前景不明,滋生恐怖主义的根源性问题持续恶化。国际恐怖主义首先是一种社会现象,而不是一般意义上的安全现象。任何一场社会转型都不是短期可以轻易实现的,其中的极端现象也不是经历安全战略调整后就可在短期内消失的。在剧烈复杂的社会变革之中,国家疲于应对紧迫的经济与安全问题,疏于对社会问题的重视与管理,特别是缺少对文化与素质教育的关注,结果造成暴力文化与极端思潮的泛滥。

四、意识形态传播成为恐怖思想源

兴起于冷战结束前后的20世纪第三次民族主义浪潮冲击着世界各个角落,是两极格局抑制下的民族主义爆炸式释放。在许多国家,民族主义与恐怖主义犹如一对孪生子。这是因为,一些极端民族主义者往往不顾历史和现状以及其他民族的利益,甚至在有关政府作出很大让步的情况下,仍然坚持极端要求并继续制造恐怖事件,从而极大破坏稳定的国家结构和国际社会的安宁。由于任何一个多民族国家都潜伏着爆发民族分离、分裂运动的可能性,可以预料,由民族分离主义引发

---

① 陈天林. 怎样看当前世界恐怖主义[N]. 学习时报,2013-08-05.

的恐怖活动将在相当长的时间内继续存在和发展,而由此伴随传播的意识形态,则会在恐怖组织和成员间传播,并持续对网络传播或通过网络传播产生影响,成为恐怖思想源。

2006年10月,毕业于斯坦福大学哲学系的森姆·哈里斯(Sam Harris)发表了《给基督教国家的一封信》(Letter to a Christian Nation)一书,指出"宗教正在使人类社会分裂。宗教干预政治权力是非常明显的现象"。美国布什总统在任期内第一次使用否决权就是抵制干细胞研究,体现了宗教对科学和社会的无端干预。许多世界性的冲突,包括以色列和伊朗的冲突,都和宗教的极端化有关,是宗教极端化带来的后果。

恐怖主义之所以不同于简单的民事或刑事犯罪,重要的一点就在于恐怖主义是一种政治行为,可以说,无论是针对民众还是政府官员制造的恐怖事件,无非是为了实现其政治信仰,宣传其政治理念,寻求人们对其"正义事业"的认同和支持。例如,极左翼恐怖组织,它们大多都具有极浓厚的意识形态色彩。其领导人和成员受到各种理论与思想的影响,无政府主义、托洛茨基主义、马列主义、法兰克福学派的批判理论、格瓦拉的游击中心主义和萨特的存在主义——所有这些具有反对资本主义性质的理论,都曾受到极左派恐怖组织成员的推崇,它们希望改变政治进程,以致夺取政权。而民族主义类型的恐怖主义,则是寻求民族独立、推翻民族压迫、建立民族政权、实现民族利益。[①]

五、社会思潮反映社会问题的担忧

2004年,哈里斯出版了《信仰的终结:宗教、恐怖和理智的未来》(The End of Faith:Religion,Terror,and the Future of Reason)一书,呼吁在现代世界终结宗教信仰。因为宗教信仰不仅缺少理性基础,而且对宗教宽容的渴求造成宗教激进主义的泛滥。无数的暴力事件都与宗教信仰和教条有关。简单地说,宗教是恐怖主义的一种形式,理性与科学的观点终将取代宗教信仰,当人们能够为自己立法的时候,就不再需要神。此书出版后,深受无神论者和不可知论者的追捧,也受到了基督徒及其组织的驳斥和抗议。于是,哈里斯写信,回应基督徒的批评,也再次引起轩然大波。

与哈里斯的信同时登上《纽约时报》畅销书榜的,是牛津大学教授、生物学家兼

---

① 汪浩.试析恐怖主义与新闻媒体相互借用关系的原因[EB/OL].人民网,2009-07-29.

无神论者理查德·道金斯（Richard Dawkins）的《上帝错觉》（*The God Delusion*）。他认为，对"上帝假设"的集体非理性信仰不仅严重背叛理智，而且导致不宽容、压迫、固执、自大、虐待儿童、同性恋恐惧、流产诊所爆炸、对妇女残忍、战争、自杀性爆炸等现象。宗教是人类进化史的思想寄生虫。道金斯在20世纪70年代出版了《自私的基因》（*The Selfish Gene*）一书，倡导从进化论和基因学的角度了解人类行为，批评对世界的宗教解释。他还协助英国广播公司（BBC）制作了探讨宗教问题的纪录片《所有罪恶的源头》，于2006年1月在英国播出。

美国著名哲学家达尼尔·德内特（Daniel Dennett）出版的《破除诅咒：作为自然现象的宗教》（*Breaking The Spell：Religion as a Natural Phenomenon*）一书，主张将宗教信仰视为自然现象予以科学研究，如果通过科学研究发现宗教信仰弊多于利，就要将它摒弃。应该说，美欧出现的这一轮宗教质疑思潮是对近代宗教社会功能的反思。

哈里斯、道金斯和德内特在对宗教的批判中，不约而同地将对象聚焦于组织性宗教和人格神（personal god）信仰。对于非组织性的宗教和人们的宗教灵性，教授们给予更多的肯定。特别是哈里斯，他对禅宗予以很高的评价，认为禅学是可以通过科学研究而得到理解的自然现象，不需要假设神的存在。在宗教学上，主流观点认为，西方传统中具有强大组织性的一神教是宗教发展的高级阶段，也是东方无神教、多神教的发展归宿。从21世纪的世界宗教与社会关系看，对东方的弱组织性宗教的现代价值，也许需要重新评估。①

六、风险社会造成社会戾气升级

风险社会的发展造成社会积怨的戾气升级。1992年，德国社会学家乌尔里希·贝克（Ulrich Beck）在其著作《风险社会》（*Risk Society*）中提出有关西方后工业社会已经进入"风险社会"年代时，人们尚未完全意识到其警告的全义。贝克指出，世界科技发展迅速，一方面固然解决了不少老问题，改善了人类的生活，但也同时"制造"了新的问题、新的风险。……今天，全球因工业及食物安全风险造成的死亡，比纯自然传播疾病的还要多，且不少病变也因人为因素而失控。人类通过数码科技或网络恐怖主义造成的破坏（包括战争），比天然灾害更加致命。现代社会不再是一个安全的社会，而风险也不尽可预示或防范。②

---

① 魏德东. 宗教是恐怖主义的一种形式？[N]. 中国民族报，2006-11-14.
② 张炳良. 世界不再安全[N]. 明报，2008-10-01.

车臣人和俄罗斯人的历史积怨由来已久。18世纪初,沙俄开始向高加索地区扩张。沙俄经过多年血腥战争,从波斯帝国和奥斯曼土耳其帝国手中夺得车臣。19世纪中期,俄罗斯消灭和赶走包括车臣人在内的山民,兼并北高加索。沙俄政府一方面大量驱逐当地土著居民,一方面向该地区移民,使车臣和北高加索其他各民族很快成为少数民族。车臣人与俄罗斯人因此结下"深仇大恨"。进入21世纪以来,车臣分裂武装分子先后制造了"莫斯科人质事件""莫斯科图什诺机场音乐会爆炸案""莫斯科地铁爆炸案""卡德罗夫总统被炸案"等一系列恶性恐怖事件。这些恐怖主义事件又加重了车臣与俄罗斯的社会积怨。[1]

有些国家陷入风险社会的严重程度,既不限于因为经济发展"制造"人为风险,也不止于科技发展"制造"的社会风险,更源自社会由前现代走进现代过程中,"去伦理、求短利"心态所造成的道德风险。在这些国家,各种社会矛盾没有及时得到疏导和化解,而产生各种社会积怨,而且,这些问题随着时间不断积累沉淀,进而转化为现实仇恨,从而为一些人制造恐怖主义事件提供了借口。特别是网民情绪在网络空间的表达和发泄,在问题不能得到有效解决的情境下,势必引发群体性事件,事件的主体则可能成为积聚社会戾气的各种力量,加剧社会风险。

第四节 网络恐怖主义生成的技术环境

技术环境,即PEST分析模型中的T因素,除了关注分析对象所处领域的活动直接相关技术手段的发展变化外,还关注国家对科技开发的投资和支持重点、该领域技术发展动态和研究开发费用总额、技术转移和技术商品化速度、专利及其保护情况等。科学技术的发展对人类社会进步的推动作用改变了社会的生产方式,改变了人们的生活方式和生活环境。从人类历史上科技革命带来的社会变革看,科技的发展成为社会变革的重要推动力量。科技在推动社会向前发展的同时,也在某种程度上制约着社会的发展方向,是正负面效应的双重反映。一方面,网络技术的推广和应用几乎使人人都能利用最新的科技进展,这其中也包括恐怖分子;另一方面,网络普及之后才使网络本身有可能成为攻击目标和攻击手段,网络越普及,

---

[1] 陈天林. 怎样看当前世界恐怖主义[N]. 学习时报,2013-08-05.

网络恐怖攻击造成的影响范围越广。

一、信息技术革命是直接推动原因

信息技术革命是网络恐怖主义产生的直接原因。始于20世纪90年代中期的技术革命，让基于信息技术提供的信息资源的各种想象成为现实，改变了人们的生活方式。信息时代的到来，为网络恐怖主义活动提供了技术条件和组织条件。随着信息革命的深入发展，网络恐怖主义活动将越来越依赖于信息和通信技术，各种冲突也将围绕信息和"软力量"展开。

高科技的普及与先进武器技术的扩散，是网络恐怖主义活动数量增加的一个不可忽视的重要原因。网络恐怖分子采取高科技手段制造恐怖暴力事件，使人们在防范网络恐怖主义方面更加困难。日本东京地铁的沙林毒气案和层出不穷的网络恐怖攻击事件无疑给现代社会敲响了警钟。恐怖分子可以通过正常途径获得或自制一些原本尖端的高技术器材，而且，发达的信息技术、国际互联网络和各种传媒为恐怖分子搜猎情报和传递信息提供了便利。一些高学历、高智商的知识分子也加入恐怖集团，采用高科技手段为恐怖活动服务，并且把袭击的对象扩大到经济和信息领域。由于冷战后国际社会缺乏有效控制核生化武器及其制造技术的能力，恐怖分子通过黑市购买大规模杀伤性武器及其技术的危险性进一步增大。拥有先进技术和武器使恐怖主义"如虎添翼"，大大增强了恐怖主义的威慑力和破坏力。

信息网络成为网络恐怖主义滋生和发展的土壤，为其提供攻击技术、攻击对象、进攻的隐蔽环境等。现实世界对信息网络的依赖程度越高，理论上说，网络恐怖主义发生的可能性就越大；信息网络自身越脆弱，网络恐怖主义可能造成的破坏性就越大。正如美国前国防部长科恩所说："我们越是依赖计算机和信息系统，我们在那些网络恐怖分子面前就变得越脆弱……"[①]

二、网络依赖程度加深是客观条件

对网络依赖程度的逐步加深是网络恐怖主义泛滥的重要客观条件。网络设备与网络技术的不断更新与进步推动了计算机网络技术的发展，在带来网络市场大

[①] 朱宏胜. 浅析网络恐怖主义[J]. 蚌埠学院学报，2015(1):167-170.

发展与大繁荣的同时,也在客观上造成人们对网络日益增多的需求与日益加深的依赖。网络的全球性覆盖是网络恐怖主义产生的"硬件"。无论是发达国家还是发展中国家,其网络的覆盖率与网民数量都是惊人的。"由于发达国家对网络极强的依赖性,因而(网络恐怖行动)对其网络中枢的打击可能是致命的,由此产生了'戴维效应',即弱的对手通过掌握先进技术重创敌人的方式可能成为弱国战胜强国的有效方式。"①

移动互联网塑造了全新的社会生活形态,互联网对整体社会的影响已进入新的阶段。正是因为各国的网络发展迅速,对网络的依赖不断提高,以至于对网络系统的任何恐怖攻击,都有可能带来意想不到的灾难。网络的全球性覆盖成为网络恐怖主义产生的最直接、最重要的外因。②

物质世界(物质和能量)和虚拟世界(信息以符号的、二进制的、隐喻的方式表达)的结合扩展使世界变得更为复杂,导致各行各业对网络的依赖加剧,电力、水力和天然气公益事业、食品加工、制药业和其他物品制造业、航空管理、铁路和其他交通管理系统、财政系统、能源服务业、通信系统和武器装备的管理都依赖计算机系统。

三、信息产业的发展成为风险因素

信息产业的发展成为网络恐怖主义产生的风险因素。卡巴斯基实验室的CEO尤金·卡巴斯基曾指出:产业化的网络犯罪、网络蠕虫与网络恐怖主义,以及在线数据落入罪恶之手,是当今世界面临的安全隐患。

根据信息产业界的"摩尔定律",当价格不变时,每隔18个月集成电路上可容纳的晶体管数目与性能便会增加一倍。国家的秩序和社会的治理依赖网络,人们的信息获取和相互沟通也依赖网络,全球化时代信息产业本身加剧发展的同时,其负面效应也会导致信息化时代得到迅速发展的网络恐怖主义活动的危害性不断增加。

越来越多的数据在网络空间存储和传播,敏感信息泄露事件发生的频率越来越高,产生影响的事件规模越来越大,涉及的国家数量也越来越多,恶意软件攻击造成的影响导致世界范围的恶性事件"此起彼伏",网络恐怖主义活动发展为分工专业且明确的产业链。有专家说,解决这些隐患的根本在于技术创新,也就是要用更先进的技术摧毁网络恐怖分子的企图。然而,网络与新技术应用的双刃剑作用,

---

① 朱永彪,任彦.国际网络恐怖主义研究[M].北京:中国社会科学出版社.2014:54.
② 孙晓娟.网络恐怖主义的成因、危害性及其防控对策[J].湖北警官学院学报,2014,27(11):36-38.

在为打击和防范网络恐怖主义提供更有效工具的同时,一旦掌控权转移至网络恐怖主义主体,则更会加剧网络攻击的风险。

四、现代传媒发挥一定助推作用

媒体的影响力随着信息的重要性提高而提高。从传统媒体时代到新媒体时代,现代大众传媒的普及和广泛应用,对网络恐怖主义的传播起到了一定的助推作用。新媒体的应用和传播平台的广泛发展,使新闻媒介无意中成为传播网络恐怖主义的重要环节和工具,特别是网络媒介的放大器效应,无形中扩大了网络恐怖主义的传播效果。

在日常报道中,有些新闻记者把各种各样的暴力犯罪行为都一概称作恐怖主义。这种标签有时贴对了,而更多情况下是贴错了,由于大众媒体对人们的生活影响如此之大,忽视大众媒体的作用是不可取的。实际上,大众媒体在网络恐怖主义的传播中发挥了关键的推波助澜作用。特别是,现代传播技术的发展在极大方便人们生活的同时,也为恐怖分子提供了传播恐怖效果的扩增器,使他们的恐怖活动迅速为全世界知晓。正如一名恐怖分子所说:"我们如果在山区打死50名士兵,人们不会就此大惊小怪。但是,我们要在巴黎街头杀死两个法国商人,那就会成为轰动世界的头号新闻。"

有专家分析,大众传媒往往以耸人听闻的手法报道恐怖主义事件以吸引听众和观众,同时这些报道也成为恐怖分子宣扬他们"事业"和"使命"的扩大器。发达的现代大众传媒使地球各个角落的人都能目睹某个地点上演的恐怖剧,这恰好满足了恐怖分子扩大其影响、宣传其主张的欲望。此外,媒体在报道受到恐怖主义袭击影响和危害的同时也成为遇难者家属的代言人,成为给政府施加巨大社会舆论压力的附加力量,干扰政府的反恐怖主义行动计划。[①] 特别是新媒体和社交媒体的发展,加剧了网络恐怖主义传播影响,也扩大了恐怖袭击的网络和社会效应。

五、网络信息化提供各种技术支持

网络为网络恐怖主义活动提供了各种技术支持。网络本身所呈现的匿名性、隐秘性、传播快捷性、全球覆盖性等特征和"优势",使其迅速成为"基地"恐怖组织

---

① 阮传胜.恐怖主义犯罪研究[M].北京:北京大学出版社,2007:6-10.

网络恐怖主义与网络反恐

开展活动的工具。无论是人员风险、攻击成本、攻击手段和目标,还是各种信息情报收集和恐袭效果扩大等,网络信息化技术都能够为网络恐怖主义主体提供各种"支持"。

第一,网络空间活动减少网络恐怖组织成员在现实社会的流动风险。通过网络进行恐怖主义活动,可以最大限度减少人员流动的风险。通过网络组织恐怖活动,不需要进入目标国和目标区域便可组织策划实施袭击行动。同时,恐怖组织借助网络,可以更便捷地联络、招募世界范围的恐怖分子。包括"伊斯兰国"组织的众多成员,都是通过网络实现信息传递和成员招募。鉴于网络本身的隐秘性和分散性,网络恐怖分子通过构建海量网站和不断更换域名以逃避追踪、打击,并运用秘密联络技巧掩盖其真实行为,使政府相关部门难以有效应对。网络恐怖分子可以通过网络进行恐怖活动,而不易露出蛛丝马迹,即使事后被人们发觉,也很难追踪溯源。熟练掌握信息网络科技的"技术黑客"、熟练使用网络媒体展开宣传攻势的"公关先生"和熟练制作传播丰富音视频内容的"媒体精英"等,这些在网络空间的"新形象",既可能是网络恐怖组织为掩饰其身份的伪装,也可能是网络恐怖组织发展的潜在力量。

第二,网络技术提供更多网络攻击手段。在战争史上,原子弹曾经改变了战争的形态,现在,网络战将是改变世界战争状态的又一可能。2009年11月,美国网络安全公司McAfee警告称,国际社会正出现一场"网络军备竞赛",法国、以色列、俄罗斯和美国都已开发"网络武器"。2008年,微软为惩罚盗版而强行对装有盗版Windows系统的电脑采取"黑屏"措施,引发轩然大波。虽然该公司一再声称此次验证不会影响计算机用户的正常使用,然而,此事让中国计算机使用者心有余悸。许多专家认为,"黑屏"好比网络恐怖主义行径,或将对国家安全造成影响。中国工程院院士倪光南表示:"这是一种恐怖信号,是'网络恐怖主义'。现在,微软是代表正义,如果代表邪恶,那就十分危险。"微软可以按需对用户机器实施黑屏警告,这表明微软实际上控制了用户的机器,可以越过用户,从用户机器上随意提取信息,随意操控机器,用户反倒不是机器的真正主人。不难设想,如果微软需要的话,它可以使用户机器产生更严重的后果,对于这样的机器是谈不上信息安全保障的。① 据西班牙《阿贝赛报》2017年5月报道,克罗地亚网络安全专家米罗斯拉夫·什坦帕尔发现了一个比肆虐全球150个国家的"想哭"病毒更加强大的病毒——"永恒之石"病毒。这个新的蠕虫病毒利用了美国国家安全局泄露的网络武器包,其中包

---

① 罗小卫. 微软释放"恐怖信号"国家安全旧话重提[N]. 华夏时报,2008-10-25.

括7种攻击工具。这些攻击工具曾被美国国家安全局用来实施网络间谍行动,却被黑客组织"影子经纪人"组织泄露。美国国家航空航天局的253个开源软件项目,极大方便了恐怖分子的恐怖活动。有报道称,恐怖分子可以利用NASA的开源项目加快远程武器开发速度,未来恐怖分子的远程大规模杀伤性武器,可能打击到世界的每一个角落,甚至是太空。届时,恐怖分子将拥有毁灭全人类的能力。

第三,网络技术拓展网络恐怖主义攻击领域。遍布世界的通信与网络为恐怖组织实施恐怖袭击提供了更为便捷与先进的通信手段和技术支持。网络恐怖分子一方面可以通过现代网络系统传达指令,控制及协调活动;另一方面还可以利用互联网的脆弱性对金融、电信、能源交通、商业系统进行破坏活动,或者利用网络信息技术进行洗钱、融资等犯罪活动,造成比传统恐怖犯罪活动更为严重的危害,公然挑衅国际经济安全。1997年9月30日,意大利中央银行的一些电脑终端自动脱离网络,同时,那些受到侵害的计算机屏幕显示自称"长枪党武装"的公报:"我们回来了!我们已经控制了一些信息系统……这是一场你们未曾料到的革命。"美国联邦调查局2002年4月公布的一项民意调查显示,大多数美国公司的电脑网络受到过黑客的袭击,经济损失惨重,仅当年的1月至4月因网络恐怖攻击而导致的直接经济损失就已达到4.45亿美元。随着经济全球化的日益加速,网络恐怖分子通过掌握和控制高科技手段破坏社会经济的能力会更为强大,而其造成的危害也将更为严重,而这一变化又会诱使恐怖主义犯罪锁定更多经济领域目标。①

第四,网络技术丰富网络恐怖主义所需各种信息。网络为网络恐怖主义活动提供了更加丰富的信息来源和信息交流、传递的渠道。中东、车臣、欧洲和拉丁美洲的反政府组织在20世纪90年代中期就开始利用网络开展活动。网上内容包罗万象,恐怖分子既能获取有关国家的政治、经济和军事信息,也可掌握武器制造、黑客技术,甚至获得网络武器等。"9·11"事件前,美国科学家联合会、核能协调委员会、环保局以及疾病防控中心等机构的官网包含大量有关美核武清单、间谍卫星、核武器生产工厂分布、紧急情况处理以及化学设备安全等方面的档案材料。在阿富汗发现的"基地"组织电脑中,就存有如何利用美国通信、电力、水力分布网的指示和计划信息,以及一些水坝的详细构造图。在2008年印度孟买爆炸案中,恐怖分子利用全球定位系统和谷歌地图掌握目标地形,利用黑莓手机实时了解政府的应对部署。②

第五,网络技术放大网络恐怖主义袭击心理效应。美国和平协会的恐怖主义

---

① 喻义,夏勇. 全球化的恐怖主义:从政治恐怖走向经济犯罪[J]. 犯罪研究,2014(1).
② 唐岚. 网络恐怖主义:安全威胁不容忽视[N]. 人民日报,2014-07-21.

和通信专家加布里埃尔·维曼说:"互联网被(恐怖分子)用于传播信息、恐吓和发动心理战。"安全专家认为,恐怖分子在互联网上散布关于劫持人质和斩首的视频片段,是为了制造强大的恐怖心理效应。在韩国和美国人质事件中,恐怖分子先放出关于人质乞求释放和武装分子威胁斩首的视频,随后互联网和阿拉伯电视台出现人质遭斩首的视频片段,血腥场面令人发指。"9·11"事件后,美国反恐战争的关注焦点是"网络恐怖主义"威胁,防止技术高超的恐怖分子侵入政府、军方、航空和电力能源网站和其他基础设施的计算机系统。许多专家认为,美国反恐部门把目光集中在网络恐怖威胁上时,却忽视了恐怖分子对互联网的使用。维曼指出,恐怖分子使用互联网的活动大量增多。"他们在网上发布信息,进行威胁,还发动了形式复杂的心理战争。"①

第五节 网络恐怖主义生成的其他环境

网络恐怖分子个体的心理因素(psychological factors)也是造成网络恐怖主义产生和发展的重要因素。恐怖主义的心理根源是恐怖分子及其所依靠群体所感受到的不安全感和恐怖气氛,来源于外部世界的侵略(经济的或文化的,有时甚至是军事的)。所以,恐怖主义根源本身就可能是"恐怖"之地。网络恐怖分子成长的环境可以分为外部环境和内部环境两个方面,前者是外因,后者是内因,外因通过内因起作用。②

一方面,一些网络恐怖分子所在国家内部社会经济发展的不平衡,再加上世界范围南北发展不平衡的外部因素,在这种共同作用的影响下,一部分人的心理出现严重失衡,产生了对富人的报复心态并试图利用恐怖活动改变这种不平衡。菲律宾南部的武装恐怖分子大都出生于贫困的边远地区,多为一贫如洗的农民,为了摆脱贫困而走上恐怖主义道路。在发展中国家中存在的主要针对西方发达国家的恐怖组织之所以对欧美国家大搞恐怖活动,一个重要的原因就是它们认为,西方大国用强权维护不公正的国际政治、经济秩序,依靠政治、经济、外交斗争又看不到胜利的希望,故而铤而走险。美国小布什任总统时期,在阿以冲突中继续执行双重标

---

① 徐驰. 美国反恐:顾此失彼[N]. 北京晨报,2004-07-17.
② 张家栋. 恐怖主义论[M]. 北京:时事出版社,2007:55-61.

准,拒不签署《京都议定书》,蛮横发展美国国家导弹防御系统(NMD),从而使这些组织积蓄了大量仇恨,从这一点上看,类似"9·11"事件的发生是必然的。联合国前秘书长安南在接受《费加罗报》采访时指出:"我们铲除恐怖主义根源的决心应该比以往任何时候都更加坚定。这些根源其实早就存在。我们应该继续同贫困和愚昧进行斗争。同样,对那些尚未找到解决方案的冲突,我们一定不要放弃努力。如果人们有政治意愿,如果人们准备投入必要的金钱来发展经济,我们就能遏制住恐怖主义。"

另一方面,网络恐怖分子之所以成为网络恐怖分子,进而实施网络恐怖活动,与其成员所特有的性格、情感等心理素质也有重要的关系。作为一种常见的有组织犯罪,网络恐怖主义主体的心理因素,如犯罪的动机、目的等,在很大程度上对其发动网络恐怖主义攻击行为起着支配、决定作用。网络恐怖组织的成员往往有着共同的政治、经济或其他社会目的,这些共同的需求为恐怖分子提供了心理基础,成为维系恐怖组织存在的纽带。为实现共同的犯罪目的,犯罪者不仅需要群体合作的组织方式,还需要共同的行为方式——恐怖手段。

此外,网络恐怖主体制造恐怖事件往往关联特定的政治性因素,甚至包括狂热的政治情感驱使。政治色彩成为推动网络恐怖分子实施恐怖活动的内心起因,进而驱使其通过暗杀、绑架、爆炸等犯罪行为,制造恐怖和惊慌进而影响公众心理和立场,甚至对政府施加压力和威慑,以实现其政治目的或社会目的等。

哈佛大学法学院凯斯·R. 桑斯坦教授通过对众多社会学、心理学实验与案例的分析指出:许多时候,一群人最终做的事情是群体的成员在单独的情况下绝不会考虑和做的;当人们身处由持相同观点的人组成的群体当中时,信息的交流佐证加强了彼此的观点,他们因而更有可能走向极端;当这种群体中出现指挥群体成员做什么、让群体成员承担某些社会角色的权威人物的时候,很坏的事情就有可能发生;互联网就像一个巨大的回音室,充斥着志趣相投的人组成的小群体,成为极端思想与活动的滋生地。封闭社会更容易出现极端人群,只有致力于建立一个开放社会,才能有效削弱封闭状态下极端心理的蔓延和强化。极端分子常常选择性地忽视,即常常忽视那些与他们观点不一致的网站,而主动在一些与他们观点接近、类似、甚至相同的站点活动,并认为他们的观点就应该是正确的。极端分子常在网络中发泄情绪,并相互刺激,许多人分享、观看各类袭击视频,以发泄不满。一些人可能只在网络中有这样的情绪,但是另一些人则开始尝试在现实生活中也与极端分子建立联系,并在恐怖组织中寻找安慰。[①]

---

① 朱永彪,任彦. 国际网络恐怖主义研究[M]. 北京:中国社会科学出版社,2014:54-55.

第六章 网络恐怖主义的传播机制

所谓网络恐怖主义传播机制,就是网络恐怖主义传播的形式、方法以及流程等各个环节所构成的系统,包括传播主体(传播者)、传播途径、传播媒介以及传播客体(接收者)等,是对网络恐怖主义传播周期各阶段的总体概括。从本质上看,网络恐怖主义传播机制是社会关系传播在网络恐怖主义传播过程的体现,是使社会关系成为影响网络恐怖主义传播效果的重要因素。由于网络恐怖主义传播在很大程度上依赖社会网络这一传播基础,所以,网络恐怖主义传播活动并不是一种单纯的信息传播活动,它体现了传播主体的社会关系和其背后价值的、心理的等不同层面的文化认同。网络恐怖主义传播活动也成为网络恐怖主义主体发展社会网络、获得社会资本的重要方式。

第一节 网络恐怖主义的传播要素

1948年,美国学者哈罗德·拉斯维尔在论文《传播在社会中的结构与功能》中,首次提出构成传播过程的五种基本要素,并按照一定结构顺序将它们排列,形成"五W模式"或"拉斯维尔程式"的过程模式。这"五个W"分别是英语中五个疑问代词的第一个字母,即 who(谁),says what(说了什么),in which channel(通过什么渠道),to whom(向谁说),with what effect(有什么效果)。"五W模式"认为,传播过程由传播者、传播内容、传播渠道、受传者和传播效果五个要素和环节组成。网络恐怖主义的传播包括传播主体、传播客体、传播内容、传播载体和传播效果五个基本要素和环节。

一、网络恐怖主义传播主体

网络恐怖主义传播主体,即传播者,又称信源,指的是传播行为的实施者,即以发出信息的方式主动作用于他人的主体。在社会传播中,传播者既可以是个人,也可以是组织或群体。网络恐怖主义传播主体是在网络空间传播恐怖主义思想、言论、情绪、行为的个人和组织。网络恐怖主义的传播主体实际上就是在网络空间散播恐怖主义的行为体,包括网络恐怖主义信息的发布者、传播者等。网络恐怖主义传播主体一方面利用互联网作为工具进行网络恐怖主义传播,另一方面将互联网作为传播恐怖信息的目标。

1. 网络恐怖主义传播主体类型

网络恐怖主义传播主体包括传播网络恐怖主义的个人和组织,与网络传播主体一样,都有明显的网络特征,可以分为以下几个类型。

第一,雇佣关系型。这类网络恐怖主义传播主体大多是被雇用来按一定算法付费的水军,目的是诋毁对手或者炒作相关话题。网络恐怖主义传播主体中的这部分人,受雇于一定的恐怖组织,在其网站上发布相关信息,吸引潜在的恐怖力量,实现招募、宣传、公关等目标。

第二,意见领袖型。这类网络恐怖主义主体喜欢以自己的知识和经历等在网络空间与别人辩论,一方面,这种辩论属于典型的自我表达;另一方面,这类人由于在某一领域的专长而受到关注且拥有一定数量的粉丝,进而在某些情况下影响他人的看法、观点和决策。网络空间以"基地007"为账户名的用户就属于这种类型。

第三,潜水型。这类网络恐怖主义主体是网络空间存在的"沉默的螺旋",一般情况下,这些人不轻易发表任何意见和看法,也不参与讨论。但是,他们经常浏览网络,关注网络热点、焦点,知道网络空间在谈论什么和关注的焦点是什么。这种类型的网络恐怖主义主体散布在网络空间,在很大程度上是可以被激发的潜在力量。

第四,自我表达型。这类网络恐怖主义主体的自我表现欲望较为强烈,不管有没有人关注、有没有人倾听,都会根据自己的节奏发布一些信息,发布一些希望别人也关注的内容。一方面,这种类型的网络恐怖主义主体表达的内容出于组织的需要;另一方面,通过自我表达,能够吸引潜在的力量加入恐怖组织。

第五,社交活跃型。这种类型的网络恐怖主义主体在网络空间积极互动、广泛沟通,通过结交"朋友",扩大社交圈,并通过发布恐怖信息扩大恐怖影响,传播恐怖主义精神,以便增强组织的力量,招募更多的人员。

2. 网络恐怖主义传播主体的工具特征

信息技术和互联网技术的发展与普及,以及新的网络应用、网络技术等为网络恐怖主义主体利用网络实现恐怖目标提供了渠道和平台。新闻媒体、社交媒体、视频网站、网络游戏等,都可能成为网络恐怖主义主体的攻击目标和被利用的工具。网络恐怖主义主体通过创办不同的网站或使用不同的网络工具进行网络信息传播,进而实现其特定的目标。如果网络恐怖主义主体利用微博作为传播工具的话,只要成为微博的注册用户就可以实现。网络恐怖主义传播主体也不例外,而且,随着网络应用的不断更新,网络恐怖主义主体传播工具也有更多的选择。网络恐怖主义传播主体工具,实际上又是网络恐怖主义传播的载体,相关论述将在网络恐怖主义传播载体部分展开。

3. 网络恐怖主义传播主体的传播特征

网络恐怖主义传播主体选择利用各种工具进行网络恐怖主义传播,不仅表现出手段多样且目标多元等特征,而且积极利用网络实现其他目标。

第一,网络恐怖主义传播主体通过网络宣传扩大影响。网络恐怖组织可以通过网络,以独特方式向潜在的支持者传递信息,各国政府却无法实施有效打击。国家支持已经不再是网络恐怖分子不可或缺的因素,因为恐怖分子从网络空间中获得的新优势使国家支持失去了现实意义。因此,网络宣传成为网络恐怖组织扩大影响力的重要平台。

第二,网络恐怖主义传播主体通过网络沟通扩展队伍。互联网成为恐怖分子交流沟通和传道授业的平台,也成为新生恐怖分子首选的"课堂"。一个名为"利剑"的"基地"网站每月虽然只开放两次,内容却令人毛骨悚然——恐怖分子在此空间公然讨论绑架和杀害人质的技巧。该网站还提供其他教程,如沙林毒气、汽车炸弹以及各种爆炸物的杀伤力和使用方法等。有专家利用网络搜索技术了解这些网站的现状时发现,2008年已有5亿个恐怖分子发布的网页和帖子,其中讨论简易爆炸装置的就有数万个。[①] 此外,网络恐怖组织内部还通过加密工具进行沟通交

---

① 唐岚. 网络恐怖主义:安全威胁不容忽视[N]. 人民日报,2014-07-21.

流,策划行动。

第三,网络恐怖主义传播主体通过网络攻击扩充阵地。在美国"9·11"、西班牙"3·11"及2005年7月伦敦恐怖事件中,互联网都成为恐怖组织协调攻击行动、制订攻击计划的重要工具。1976年到1978年间,一个名为"红色旅"的恐怖组织用计算机炸弹攻击了意大利的8个计算机中心,造成上百万美元的损失。20世纪80年代,"红色旅"又对电子商务、计算机和武器制造业发动了27起攻击,它们在宣言中把对计算机系统和设备的摧毁指定为"对国家的心脏予以打击"的一种方法。"9·11"事件之后,恐怖组织的传统生存空间受到打压而缩减,以"基地"组织为代表的恐怖组织,都在不同程度上加快网络化生存的步伐,扩大在虚拟网络空间的阵地。

二、网络恐怖主义传播客体

网络恐怖主义传播客体,即网络恐怖主义传播主体传播内容的接收者和反馈者,是网络恐怖主义行为主体作用的对象。可以说,网络恐怖主义传播客体,是网络恐怖主义主体通过网络空间施以影响的对象,既包括线上的传播客体(受众),也包括通过线上传播影响的线下传播客体(受众)。

1. 网络恐怖主义传播客体类型

一方面,网络恐怖主义传播主体的行为和影响通过网络空间直接作用于传播客体;另一方面,网络恐怖主义传播主体的行为和影响通过网络空间的影响延伸至线下,形成线上和线下的互动。因此,网络恐怖主义传播客体包括线上和线下受众,还包括网络围观者和网络监管者。

第一,网络受众。传播学的受众,指的是信息传播的接收者,包括报刊和书籍的读者、广播的听众、电影电视的观众、网民等。从宏观上看,受众是一个巨大的集合体;从微观上看,受众体现为具有丰富社会多样性的人。受众是一个集合概念,不仅仅是传媒信息的使用者或消费者,还是社会构成的基本成员,也是参与社会管理和社会公共事务的公众。所以,受众在大众传播过程中享有传播权,即传统意义上的表达自由或言论自由的权利。受众有权将自己的经验、体会、思想、观点和认识通过言论、创作、著述等活动表现出来,并有权通过一切合法手段和渠道加以传播。

网络恐怖主义传播中的网络受众,是指网络恐怖主义主体所传播内容的接收者,主要是网民。网络恐怖主义的网络受众是一个集合概念,包括各种网络成员,与网络主体的发展息息相关。

自媒体时代,社交化网络等便捷的通信工具使人人都可以成为消息或新闻的发布者,信息发布的门槛降低,再加上网络空间信息的多样性和复杂性,内容良莠不齐,真假难辨,很容易对网络受众造成负面引导。所以,网络受众作为传播客体的角色也可能发展转变,成为传播主体。因此,网络恐怖主义传播客体中的网络受众在网络空间各种信息和恐怖意识形态传播的影响下,特别是在网络恐怖主义主体传播内容的"洗脑"后,也很容易转换角色,成为传播网络恐怖主义信息的主体。

第二,网络围观者。"网络围观"之所以成为高频词,是源自湖北省石首市涉及某酒店厨师的疑似自杀事件。该事件导致很多人在网络空间的围观行为,事情虽然最终得到解决,但是,"围观"则成为网络参与的新模式。

网络围观行为与传统舆论场的有人大声疾呼不同,这类网络主体总是默默地传播消息。由于网络的无边界特点,一个网络事件在开始的时候备受关注,不久,就会像石子投入水中一样,水波会一圈一圈荡漾开去,最终到达池塘的每个角落。随着网络空间信息快速传递和拓展,更多的网民受到相关信息的吸引而默默观看,而网民的网络围观行为更像一次又一次的正反馈,使池塘里的水变得不平静。

网络恐怖主义主体在网络上的各种言论,无论是文字图片,还是音视频或直播,都可能成为网络围观者关注的内容。甚至当网络恐怖主义主体提出一个观点后,网民通过网络各大论坛、贴吧进行抨击,提出自己观点,或者进行举报,网络空间各方的行为则会产生不同的结果,一方面,可以帮助网络恐怖主义主体实现其传播目标;另一方面,也为各国政府打击网络恐怖主义提供线索。

第三,网络监管者。网络监督是各级政府或人民大众通过互联网对某一件事的了解、关注、研究,并提供信息或介入支持,在公开、公正、公平的条件下使事情得到圆满解决。随着网络深入人们的政治生活,网民通过互联网了解国家事务,发表意见建议,提供信息线索,行使民主监督权利,推动网络舆论的形成,使虚拟的网络空间变成实施监督的平台。

网络监管者就是实施网络监督权力的政府、机构、组织和研究部门。一般意义的网络监管者,是指实施网络监督的职能部门。各种网络形态的并存与互动,使网络监督不仅快速、便捷,而且成本低、效果好。网络蕴藏的海量信息,为实施打击和防范网络恐怖主义的各类监管者,包括监察以及司法部门等,提供了丰富、直接的各种线索。

职能部门的网络监管与网民的普遍参与,两者的结合为实时监控网络恐怖主义行为提供了可能。同时,网络的匿蔽性也为网络恐怖主义主体的网上行为提供了保护,给网络监督者提出了难题。

第四,线下受众。从传播学的角度看,"线下"是相对"线上"而言的。"线上"主要指利用互联网等虚拟媒介实现的一系列没有发生面对面交谈交互的情况与动作。"线下"是指真实发生的、当面的、人与人通过肢体动态的一系列行为活动。

在网络恐怖主义传播过程中的线下受众,既包括那些间接通过各种网络渠道接收网络恐怖主义内容的受众,也包括那些从别处道听途说耳濡目染了解网络恐怖主义内容的受众;既包括间接通过网络参与传播网络恐怖主义活动的受众,也包括虽未直接网络参与却受到网络参与者直接影响或领导的受众。这类传播者虽未直接在网络空间活动,但是,他们的行为也会直接或间接对网络空间的网络恐怖主义行为产生影响。

2. 网络恐怖主义传播客体特征

网民的数量和规模直接影响网络恐怖主义传播客体的数量和规模,而且,受到网络空间各种言论和行为的影响,网络恐怖主义传播客体也会表现出不同的特征,这种特征与网络恐怖主义本身的发展有关,也与防范网络恐怖主义力量的博弈相关。

第一,网络恐怖主义传播客体数量庞大。网络恐怖主义传播客体的数量与规模,同全球网民数量与规模成正比。根据 Hootsuite 和 We Are Social 两家机构发布的有关全球社交网络调查的《2017 年全球数字报告》(*Digital In 2017 Global Overview*),全球各种社交网络的总用户规模为 30.28 亿人,而全世界的人口总量目前为 75 亿人。这意味着全世界有四成的人口在使用社交网络,另外,全球的互联网用户已经达到 38 亿人,这也意味着只有比较少的网络用户尚未接触到社交网络平台。这样庞大的网络群体,一方面,可能成为网络恐怖主义主体发展的对象;另一方面,也成为潜在的社会不确定因素。

第二,网络恐怖主义传播客体容易发生角色转换。在一般的传播流程中,接收者,即受传者,又称信宿,即信息的接收者和反映者,是传播者的作用对象。"作用对象"一词并不意味着受传者是被动的存在,相反,可以通过反馈互动影响传播者。受传者同样可以是个人,也可以是组织或群体。传播者和受传者并不是固定不变的角色,在一般传播活动中,这两者可能发生角色的转换或交替。同样,网络恐怖主义传播客体,在网络恐怖主义传播过程中,并不是被动地存在,也不是一味接收网络恐怖主义传播主体发布的各种信息,他们也会通过各种反馈影响网络恐怖主义传播主体,同时,网络恐怖主义传播主体也会利用网络的放大器效应,通过各种手段拉拢网络恐怖主义传播客体,使其成为网络恐怖主义传播主体的成员,完成对网络恐怖主义客体的招募和利诱,这两种情况同样都可以实现网络恐怖主义主客体角色的转变。

第三,网络恐怖主义传播客体可以发展为防范力量。网络恐怖主义传播客体一方面是网络恐怖主义主体拉拢争取的对象,另一方面也是发展防范和打击网络恐怖主义队伍必须争取的力量。数量巨大的网络恐怖主义传播客体,不仅可以为防范网络恐怖主义出谋划策,也可以为防范网络恐怖主义实施网络攻击等暴力行为提供线索。网络的无国界性,为防范网络恐怖主义的全球合作提供了良好的机会。

三、网络恐怖主义传播内容

信息是传播者和受传者之间社会互动的介质,通过信息,两者之间发生意义的交换,达到互动的目的。因此,表现为文字、图片、音视频、表情等的网络信息成为网络传播的内容形式。而且,随着与恐怖分子相关的网站数量增长和不断更新的网络应用,网络恐怖主义传播内容的形式也在不断发生变化。

1. 网络恐怖主义的图文传播

网络恐怖主义主体通过网络空间发布恐怖文字和图片,宣传其恐怖思想,渲染恐怖情绪,制造恐怖氛围,以期达到其恐怖目的。

媒体转引华盛顿网址研究所研究员乔纳森·尚策(Jonathan Schanzer)的言论称,"9·11"事件之后,"基地"已经不再是一个组织严密的集团,而是逐渐转变为众多有相同目的的恐怖组织的核心,并借助因特网共享信息。尚策认为:"对于恐怖分子来说,他们永远比我们快。就像病毒一样,先有病毒,后有杀毒软件。"然而,"面对病毒带来的损失,杀毒软件往往无能为力"。[1]

华盛顿网址研究所主任里塔·卡茨一直跟踪研究网络恐怖主义,根据在网络上发布的恐怖信息以及通过网络传递的电子邮件对恐怖分子的动向作出分析和判断。卡茨说,在一些张贴有"恐怖檄文"内容的网站上,张贴大量传授制造恐怖袭击的内容,这些细节与在阿富汗获得的文字版恐怖手册内容一致,而且这些内容都由被联邦调查局通缉的赛义夫·阿德尔编写。赛义夫·阿德尔是"基地"组织核心圈人物,以编著恐怖手册和发布恐怖新技术闻名。这位前埃及特种部队上校也是除奥萨马·本·拉登及其副手艾曼·扎瓦希里之外被美国悬赏 2 500 万美元捉拿的

---

[1] 凌朔. 建立虚拟训练营恐怖组织也跟潮"基地"新生代玩转因特网[N]. 今晚报,2004-08-13(16).

重要恐怖组织头目。根据网址研究所的研究成果,在一个恐怖网站上,阿德尔详细地介绍了手机炸弹的制造及使用方法。这种隐蔽炸弹,正是2004年3月11日致使191人死亡的马德里连环爆炸案的"罪魁武器"。

除了发布恐怖袭击相关技术外,恐怖主义网站还向全球恐怖分子介绍袭击目标国的相关情况,包括哪些目标值得袭击、哪些目标易于袭击、何时袭击易于得手等。就在2004年4月伊拉克和沙特阿拉伯发生频繁绑架事件前一个月,网址研究所曾监测到某些网站发布有关如何绑架人质的技术指南。卡茨说,其中有一份指南的发布者就是阿布·哈杰尔,此人后来被证实是杀害美国人质保罗·约翰逊的凶手。2011年9月,哈萨克斯坦屏蔽了51个宣扬宗教极端主义,且大肆灌输"圣战""复仇"思想,并图文并茂地介绍了如何制作爆炸装置,实施恐怖主义活动的境外网站。2015年,比利时检察官办公室曾发表声明说,一个国际恐怖组织试图经由名为"安萨尔圣战者"的互联网极端论坛,谋划对比利时境内目标发动袭击。

擅长使用社交媒体的"伊斯兰国"也有自己的在线杂志《达比克》(*Dabiq*),创刊于2014年7月。Dabiq是一个叙利亚南部小城。"伊斯兰国"认为,这里是穆斯林和叛教徒末日决战的地方,于是给在线杂志起了这个名字。这份官方刊物由"伊斯兰国"的"生命媒体中心"(al-Hayat Media Centre)根据伊斯兰日历发布。杂志每期50页,全都用来宣传极端主义,是"伊斯兰国"专门用于向西方进行宣传的媒体武器。国际极端组织研究中心的Peter Neumann说,"伊斯兰国"制作Dabiq最大的目的就是吸引更多的欧洲伊斯兰教徒加入他们。根据维基百科,截至2016年7月31日,英文杂志*Dabiq*共出版15期,在2016年9月被另一个在线杂志*Rumiyah*(古阿拉伯语,意为"罗马")取代,以多种语言,包括英、法、德、俄、印尼语等,在网上流传。分析人士猜测,这是由于"伊斯兰国"被土耳其军队和叙利亚叛乱分子赶出Dabiq城的缘故。新杂志的名称暗指伊斯兰教预言中基督教罗马帝国的陷落——其首都君士坦丁堡在1453年被穆斯林军队攻下,并呼唤清除异教徒。

2. 网络恐怖主义的音视频传播

网络恐怖主义的音视频传播,是指网络恐怖主义主体在网络空间发布含有宣扬暴力恐怖、宗教极端、民族分裂等内容的音频和视频信息,以实施宣传其恐怖思想、渲染恐怖情绪、达到恐怖目的的行为。

从中国警方破获的大量恐怖案件来看,恐怖音视频已经成为中国境内特别是新疆地区恐怖袭击多发的重要诱因。恐怖分子大多收听、观看过"东伊运"恐怖组织发布的恐怖音视频,受过宗教极端思想的洗脑。在北京天安门金水桥、昆明和乌鲁木齐火车站等地严重暴力恐怖袭击事件发生后,"东伊运"发布视频宣称对恐怖袭击负责,并声称要继续实施恐怖袭击。据新疆公安厅发布的消息,抓捕的涉暴力恐怖犯罪的嫌疑人基本以"80后""90后"为主体,他们大多通过互联网和多媒体卡等载体观看暴恐音视频,传播宗教极端思想,学习"制爆方法"和"体能训练方式",借助QQ群、短信、微信以及非法讲经点等交流制爆经验,宣扬"圣战"思想,密谋袭击目标等。

"东伊运"恐怖组织制作的恐怖音视频主要有四个方面的内容:一是煽动进行"圣战",它们称,将摧毁异教徒,希望志愿者身上绑炸药,车上装爆炸装置,时刻保持战争状态。二是传授制爆方法和技术,"伊斯兰之声"广播第72~74期详细介绍了硝化甘油炸药等三类液体炸药及黑火药等炸药的制作方式。三是宣扬宗教极端思想,它们宣扬"圣战",包括不服从教义就是敌人等歪曲的宗教教义等言论。四是煽动民族仇恨,煽动穆斯林向异教徒发动圣战,呼吁世界穆斯林对圣战者进行援助。

有专家分析后认为,多层次、多渠道利用互联网发布恐怖音视频包括这样几种方式:一是通过自建的专门网站发布传播恐怖音视频;二是利用大型的网站建立宣传平台,发布恐怖信息;三是利用社交网站进行传播扩散;四是利用大型网盘音视频分享网站服务提供恐怖音视频下载。以色列国际反恐研究所研究员迈克·巴拉克说,恐怖分子使用互联网招募人员,传播"圣战"思想,共享制造炸弹的信息和技术。现在他们还很活跃地使用社交媒体,几乎每个恐怖组织都有自己的社交媒体账号,"伊拉克和黎凡特伊斯兰国"极端组织甚至有自己的英文电子杂志。现在恐怖分子还利用类似比特币的电子支付系统为恐怖活动筹集资金。①

2015年3月初,匿名者在YouTube上贴出一段名为"给以色列的消息"的视频,声称于4月7日发动"电子大屠杀",借以纪念犹太人的"大屠杀纪念日"。视频中,一个戴着黑客面具的人威胁要搞垮以色列关键基础设施的服务器和网站,承诺要把以色列"从网络空间抹掉"。"我们将通过电子大屠杀把以色列从网络空间抹掉,正如我们之前做过许多次的那样,我们将搞垮服务器、政府网站,以色列的军事站点和机构。"匿名者宣称,巴勒斯坦的年轻人是"自由的象征",并鼓励他们"永不放弃,匿名者与你们在一起并将一直保护你们"。这段视频的字幕为阿拉伯语,旁白为英语并用电音失真,可能是为了隐藏真实身份。视频包含以色列总理本杰明·内塔尼亚胡与军方领导人和内阁成员会谈以及加沙冲突的画面。画面中,出现了受轰炸的区域和受伤的巴勒斯坦儿童。在2014年的加沙战争中,以色列政府杀害

---

① 曹凯,刘彤,桂涛. 打击网络恐怖主义 国际合作刻不容缓[EB/OL]. 新华网,2014-11-20. http://news.xinhuanet.com/2014-11/20/c_1113340060.htm.

了成千上万的人,显示出以色列根本不尊重国际法,"我们要给予你们再次的惩罚"。

3. 网络恐怖主义的表情传播

1982年9月19日,美国卡耐基-梅隆大学的斯科特·法尔曼(匹兹堡计算机科学教授)教授在电子公告板,第一次输入了一串 ASCII 字符:":-)"(微笑,顺时针旋转90度可得)。人类历史上第一张电脑笑脸就此诞生。此后,网络表情符号在互联网世界风行,为社会广泛接受。① 2015年5月20日,英国十大最流行的表情符号出炉,排名第一的是"笑脸",其他包括"笑到流泪""红心""眨眼"和"大拇指(强)"等。②

表情符号,原本只是一种网络次文化,随着互联网和移动电话短信的普及,已经为社会广泛接受。后来,许多通信程序,特别是实时通信程序及论坛开始应用更生动的小图案(icon)来表示心情。20世纪末,在英文中有新的词汇来说明这些表情符号,即将情绪(emotion)与小图案两个单词合并,成为新词"emoticon"。在日语中,则以汉字"颜文字"称呼表情符号,"颜"字意为脸庞,"颜文字"这个词的意思就是指用文字和符号组成表情或图案,表达撰写者的心情。

同样是视觉语言,表情符号的发展速度远远超过古埃及象形文字,成为网络时代发展最快的语言。调查显示,八成英国人会使用表情符号和图标进行交流,72%的18～25岁年轻人认为,表情符号比文字更容易表达自己,29%的人表示,在自己发出的各种信息中,有至少一半是表情符号。

2016年4月,两个戴有黑纱的 Emoji 德文报道截图在网络空间大量传播。媒体对此的描述是"沙特阿拉伯强制要求所有疑似女性的聊天表情包必须戴上黑罩袍"。AcFun 弹幕视频网站也转发了戴有黑纱的 Emoji 图片,题为"萌萌哒!沙特要求聊天软件自带表情必须加上黑袍"。美国媒体《邮差》的文章称,WhatsApp 软件的 Emoji 没有戴头巾、穿罩袍,沙特非常生气。伊斯兰教大法典说明官发言人大穆提夫发布 Fatwa 教令称,"不穿罩袍的表情包严重违反了宗教教义"。然后,WhatsApp 的程序员宣布,他们在短时间内研发出"阿拉伯版本"的 Emoji,配合沙特政府的要求。③

可以说,网络恐怖主义的网络化传播,在使用文字、图片、音视频的同时,也离不开表情符号的传播。

---

① 表情符号世界通行[N]. 苹果日报,2007-07-30(A26).
② "笑脸":英国人最爱的表情符号[EB/OL]. 人民网,2015-05-20.
③ 罗梓维. 沙特要让 Emoji 穿上黑罩袍?[N/OL]. 世界说,2016-04-30. http://mini.eastday.com/a/160430084330923.html.

四、网络恐怖主义传播载体

载体,又称传播渠道、信道、手段或工具,是信息的搬运者,也是将传播过程中的各种因素相互连接起来的纽带。网络恐怖主义的传播载体是网络,不仅包括互联网,还包括信息网络,一切基于互联互通异质异构网络的各种网络,都可能成为网络恐怖主义的传播载体。

1. 网络恐怖主义的公共网络传播

尽管没有统一的概念,国际社会达成的共识是,与传统意义上的恐怖主义一样,恐怖组织一切与网络有关的活动都可列入网络恐怖范畴,包括恐怖宣传、招募人员、传授暴恐技术、筹措资金、组织和策划恐怖袭击、实施网络攻击和破坏等,都应视为危害社会公共安全的行为。现实生活中的媒介是多种多样的,邮政系统、大众传播系统、有线和无线电话系统、通信系统等都是现代人常用的媒介,也是一般意义上的公共网络。公共网络同样是网络恐怖主义传播的重要载体。网络恐怖分子可以通过任何公共网络,传播恐怖意识形态,传播恐怖视频,甚至发布网络杂志。网络恐怖分子还可以通过公共网络攻击关乎社会稳定的民用基础设施。

2. 网络恐怖主义的传媒网络传播

美国当代学者曼纽尔·卡斯特认为,网络建构了新的社会形态,而网络化逻辑的扩散实现了生产、经验、权力与文化过程的操作和结果。网络恐怖主义正是运用了网络技术的逆向功效,将互联网作为其发动心理战和宣传战的"天然战场"。

2011年2月,"阿拉伯之春"发生后,乌兹别克斯坦政府关闭了脸谱和推特等本地网站、西方网站和持独立观点的网站。2011年9月16日,塔吉克斯坦"圣战"组织通过互联网呼吁发起针对世俗政府和异教徒的"武装圣战"。一些网站正成为政治斗争的武器和破坏国家安全的工具,中亚国家都将其视为"破坏性力量",并采取措施对互联网进行严格管控。乌兹别克斯坦通过特别决议,所有连接互联网的业务都固定由隶属乌兹别克斯坦国家安全局的垄断供应商办理。

2012年1月6日,总统纳扎尔巴耶夫签发《哈萨克斯坦共和国国家安全法》,提出"电子边界"和"电子主权"的概念,强调维护国家信息安全。塔吉克斯坦则积极筹建互联网监控管理机构。尽管中亚国家都采取具体措施,着手进行有针对性的"信息战"。但是,由于一些网站的服务器设在境外而无法关闭;另有互联网用户使用匿名代理服务器和其他应用程序,绕过网络封锁,继续工作。因此,相关国家协作加强对互联网的监管,共同维护信息安全,已经成为国际社会的共识。

3. 网络恐怖主义的信息网络传播

网络恐怖主义的传播"网络"不只是互联网,还包括通信、能源、交通、金融等关键基础设施的信息网络。

被视为继陆、海、空、天之后第五空间维度的网络空间,在陆、海、空早已成为战场,外空武器化威胁迫近的背景下,也成为人类各种博弈的新战场。网络技术和网络基础设施因为与生俱来的脆弱性,成为易受攻击的"阿卡琉斯之踵"。网络攻击具有不对称性和匿名性,少数人(如黑客)可以对庞大的网络发动攻击,且难以溯源。网络技术使用门槛较低,攻击行为主体日益多元化,使网络攻击防不胜防。

传统的恐怖主义活动把攻击目标主要锁定在容易产生较大影响的外交、政府、军事以及平民目标,攻击的目的在于通过袭击引起物理侵害或巨大的经济损失,从而引起巨大的社会反响,给袭击对象国以物质和精神上的双重打击。恐怖分子把攻击目标转移到网络后,以网络经济为打击目标的恐怖活动数量不断增加,主要包括电子商务、金融、股票、交通、能源供应系统等攻击目标。从金融、交通等国家的重要基础设施,到卫星、飞机等军事设施,以及人民生活必不可少的教育、卫生等公共服务设施等,甚至包括政治、军事等关键网站,也都成为网络恐怖分子实施网络攻击的重要目标。

4. 网络恐怖主义的社交网络传播

社交网络的普及为网络恐怖主义传播提供了便利的平台,特别是社交网络在青年人中的普及,更为网络恐怖主义在全球青年中的传播提供了便捷的渠道平台。诸多数据表明,恐怖组织利用互联网及社交媒体等通信技术从事犯罪活动的现象日益严重;恐怖组织利用互联网发布恐怖暴力音视频、传播极端思想、招募人员、筹集资金、煽动策划和实施恐怖活动等,并特别针对年轻人进行"心理战"和"宣传战"。

"伊斯兰国"能吸引许多西方青年加入的原因,除了其在伊拉克攻城略地外,还与网络恐怖分子利用社交平台宣扬极端宗教思想的鼓励分不开。"伊斯兰国"通过成功的网络宣传,通过社交媒体平台征募青少年,运用技术和西方媒体工具发动网络战争。

据《华盛顿邮报》文章分析,"伊斯兰国"与传统的极端组织相比,更善于利用网络社交平台吸纳新成员。"伊斯兰国"有一套"精准的针对新一代的网络宣传手段"。它们在网络平台上的宣传图片多半混杂小猫、枪炮和超现实主义的标签。很多从西方来的极端分子,和穆斯林一样恪守伊斯兰教的教义,并在社交网络把自己的生活描述得"充满温情,充满意义",从而吸引更多西方的"新丁"加入。另外,西方青年对不同生活的向往,也促成了他们的"出走"。

英国前对外情报局反恐负责人理查德·巴雷特在报告中坦言:"那些极端分子充满怨愤,没有目标,缺乏身份认同和归属感。那些人要寻找更大的目标和生命的意义。"哈佛大学助理教授巴拉克·门德尔松承认,西方青年的人数比例成为区分"伊斯兰国"和老一代恐怖组织(如"基地"组织)的分水岭。他表示:"基地组织最大的成果是'9·11'……现在很多极端分子在那时都是孩子,对那些已经老去的组织没什么归属感。"

5. 网络恐怖主义的网络游戏传播

网络游戏空间为游戏者的相互交流提供了方便。在线的游戏者往往有他们约定的语言,只有相关玩家才能看懂其中的某些术语等特定信息,理解其所传达的意思。也正因为如此,网络恐怖分子利用网络游戏传递信息、策划行动具有一定的隐蔽性。同时,对网络游戏的监管,也成为防范网络恐怖主义的重要内容。

2013年2月,一名19岁的《英雄联盟》玩家Justin Carter被关进监狱,这是因为Carter在游戏中的言论给他带来了麻烦。据他的朋友称,Carter在游戏中对另外一个玩家说:"对,我就是疯了,我要找个都是小孩的学校,开枪干掉他们,然后生吃他们的心。"随后他打出了"LOL"和"JK",分别是英语中"大声笑"和"开玩笑"的简写。一名加拿大女性在脸谱上看到这些言论后,查询了Carter的个人信息,发现他的一个旧地址靠近一所小学,就把这件事情报告了警察。随后,Carter被捕,罪名是恐怖主义恐吓。很多人认为,校园枪击这种事情不应该拿来开玩笑,如果有人提出这种言论就要被调查。但是,Carter父母在请愿信中表示,警察在检查Carter家的行动中并没有发现任何武器。① 这是一个在网络游戏空间散播恐怖言论而被警局调查的例子,虽然当事人并没有真正的恐怖袭击行为,但是其所表现出来的潜在威胁,则是不容忽视的。

根据斯诺登的文件解密透露,美国国家安全局利用各种大型知名网络游戏监控恐怖分子,其中包括《魔兽世界》等网络游戏。根据美国民权同盟(ACLU)代表的说法,政府监控游戏避免恐怖主义计划的行为效果甚微。美国民权同盟的律师Linda Lye在采访中表示:"其他国安局的行为也类似。这个机构的监控计划都很糟糕,非常牵强和低效。"公开资料显示,美国和英国政府在《魔兽世界》等游戏空间监控恐怖分子的网络行为,并且还在Xbox Live抓捕恐怖分子。《魔兽世界》和Second Life等游戏是目标丰富的社交网络,恐怖分子和情报人员都可能藏在其中。

---

① 《英雄联盟》玩家在游戏中发表恐怖主义言论入狱[N],2013-07-03(3DM).

五、网络恐怖主义传播效果

传播效果是传播行为产生的有效结果,是指受传者接受信息后,在知识、情感、态度、行为等方面发生的变化,通常意味着传播活动在多大程度上实现了传播者的意图或目的。从广义上说,传播行为所引起的客观结果,包括对他人和周围社会实际发生作用的一切影响和后果。从狭义上讲,是传播者的某种行为实现其意图或目标的程度。

英国传播学者丹尼斯·麦奎尔提出了有关传播效果的三个理论:常识理论——受众产生的观点,以舆论的形式对传媒的活动产生重要的影响;现场理论——传媒内部工作人员的观点,支配大众传媒的运作和日常信息传播活动;社会科学理论——以传播学为代表,确保大众传媒发挥作用的同时实现社会制衡,防止负面效果。

根据传播效果依其发生的逻辑顺序或表现阶段,传播效果又可以分为三个层面:外部信息作用于人们的知觉和记忆系统,引起人们知识量的增加和知识结构的变化,属于认知层面上的效果;作用于人们的观念或价值体系而引起情绪或感情的变化,属于心理和态度层面上的效果;这些变化通过人们的言行表现出来,即成为行动层面上的效果。从认知到态度再到行动,是一个效果的累积、深化和扩大的过程。上述三个层面既体现在具体的、微观的传播过程,也体现在综合的、宏观的传播过程。

1. 网络恐怖主义传播的网络效应

网络恐怖主义攻击行为的对象具有任意性和不可预测性的特点,对于恐怖分子来说,攻击谁并不是最重要的,重要的是通过实施这种攻击行为能够产生的恐怖效果。网络恐怖主义宣传、策划、攻击等行为的网络化传播,可以更进一步强化网络传播的各种效应,这也是网络恐怖主义主体选择网络作为工具和目标的本意。

第一,网络恐怖主义传播的放大器效应。网络交互式传播方式在某种程度上充当了传播恐怖主义的工具,扩大了恐怖效应,帮助满足恐怖分子希望扩大其影响的愿望。[1] 网络恐怖分子借网络媒体效应扩大恐怖宣传,通过网络向每一个网上个体传播恐怖信息,突破了传统恐怖主义传播的局限性。[2] 针对社会存在的各种

---

[1] 蔡文之. 网络权力与规制下的恐怖主义[EB/OL]. 中国共产党新闻网,2015-06-01.
[2] 谢明刚. 网络恐怖主义探析[J]. 中国公共安全(学术版),2010(2):114-117.

冲突,网络恐怖主义主体伺机而动,将冲突性议题极端化,以便煽动和挑唆民族矛盾甚至民族仇恨,最终为其发动恐怖活动制造舆论的借口。暴恐事件客观上与特定的区域、族裔或宗教有一定关联,已经完全超越了人类的基本底线,是反人类的行为。当冲突性议题产生时,恐怖分子总会借机嵌入所谓的"民族""宗教""文化"因素,激化民族矛盾,影响民族团结。在"6·26"韶关事件中,恐怖分子就是借用这种手段进行舆论造势。2009年,广东省韶关市一家玩具厂偶然发生一起部分新疆籍员工与其他员工互殴的治安事件,境内外"三股势力"却通过"维吾尔在线国际"等网站、QQ群、论坛和个人空间等多种平台和渠道精心炒作和煽动,大肆传播谣言,最终演变成因所谓"民族仇恨"而发生的砸烧抢严重暴恐事件。①

第二,网络恐怖主义传播的互动效应。网络恐怖分子清楚地知道恐怖行动所带来的新闻价值和营销价值,因而会有意识地操纵传播媒介,企图夸大恐怖效果,从而威胁国家和社会安全。网络恐怖分子通常会采用串联、煽动、制造谣言等手段传播大量血腥画面的恐怖音视频,以达到放大恐怖效果、制造全社会集体恐慌的目的。很多恐怖组织已经建立了自己的网络传播渠道,并培养网络传播专业人员。此外,恐怖主义常用的媒介操纵手法还包括向传播媒介提供恐怖组织的政治纲领、宣言、最后通牒等文件,借媒介之手向社会传播虚假信息,从而左右公众情绪和影响公众认知。

第三,网络恐怖主义传播的协同效应。网络恐怖分子通常借助暴力手段宣誓,刻意渲染恐怖效应,给公众心理带来阴影,也以此扩大影响、鼓舞暴力恐怖团伙士气,形成协同效应。在现实社会,恐怖分子故意选择在内陆省会城市、交通工具发达等人员密集的公共场所,实施砍杀、爆炸等恐怖活动,企图通过这样的暴恐袭击扩大事件影响。同时,在虚拟空间,恐怖分子利用网络的助燃和放大作用加剧感染效果,形成协同、连锁效应。当暴恐事件发生后,网络瞬时传播成为一种免费广告,使暴恐分子的"圣战"世人皆知。此外,恐怖组织还会故意编造一些夸大性报道,使"战士"们错误地认为恐怖组织的力量已无比强大和成熟;网络媒体的超时空传播也可以让国内外的其他恐怖组织即时得到相关信息。可以说,已发生的暴恐行为通过网络媒介传播具有某种示范作用,使潜在的恐怖分子试图模仿这些行为,从而产生协同效应。

第四,网络恐怖主义传播的符号效应。为强化自身身份认同,网络恐怖分子加强话语符号的意识渗透。为骗取国内外更多人同情和支持,恐怖分子精心设计"人

---

① 邹东升,丁柯尹.移动互联时代的涉恐网络舆论与网络反恐策略[J].甘肃社会科学,2015(2):195-198.

权""宗教自由""民族独立"等一系列宣传符号和大量暴恐音频视频。除文字、影像等言语性话语符号外,恐怖分子还利用服饰这一视觉性话语符号强化极端宗教思想。近年来,恐怖分子利用普通信教群众对宗教的朴素感情,蓄意鼓动、胁迫维吾尔族妇女"吉里巴甫"(罩袍)蒙面,企图通过这样异化的标识或身份符号混淆虔诚穆斯林的标志,以此传播宗教极端思想,煽动宗教狂热,消解国家认同,制造民族分裂。为便于在实施恐怖行动的公共场所隐蔽面部特征,隐匿爆炸物品和凶器,恐怖分子也以压制宗教信仰和民族习惯为借口极力反抗政府,为煽动闹事抢占舆论先机。①

第五,网络恐怖主义传播的整合效应。互联网是易于存取信息的资料库,它剥夺了人们的"遗忘权"。经过追溯整合的系列暴恐事件,给人们造成的恐慌是强烈和持久的,特别是在经由网络多次传播后,网络多形式交融的立体传播效应影响极大。2013年发生在内罗毕西门购物中心恐怖袭击事件的制造者,对袭击事件进行了"推特直播",其轰动性影响是以往任何传播工具所无法企及的。②

2. 网络恐怖主义传播反馈的类别

反馈,指受传者对接收到的信息的反应或回应,也是受传者对传播者的反作用。获得反馈信息是传播者的意图和目的,发出反馈信息是受传者能动性的体现。反馈是体现社会传播的双向性和互动性的重要机制,其速度和质量因媒介渠道的性质有所不同,而且是传播过程不可或缺的要素。

在人际交流中,对对方传递的信息给予及时的、恰当的反馈,可以促进交流的顺利和深入进行,相反,若不能作出及时和恰当的反馈,则往往会影响交流的进行,甚至使交流失败。在人际交流中,有三种反馈形式:语言反馈、体语反馈和书面反馈。反馈也可分为三种不同的性质:积极性反馈、消极性反馈和模糊性反馈。作出理解、赞同、支持的反应是一种积极性的反馈;作出不赞同、不拥护、不支持或反对的反应为消极性反馈;没有作出明确态度和立场的反应是模糊性反馈。从另一个角度划分,反馈还包括正反馈和负反馈两个层面。正反馈,是采用正常的渠道,以合理的方式对传播者所传播的内容进行评价、建议等,是可以让其改进传播策略、优化传播内容的反馈方式。负反馈,主要表现为反馈时信息是虚假、错误的等,与正反馈的最大差别是,负反馈不能帮助传播者更好改进传播行为。

网络恐怖主义传播反馈的情况与其网络属性具有相关性,使网络恐怖主义主

---

① 邹东升,丁柯尹. 移动互联时代的涉恐网络舆论与网络反恐策略[J]. 甘肃社会科学,2015(2):195-198.

② 蔡文之. 网络权力与规制下的恐怖主义[EB/OL]. 中国共产党新闻网,2015-06-01.

体和客体交流的传播反馈通过网络实现。实际上,这种传播反馈在新媒体时代更为快捷。网络恐怖主义主体与客体的网络空间互动,相比传统恐怖主义,有更多的模式和表现手段。但是,如果要对其主体和客体间的传播反馈特点进行更透彻的研究,则需要投入更多的人力和物力。如果能够明晰其传播反馈的特征,则又增加了防范和打击网络恐怖主义的监控范式。

3. 网络恐怖主义传播反馈的作用

在传播学中,反馈的作用主要表现在以下四个方面:检验传播、证实传播效果;有助于传播者改进、优化下一步的传播内容;激发、提高传播者热情;传播双方检验事实的真实度与准确性。相应地,网络恐怖主义传播反馈的作用表现在以下方面。

第一,检验网络恐怖主义的传播效果。网络招募是网络恐怖分子扩充队伍的重要手段,包括运用科技和网络技术进行"圣战"宣传,策划和组织恐怖袭击等。在加拿大、英国等国家,都出现过通过网络招募恐怖分子的情况。如果网络恐怖分子的这些目标达成,也就意味着网络恐怖主义传播的成功,这也就是对网络恐怖主义传播效果的检验。

第二,促进网络恐怖主义主体优化传播内容。网络恐怖分子通过网络传播要达到的目标很多,也有相应的传播手段作为支撑。在网络恐怖主义传播反馈的作用下,网络恐怖主义主体能够及时知道哪些目标可以较容易地实现,哪些目标不容易实现,其中的困难主要在哪些方面。有了这些反馈结果,网络恐怖主义主体就可以随时调整传播内容,实现传播内容的优化,进而更加有效地利用网络为网络恐怖活动服务。

第三,提高网络恐怖主义传播者的传播效果。网络恐怖主义传播者在获取传播反馈的信息后,就可以十分清楚地了解哪些传播内容得到了传播,哪些传播内容得到了更好的传播,还有哪些内容没有得到很好的传播。在得知网络恐怖主义传播内容的传播效果之后,网络恐怖主义传播者可以随时调整传播时间、传播内容、传播方式、传播渠道等传播过程相关的各个要素,为网络恐怖主义的进一步有效传播提供更加明确的方式方法,改善传播渠道。

第四,检验网络恐怖主义传播事实的真实度与准确性。在单向度的传播中,恐怖主义传播主体传播出去的信息是单线性的,传播效果很难考量。在互动的网络空间,网络恐怖主义传播者传播的信息,很容易通过互动实现交流,而且能够知道传播主体传播的恐怖主义内容到达传播客体后的真实或准确与否。因此,这种能够沟通传播者和接收者的反馈过程,可以验证传播效果的真实度和准确性。

第二节 网络恐怖主义的传播模式

最早的传播模式可以追溯到公元前4世纪的亚里士多德模式(Aristotle model),该模式提出传播的五个基本要素:说话者、演讲内容、听众、效果及场合。1911年,美国学者皮尔士的《思想的法则》提出了传播三要素:信源、信息、信宿。传播学者施拉姆在《传播是怎样运行的》一书中认为,传播在广义上指的是信息的传递。传播学家阿耶尔在《什么是传播》一书中认为,传播就是人们进行信息交流的一种活动。在传播学上具有奠基意义的传播模式是哈罗德·拉斯维尔提出的"五W模式"。此后,很多学者在"五W模式"的基础上提出多种传播模式:1954年,威尔伯·施拉姆提出高度循环性的奥斯古德-施拉姆模式;1967年,丹斯提出的螺旋模式,为某些循环方式无法描述和解释的传播现象提供了更好的图解。由此可见,传播模式在不断积累、深化和发展,其演变经历了一个从单向线性到双向循环,由要素性到结构性,由静态到动态,由简单到复杂的进化过程。从网络恐怖主义传播过程的构成要素可以看出,网络恐怖主义的传播模式与信息传播模式一样,包括直线模式、互动模式和循环模式等。

一、网络恐怖主义传播的直线模式

直线模式属于单向的模式,没有为受传者提供一条反馈的渠道,这是其局限性。网络恐怖主义传播过程的直线模式包括"拉斯维尔5W模式"和"香农-韦弗模式"两种类型。

1. 拉斯维尔"五W模式"

1948年,美国政治学家、传播学四大奠基人之一的哈罗德·拉斯维尔发表了《社会传播的结构与功能》一文,提出了"五W模式"。这种模式的提出第一次将传播活动明确表述为五个环节和要素构成的过程,奠定了传播学研究的范围和基本内容,为人们理解传播过程的结构和特性提供了具体的出发点。

然而,"五W模式"忽略了传播的反馈要素,仅是一个单向线性传播图式,事实上,人类的传播活动并不是一个被动直线过程,而是一个复杂的、动态的,具有主动性、创造性和继承性的双向互动过程。因此,又有人提出其他模式。

网络恐怖主义的传播过程,在某些情况下也遵循这样的传播模式。网络恐怖主义主体在网络空间的各种传播活动,如果没有得到任何反馈,只是单向性传播各种信息时代的状况,则与此种传播模式描述的状态相似,但是这种状态也是短暂的。网络的特征决定网络恐怖主义的传播过程不可能一直持续单向传播状态。

2. 香农-韦弗模式

1949年,美国的两位信息学者C. 香农和W. 韦弗在《传播的数学理论》一书中首次提出香农-韦弗模式,用以描述电子通信过程。在这个模式中,传播被描述为一种直线性的单向过程,包括信息源、发射器、信道、接收器、信息接受者以及噪声六个因素,这里的发射器和接收器起到了编码和译码的功能。它的第一个环节是信息源,由信息源发出信息再由发射器将信息转为可以传送的信号,经过传输,由接收器把接收到的信号还原为信息,将之传递给信息接受者(亦称信宿)。在这个过程中,信息可能受到噪声的干扰,产生某些衰减和失真。

遵循香农-韦弗模式传播规律的网络恐怖主义传播也是从信息源开始,经历发射器、信道、接收器,一直到信息接收者这样的传播过程。同时,在传播过程中,要受到噪声的干扰,这是影响传播效果的因素。

图6-1 香农-韦弗模式

二、网络恐怖主义传播的互动模式

"互动传播"有两层含义:一是相对"传者本位"功能定位提出来的,指传者通过媒介内容影响受者,而受者通过反馈意见积极参与对传者的内容趋向产生影响,传者和受者之间相互促进、相互推动,这是由传媒环境改变而产生的;二是传播过程中由于新技术的应用,双向传播模式甚至多向传播模式得以广泛应用。

1. 德弗勒互动过程模式

20世纪50年代,美国社会学家M. L. 德弗勒创立提出"德弗勒互动过程模式",又称"大众传播双循环模式"。该模式是在香农-韦弗模式的基础上发展而来,主要内容是:在闭路循环传播系统中,受传者既是信息的接收者,也是信息的传送者,噪声可以出现在传播过程中的各个环节。该模式明确补充了反馈的要素、环节和渠道,突出双向性,被认为是描绘大众传播过程的一个比较完整的模式(图6-2)。

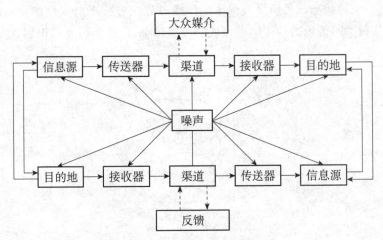

图6-2 德弗勒互动过程模式

德弗勒互动过程模式的优点是,克服了香农-韦弗模式单向直线的缺点,其描述的传播过程更符合人类传播互动的特点。与此同时,这个模式还拓展了噪声的概念,认为噪声不仅对信息,而且对传达和反馈过程中的任何一个环节或要素都会产生影响,这一点加深了传播学界对噪声所起作用的认识。该模式适用范围比较广泛,包括大众传播在内的各种类型的社会传播过程,都可以通过这个模式得到一定程度的说明。

德弗勒互动过程模式的缺陷是,该模式未能超出从过程本身或从过程内部说明过程的范畴。从辩证法的观点看,事物的运动过程不仅仅取决于过程的内部因素或内部机制,还会受到外部条件或外部环境的制约和影响。在德弗勒的模式中,唯一提到的一个外部影响因素是噪声,但是,影响传播过程的外部条件和环境因素的复杂性,并不是一个简单的噪声概念能说明的。

2. 丹斯模式

1967年,丹斯在《人类传播理论》中提出了著名的螺旋模式,为某些循环方式无法描述和解释的传播现象提供了图解。

丹斯螺旋模式的核心观点是:传播过程是向前发展的,而此刻的传播内容将影响到以后的传播结构和内容。丹斯指出,互动传播过程是一个立体的螺旋上升的过程。动态的传播过程包含各种不断变化的因素、关系和环境(图6-3)。丹斯模式针对各种过程的各个不同侧面如何随着时间而变动进行探究。从丹斯模式可以看到:传播为动态过程,受传者在传播过程中针对某一话题会在前后出现信息量的变化;传播过程中,参与双方的认知场会扩大;针对不同的人群,螺旋型传播会呈现出不同的状态。丹斯模式揭示了传播过程中各种不断变化的要素、关系和环境,对分析不同情境的传播活动形成的传播状态、信息差距及知识创新发挥重要作用。

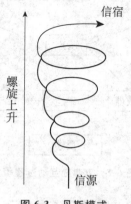

图6-3 丹斯模式

网络恐怖主义的传播过程也是动态的,是不断变化并向前发展的,其此刻的传播内容将影响到以后的传播结构和内容,同时,在其动态的传播过程中,包含各种不断变化的因素、关系和环境,这些都是研究网络恐怖主义必须关注的内容。

3. 纽科姆ABX模式

美国社会心理学家T. M. 纽科姆在1953年提出"纽科姆对称模式",又称"纽科姆A-B-X模式"(Newcomb's A-B-X model),是一种关于认知过程中人际互动与认知系统变化及态度变化之间相互关系的假说。

纽科姆ABX模式由三种要素、四种关系构成。三种要素是:认知者A、对方B和认知对象X;四种关系是:A—B感情关系,A—X认知关系,B—A感情反馈(B对A—B感情关系的认知)和B—X认知反馈(B对A—X认知关系的认知),如图6-4所示。纽科姆于1959年对他早年的命题加上了一些限定条件。他提出,传播只有在某些条件下才可能活跃:人与人之间要存在强烈的吸引力;物体至少要对参与者中的一方具有重要性;物体X对传播双方来说都是恰当的。1961年,纽科姆在密歇根大学做过另一个实验,研究小组成员之间的相互吸引问题。这项研究在2年内成功地重复了多次,从而支持了F. 海德关于伙伴的赞成和伙伴之间的吸引这两者之间的关系理论。

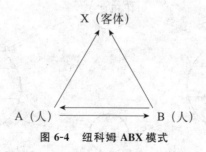

图 6-4 纽科姆 ABX 模式

网络恐怖主义在传播的过程中,其传播主体在反馈认知系统中,也可以形成与传播客体的互换关系,或者说,在一定的条件下,网络恐怖主义传播主体与客体可以相互转换,同时,网络恐怖主义传播主体也可以根据反馈结果,重新调整传播策略,对网络恐怖主义传播客体施加影响,以达到预期的传播效果。

三、网络恐怖主义传播的循环模式

1954年,施拉姆在《传播是如何进行的》一文中提出了三个模式,学者们认为"循环模式",即"大众传播过程模式",最具有新意和代表性,称之为"奥斯古德-施拉姆循环模式"(Osgood-Chramm's model),主要是对人际传播形态的理论描述。施拉姆的"循环模式"在一定程度上揭示了社会传播过程的相互联结性和交织性,初步具有系统模式的特点。该模式充分体现了大众传播的特点,传播双方分别是大众传播与受众,这两者之间存在传达与反馈的关系。

施拉姆的"循环模式"是一个高度循环和互动的模式,表明与单向直线型传播模式的决裂。它将传播看作行为者双方对等的过程,依次担当信息传播者和接收者,传受双方在译码、释码、编码时(符号理解及接受、符号意义解读、符号组织和发送过程)是相互作用、相互影响的,传播信息、分享信息和反映信息的过程是往复循环、持续不断的(图 6-5)。施拉姆说:"那种认为传播过程从某一点开始而到某一点终止,这种想法易使人误解。传播过程实际上是永无止境的。"

网络恐怖主义传播的过程也体现了传播的互动性,传播双方都可以被看作传播行为的主体,这与之前的传播主客体的转换有所区别。同时,参与传播过程的每一方,在传播的不同阶段,依次扮演译码者、释码者和编码者的角色,并相互交替这些角色。因此,在网络恐怖主义传播的过程中,其传播主客体随着角色的转变,随时都可能成为网络恐怖主义攻击行为的发动者,因此,也给网络监管和防范带来了挑战。

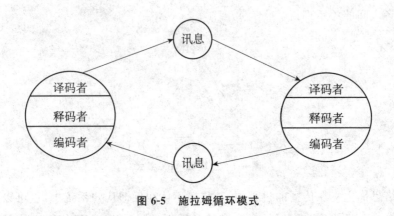

图 6-5 施拉姆循环模式

第三节 网络恐怖主义的传播特点

网络恐怖主义的传播是指网络恐怖主义主体通过网络进行的信息传播活动,包括信息的传递、交流和利用等,从而达到传播恐怖主义信息、宣扬恐怖主义文化的目的。网络恐怖主义的传播,首先是基于互联网的传播,包括以数字形式存储在光、磁等存储介质的信息,通过计算机网络传播或类似设备阅读使用等各种传播活动。

一、网络恐怖主义传播信息多元化

网络信息通过 Flash、视频、音频等多媒体技术的组合应用,配以精彩的内容,给读者带来强烈的感观刺激和互动参与欲望,这是以往传统媒体单一的技术表现形式所不能比拟的,也是网络信息对读者的吸引力所在。正是基于此,网络空间聚集了庞大的用户群体。

网络信息涉及游戏、时尚、服饰、汽车、音乐、体育、影视等多个行业,用户在网上不仅可以平等地发布信息,还可以平等地开展讨论与争论。报纸可以通过栏目争鸣论述的形式开展讨论,电视也有话题节目供观众现场交流,但是这些讨论不是任何人都可以参加,也不是随时可以参加,更不是所有话题都可以讨论,还不能完全给参与者以"言者无罪"的保证。然而,关于这个世界的所有话题,用户都可以在网络空间找到相关平台,并随时参与发表意见。

网络多媒体技术和各种形式的信息发布样式,都成为网络恐怖主义主体应用的渠道,他们利用网络空间的这些特征,传递信息,宣传主张,搜罗支持者,甚至策划和组织网络恐怖主义攻击等。可以说,是网络信息技术的发展,实现了网络恐怖主义传播信息的多元化发展。

二、网络恐怖主义传播表现立体化

网络新闻借助先进的传输技术,在新闻传播内容、形式、结构及便于阅读等方面,都很好地发挥了新闻宣传的舆论导向作用,收到了较强的立体化的新闻传播效果。因此,网络恐怖主义传播借助网络宣传,实现并表现出立体化的效果,特别是网络媒体的传播作用,更使网络恐怖主义传播获得比传统恐怖主义更明显的传播效果。

与传统新闻传播相比,网络新闻传播为读者提供了更为丰富的新闻信息量及阅读空间,它一方面通过内容安排、结构选择等方式,使新闻报道达到"最佳状态",便于读者获得立体认识,更清晰、更深刻地了解新闻;另一方面,读者的意见或态度可及时反馈给传播者,读者与传播者之间形成了互动关系,从而使新闻的立体传播效果,在网络传播的环境下,得到了更为深刻的演绎。

网络新闻顺应信息时代读者获取信息的心理,改变了传统媒体的新闻传播方式,将信息传播和展示方式变得更加立体化和层次化,成为网络恐怖主义主体利用更加快捷的信息服务,吸引越来越多的网上支持者的"利器"。

三、网络恐怖主义传播模式互动化

信息传播的互动性是网络传播的本质特征和社会意义的集中体现,而报纸、广播、电视作为传统主流媒体,恰恰在这方面相形见绌。网络传播具有三个重要特征:信息的传播者不再享有信息特权,与受众一起成为平等的交流伙伴;网络用户不仅可以平等地发布信息,还可以平等地开展讨论与争论;舆论监督功能在网络空间不断放大,具有无比的威慑力量。互动式传播具有天然的民主亲和力与自由召唤力,从而构成对现有传媒的致命冲击,构成对传统意识日趋迫切的反叛与否定。

网络的互动性也是传统媒体所不具备的。"基地"组织二号头目扎瓦西里曾在一个网络论坛上回答网友的提问。当日,扎瓦西里共收到1888个书面问题,他回答了其中的1/5。"基地"组织还曾使用雅虎作为重要的网上交流平台,通过其提供的各种功能,如聊天、邮件、群组、论坛,使其成为"基地"组织的虚拟训练营和流动宣传点。这种能增加互相联系甚至培养志同道合般的认同感的效果,也是传统媒体所不具备的。

主要负责向西方国家进行宣传的全球伊斯兰极端思想网络"At-tibyan 出版"所刊登的《服务及参与"圣战"的 39 种方式》一文在网上非常流行。"伊斯兰国"的宣传视频也有针对英国等欧洲国家的专门内容。例如,视频中有一位 20 岁的英国学生到叙利亚旅游后加入该组织,声称"工作不多,薪水不错,包吃包住"。借用这些宣传手段,恐怖组织成功在美国和西欧国家"感召"了大量"白人穆斯林",并使他们化身为"圣战斗士"。"基地"组织也门分支前头目安瓦尔·奥拉基是土生土长的美国人,血洗肯尼亚购物主义的疑犯"白寡妇"是土生土长的英国人。美国华盛顿智库两党政策中心担心,"美国面临的最大恐怖威胁不再来自阿富汗和巴基斯坦的边境山区,而是来自美国国内滋生的本土恐怖分子"。欧盟委员会内政事务委员马尔姆斯特伦也称,已有 1 200 多名欧洲人前往战乱地区参与恐怖组织的活动,若日后重返欧洲,势必构成威胁。这些例子,就是网络恐怖组织借用网络传播的互动效应,是其试图通过网络争取更多的潜在力量的体现。

第四节 网络恐怖主义的传播手段

网络恐怖组织把网络作为输出、传播恐怖主义内容的重要媒介,网络平台所提供的迅捷传播模式,使网络恐怖主义主体的网络行为隐蔽性更高、危险性更大、攻击力更强。网络恐怖主义的最大威胁不仅在于其发动网络攻击,而在于其对互联网的利用。可以说,借助互联网,网络恐怖组织各方面的"战斗指数"都得到提升。网络恐怖主义主体利用网络的传播手段,可以总结为以下几个方面。

一、信息:网络恐怖主义的情报收集

网络恐怖分子利用网络进行内外联系,将同伙和支持者联结起来,使原来分散在世界各地的零散组织,很快地结成跨地区、跨国界的大组织,推动恐怖组织战略目标的实现。可以说,网络早已成为网络恐怖分子获取信息情报的信息渠道。

1. 收集情报

网络恐怖主义主体访问互联网,收集相关的情报,包括与袭击目标有关的数据资料等,并通过获得这些信息情报,了解正在施行的反恐措施,制定相应的应对措施等。据媒体报道,在一台被缴获的"基地"组织成员的电脑里,美国调查人员发现一部关于一个大坝的动力系统和建造结构的长片视频,这是从互联网上下载的,它可以使"基地"组织的工程师和策划者模拟演练发动网络攻击的情境。调查人员还在其他电脑里发现"基地"组织成员浏览相关网站的证据,这些网站提供关于控制水、电、交通、通信网络的数字开关的软件及使用说明书。这是"基地"组织在公共网站上收集信息并侦察美国公用设施的例证。美国前白宫反恐顾问理查德·克拉克说,"如果你将所有不用加密的信息收集到一起,有时候整合在一起的东西可能是需要被加密的"。这就是"马赛克理论"(Mosaic Theory)的典型案例。

2. 窃取机密

网络恐怖主义主体通过网络窃取国家安全机密,开展网络恐怖情报战。网络恐怖组织以窃取目标国家"核心机密",实现窃密或泄密的破坏性、灾难性效应为目标,采取"黑客"手段,非法入侵网站,截取、破坏并盗取重要数据,发动越来越猖獗的网络恐怖活动情报争夺战。在1999年至2000年美国国防部以及国家实验室网站的一些涉及国家安全高度敏感资料被盗后,2003年8月,美国宇航局涉及航天器绝密设计的文档再次被窃取。自2002年2月以来,极具破坏性的"Gforce"黑客组织已在全球攻陷1600个网站,窃取大量商业机密,该组织于2003年1月11日,再次大肆攻击美国国防部与军事网站并窃取机密文件。[①] 2017年4月,维基解密公布了Vault7系列名为Grasshopper的美国中央情报局网络工具相关文档。这些文件对基于受害者客户端的恶意软件开发设计作出说明,其包含的信息揭露了CIA的网络攻击入侵手段。如果这些信息被网络恐怖主义主体获得的话,后果不堪设想。网络恐怖分子还利用黑客技术偷盗"有用信息",如获取大规模杀伤性武器制造技术,获得化学、生物、核武器等非常规武器的使用方法,通过网络传播后的影响更为深远。在网上流传的《细菌战:北美的一个主要威胁》一书,表面上是在"告诫人们如何避免细菌伤害",实际上,是对制造细菌弹的原材料、如何制造、使用方式的详尽介绍,这些信息的传播使恐怖分子获得化学武器变得异常简单。这本书的作者Larry Wayne Harris是一名新纳粹组织成员,还曾购买过3瓶细菌,并引发了黑死病。

---

① 北京市公安局西城分局课题组. 网络恐怖主义发展趋势及其打击防范对策[J]. 公安研究,2010(9):45-49.

3. 传递信息

网络已经成为网络恐怖主义主体传递信息的重要渠道。以"基地"组织为例，它们有一套自己的通过网络传递信息的方式，也有专人负责将信息投放到网络空间。穆罕默德·马撒里是一名受到英国政府庇护的持不同政见者，作为奥萨马·本·拉登的支持者，他专门负责将资料流转到网上。他在接受BBC采访时说："负责下载来自伊拉克的信息和影像，然后把影片上传到可靠的网站。等待影片上传的人每隔几小时会检查一次。他们会立即下载影片，再传给其他人。影片会迅速地流传，快到难以想象。"在被问及网络对伊拉克叛乱分子的重要性时，他回答道："网络关系到我们的存亡。现在我们传出去的信息会有人收到并作出回应。他们需要新的战士，需要资金、武器还有支援。而这一切只能从国外获得。所以，我们必须通过网络散播信息。"也是借助网络的传播，"基地"组织的激进思想被传递到世界各地拥有网络的地方，其影响力因此增强，同时也间接引发一些非"基地"组织人员自发的恐怖袭击。

4. 数据挖掘

据2016年媒体报道，美国互联网数据中心曾指出，互联网上的数据每年将增长50%，每两年将翻一番，而世界上90%以上的数据是近些年才产生的。此外，数据并非单纯指人们在互联网上发布的信息，全世界的工业设备、汽车、电表上有无数的数码传感器，随时测量和传递有关位置、运动、温度、湿度乃至空气中化学物质的变化，也产生了海量数据信息。在人们利用大数据挖掘有价值信息的同时，网络恐怖分子也通过合法的互联网途径获取大量的情报和相关信息，包括获取核电站、公共建筑、机场和港口等攻击目标的位置、周边设施、时刻表等。通常情况下，通过这种途径获取信息不易引起反恐部门的注意。丹·韦尔顿的《黑冰：隐形的网络恐怖主义威胁》一书指出，恐怖组织通过网络已经搜索到许多著名人物的数据信息，并建立数据库，这些人物一旦成为袭击目标，网络恐怖组织就掌握了主动权。

二、培训：网络恐怖主义的虚拟课堂

传统恐怖组织在网络时代已经改变了培训策略，开始利用网络的力量扩大组织的影响。以"基地"组织为例，过去它们主要依靠其散布在世界各地的训练营招募、训练恐怖分子，但是在阿富汗战争后，"基地"组织失去了其在阿富汗建立多年的训练营，其他地方的训练营也受到不同程度的打击。因此，"基地"组织逐渐将注意力更多地投向通过网络招募、训练恐怖分子,特别是招募来自阿拉伯世界的年轻人。

1. 寻找培训对象

网络技术可以帮助恐怖分子找到合适的"培养对象"。例如,一些浏览器可根据使用者选择的不同语言显示不同的内容,而且每一次鼠标的点击都会被记录下来,用以分析哪些内容最受关注、被谁关注。基于这些收集到的信息,"基地"组织会主动联系那些符合要求的"培养对象"。同时,网络恐怖主义主体会在网上发帖,帖子内容大多充斥着宗教教令并且煽动网络空间参与讨论的那些年轻人采取反美行动。这些反美恐怖行动的镜头会被拍摄下来,通过电脑和网络传递到全世界。这种寻找可以发展为恐怖分子潜在培训对象的方式,对西方社会的中产阶级穆斯林具有惊人的感召力。据法国内政部统计,2014年,与叙利亚"圣战"分子有关的组织大约成功"收服"1 200名法国人;这些人有的前往叙利亚,加入"叙利亚保卫东方救国阵线"或"伊斯兰国"组织的作战队伍,有的从前线返回,有的则准备动身前往。最关键的是,在社交网络上此类招募的宣传攻势强烈,且效果明显。社会学家杜尼亚·布扎尔表示,一旦有法国的年轻人成为恐怖组织的目标,恐怖组织就会紧盯不放,脸谱账号中可能会收到恐怖组织发来的数千条信息。

2. 训练恐怖精英

借助网络寻找到潜在对象已经成为众多网络恐怖组织的普遍做法,网络恐怖组织竭力将潜在对象发展成为"恐怖主义积极分子",并将其训练成"恐怖精英"。"基地"组织公然在网站上详细讨论如何制作炸弹,如何进行自杀式炸弹袭击,以及绑架、杀害人质的技巧。据称,制造西班牙马德里火车站爆炸案的恐怖分子就是从网上学到如何用手机引爆炸弹的。2004年10月11日,一名叫巴巴·阿曼德的英国男子被指控通过互联网资助恐怖活动。美国联邦大陪审团指控他至少从1997年到2004年8月5日被捕为止,阴谋洗钱,通过互联网为伊斯兰"圣战"提供信息和指示,鼓吹"圣战",并且协助阿富汗塔利班等恐怖组织。据媒体报道,伦敦地铁爆炸案的执行者都是出生在英国的穆斯林并曾在巴基斯坦的训练营接受过训练。有研究者分析,接受过各种网络培训的恐怖分子依然是发动恐怖主义袭击的"精英力量"。

3. 传授恐怖技能

网络恐怖组织把网络作为策划和发动恐怖活动工具的重要资源渠道,通过网络掌握武器制造技术、黑客技术等,网络已经成为网络恐怖主义主体交流和传授恐怖技能的重要平台。在现实生活中,恐怖分子的活动基地逐渐被各国政府取缔。

为此,恐怖分子在虚拟的网络世界开拓新的活动基地,进行资金筹集、成员招募和培训等活动。与普通的基地训练营相比,网络拥有受众面更广、成本更低等优势。因此,越来越多的恐怖组织倾向于实施网络恐怖行为。专门跟踪网络恐怖活动的西方网络安全专家指出:"如今因特网已经成为恐怖组织的新训练营地。"

大量恐怖主义网站传授爆炸物和化学武器的制造方法,提供攻击目标的图片、说明、密码和使用炸弹等技术细节,包括普通爆炸物、毒气弹、沙林毒气、汽车炸弹以及各种爆炸物的杀伤力和使用方法等。"基地"组织的"基地战斗训练营"在线杂志,内容涉及恐怖组织的管理、武器训练、体能训练以及野外生存训练等。此外,一些网站还提供专门的培训和免费提供绑架质的方法,包括确定目标和隐藏人质的步骤、应该如何对待人质、如何进行谈判,以及释放人质时要注意哪些细节等。网络空间流传的"恐怖主义手册"可以成为那些"技术不成熟"的恐怖分子,甚至是潜在恐怖分子的培训教材。1999 年,一个叫 David Copeland 的年轻人在伦敦的 3 个不同地方放置了固定炸弹,在 3 周内,杀死 3 人并伤 139 人。他在被审讯时坦白,就是从因特网上学到相关技术,并从因特网上下载过《恐怖分子手册》与《如何制造炸弹》这两本小册子。①

在名为"利剑"的恐怖组织网站上,恐怖分子讨论绑架、杀害人质的技巧和方法。此外,"利剑"网站还提供其他"恐怖教程"。2006 年 1 月,一名莫斯科青年闯入犹太教堂,用刀砍伤 8 名信徒。该罪犯事后承认,他是在一家宣扬排斥犹太人的网站影响下才作出如此疯狂的举动。2006 年 8 月 21 日,莫斯科切尔基佐夫市场发生恐怖爆炸,涉案的 3 名俄罗斯大学生就是利用互联网信息,制作炸弹,夺去 11 条生命,并导致 55 人受伤。

美国兰德公司的资深专家彼得·乔克认为,在斯里兰卡,恐怖分子非常善于从一些富有的宗教群体中获得政治和经济上的支持,并在虚拟网络空间,如聊天室等,交流心得。例如,"基地"组织的"圣战"科学大学等虚拟学习空间,可以在一个社区或者在国际范围传播它们的思想和制造恐怖主义混乱的经验,甚至动员和获取其他地区的支持,包括来自非洲或者东南亚地区持有相同宗教信仰人群的支持,以帮助改良袭击计划和手段。

三、募金:网络恐怖主义的经济驱动

网络恐怖组织的生存、壮大及实施各种行动都需要大量的经费支持,而所需的

---

① 朱永彪,杨恕. 网络恐怖主义问题初探[J]. 中州学刊,2006(5):140-142.

经费不可能通过公开渠道直接募捐,网络经济的发展则为它们提供了一个极为便捷的平台,帮助它们克服获取资金障碍和限制。2008年11月,奥巴马获得美国总统大选的胜利。有专家认为,奥巴马能够入主白宫,其强大的网络营销幕僚团队功不可没。特别是在筹款方式上,依靠基数强大的网民的小额捐款,奥巴马最终获得大量的政治资金。这种依靠网络积少成多的募款方式,也为网络恐怖组织所利用。

1. 利用网络获得资金援助

网络恐怖组织通过在网上公开自己的账号,或者通过网络赌场等非法的或者地下渠道获得资金援助。"基地"组织一直在动用包括网络在内的各种力量筹集资金,用以支持其全球恐怖主义活动。"基地"组织和一些伊斯兰人道主义救济机构曾使用同一个银行账号,即使这些机构被关闭,仍会有许多个人或团体资助"基地"组织。2007年10月,驻伊美军抓获一名男子。该名男子从"基地"组织同情者那里募集到1亿美元的款项,这笔款项用于资助那些在伊拉克的"基地"组织成员。2008年1月,美国法庭对美国前国会议员、前驻联合国代表马克·德利·西利安德提出起诉,罪名是涉嫌为"基地"组织和塔利班武装分子秘密募集13万美元的资金,而作为回报,伊斯兰美国救济会向其本人支付了5万美元的游说费。2008年3月,沙特阿拉伯内政部发表声明称,安全部门逮捕了28名"基地"组织嫌疑人。他们不仅涉嫌以慈善捐款为名,筹集武装活动的资金,还涉嫌受"基地"组织二号人物扎瓦西里派遣,向沙特的普通家庭募集资金。其中,一个嫌疑人的手机储存卡上保存了扎瓦西里的录音,有一段录音这样说:"传达这段信息的人是我们可信任的兄弟,请把你的现金捐款交给他,用于安抚数以百计的家庭,他们的家人在巴基斯坦或阿富汗被捕或死亡。"

2. 攻击金融网络盗取资金

网络恐怖组织为了募集资金,会利用网络进行宣传鼓吹捐助,或进行其他犯罪活动,包括攻击金融信息网络盗取资金,甚至进行毒品交易、欺诈网民以获得非法收益等。恐怖组织还将全球金融网及各国政府网等存储的信息,包括社会信用卡、社会保险号码及其交易记录,银行信贷记录,国家敏感资料及其保密数据等作为攻击目标,采取使这些主流网络阻塞或瘫痪的破坏手段,以引发全球性电子商务、金融、股票、交通、能源供应系统混乱,扰乱政府管理运行和社会经济、生活秩序,大肆制造恐怖气氛。[①] 更为严峻的是,现实社会的恐怖袭击正与网络空间的恐怖攻击紧密地结合在一起,破坏社会的和谐与稳定。

---

① 北京市公安局西城分局课题组. 网络恐怖主义发展趋势及其打击防范对策[J]. 公安研究,2010(9):45-49.

3. 利用网络获取恐怖袭击所需武器

网络恐怖分子通过网络黑市交易的方式获取恐怖袭击所需的军火、器材,甚至核技术、核材料等物资。网络恐怖主义行为不仅与其他形式的犯罪交织在一起,与现实社会恐怖活动更有"剪不断,理还乱"的密切关系。网络恐怖组织利用信息技术手段及其固有的漏洞找到攻击点,以获得网络攻击武器。通常意义上,恐怖分子在选择攻击目标时,必然会仔细权衡目标的显著程度、脆弱程度、人们对目标的依赖程度、接近目标的途径、成功的可能性、影响的范围以及发动攻击的条件等因素。特别是"网络武器"的传播与发展,可以帮助实现网络攻击,以达到"恐怖效应"。还有一些黑客网站已成为恐怖分子名副其实的"武器库",提供可以随意下载的各种网络攻击程序,成为能够随时提供实施网络攻击的技术资源。

四、社交:网络恐怖主义的协调互动

网络通信等技术使网络恐怖主义的组织联络更加便利化,沟通交流趋于常态化和日常化,给反恐工作带来了不确定性。恐怖组织利用网络技术更新迅速的特点研制多种特殊的系统或软件,用于组织成员之间的通信及沟通,使空间距离较远甚至分散在世界各地的组织成员之间达到沟通协作的目的,可以迅速并且便捷地沟通和实时互动信息。

1. 沟通协调的中介

对于分散在世界各地又不便于碰头的各个恐怖组织来说,网络虚拟空间无疑给它们提供了一个协调相互间行动的中介。网络成为它们联络成员、沟通行动细节、通报活动进展状况的最新平台。将网络作为其通信工具,网络恐怖分子对信息进行加密,通过自建的网站或公共网站的聊天室、电子公告板、网络会议、聊天应用程序,以及"点"到"点"技术等进行策划、组织活动和交换情报信息,甚至藏匿攻击目标的照片和地图。奥萨马·本·拉登的"基地"组织设计了一个依靠互联网电子邮件和电子布告栏的通信网络,可使其成员不必冒着被美国反恐组织抓获的危险交换信息。奥萨马·本·拉登和其他穆斯林极端分子曾利用互联网和数据加密技术,策划针对美国及其盟国的恐怖主义活动,网络空间许多交谈室、标贴板和其他一些网址都成为他们发布恐怖活动指示的隐蔽场所。

2. 联络发展的平台

网络恐怖组织还利用互联网进行"学术研究和探讨"。它们或者在境外租借服务器,或者利用网络聊天室、博客等方式发送暗语或者加密数据,号召相关组织人员策划恐怖袭击活动。由于互联网本身的特性、信息保密技术的发展和网络管理的漏洞,任何国家的政府都无法有效监控互联网上传输的所有信息,网络恐怖分子总能利用数量众多的网站、网络匿名交谈室,使用各种加密技术进行网络通信和传递加密文件。如果不能控制利用互联网发展和联络恐怖活动,就不能阻止网络恐怖力量的集聚和消除网络恐怖袭击的威胁。因此,网络恐怖分子和各国反恐机构和组织对于互联网控制权的争夺,成为网络反恐斗争能否取得胜利的关键。

3. 策划组织的工具

许多网络和现实恐怖袭击最初的策划都是从网络开始的。网络恐怖分子借助互联网,更换邮件地址、社交网络账号,或使用一些更隐秘的通信工具,在全球大肆发展恐怖组织,策划恐怖袭击。2005年年初,一个自称"安萨里电子论坛"的网站,呼吁在科威特的恐怖和极端组织,对在科威特高速公路上行驶的美军车辆实施攻击行动,同时号召把西方人经常出入的大型购物场所也作为袭击的对象。此外,信息技术极大丰富了网络恐怖攻击手段,全球定位系统(GPS)、智能手机、分离式多用手机等成为恐怖分子的"利器"。"手机炸弹"就是在接打电话或按手机按钮时触发爆炸的恐怖袭击手段。2008年发生在孟买的连环爆炸案,就是名为"德干圣战者"的恐怖分子利用GPS导航系统选定目标,用卫星电话等进行远程操作的恐怖袭击。而且,一些网络恐怖组织还会向一些重要网站发起攻击。在2015年《查理周刊》遭遇网络恐怖攻击的案例中,法国有19 000多个网站遭到伊斯兰极端组织的攻击。在这些受攻击的网站中,包括十几个与防务相关的网站。①

五、舆论:网络恐怖主义的形象传播

网络恐怖主义要想得到持续发展,网络恐怖主义主体就要想办法获得更多的支持,无论是人员还是资金上的支持,对其发展都很重要。网络空间为网络恐怖主义主体提供了宣传其思想、构建其形象甚至网罗人心的平台。网络恐怖主义主体从由国家发动的心理战中学习经验,并将现代战争中的心理战手法运用到恐怖活动中,通过网络空间释放威胁信息进行恐怖动员,并利用网络进行宣传战和心理战。

---

① IS恐怖组织杀中国人吗[EB/OL]. 泾阳网, 2015-11-30. http://www.jingyang.org/quanqiu/201511/30142467_1.htm.

1. 进行网络恐怖主义的政治宣传

以互联网为媒介的信息技术为网络恐怖主义提供了传递信息、释放威胁信号和进行政治宣传的多种方式,如电子邮件、聊天室、论坛、在线杂志、在线手册及指南等。互联网的互动性为网络恐怖分子提供了传统媒体所无法实现的动员功能。"伊斯兰国"连续斩首西方人质的视频录像,对西方民众心理产生了巨大影响。网络发达国家的基础设施已经越来越依靠互联网络,尽管相关情报机构和保卫措施也逐步完善,各种预警系统也开始发挥作用,但是恐怖分子对网络的入侵与威胁仍与日俱增。他们通过入侵公共系统如地铁、航空、广场的巨大显示屏,通过发布电子邮件等形式发布恐怖信息,对国家的经济活动、社会秩序和民众心理造成巨大影响。通过网络散布恐怖袭击信息,一方面能制造社会恐慌,给对手造成经济损失和社会混乱;另一方面也能为真实的恐怖袭击打掩护,蒙蔽网络反恐国家和反恐力量的打击行动。而且,网络恐怖主义主体这样做的目的,也是在散布其政治主张和恐怖思想,力图通过网络的力量动员更多的潜在恐怖力量,并使其接受恐怖主张和政治意图的鼓励,甚至加入网络恐怖组织。

"基地"组织领导人可以通过网络向全球发布讲话,或是对其恐怖主义行为进行辩护,或是号召其信徒发动反美恐怖袭击。2004年12月,奥萨马·本·拉登直接在网上发布了一个声音文件,而不是像以往那样将文件发给半岛电视台。有学者认为,他之所以选择通过网络而不是半岛电视台公布其录音,就是担心其录音可能会因为冒犯沙特王储而遭到半岛电视台修改。网络不仅能减少人员流动,更能保证信息的完整性、可用性和可访问性,甚至网上的录音、录像会给受众提供某种幻象。

2. 强化网络恐怖主义的社会影响

网络恐怖主义主体以极其便利和迅捷的方式传播大量恐怖信息,意图引起社会恐惧,如将杀人、爆炸等恐怖视频反复通过网络播放并发出警告,或修改主流网站内容,用恐怖信息要挟社会,制造社会恐慌。而且,由于互联网覆盖范围广,方便恐怖分子在任何地方隐蔽地接入互联网,广泛发送恐怖袭击信息,所以,网络空间日益成为恐怖分子发动心理战的重要平台。

2002年,美国民众经常接到政府发布的各种恐怖袭击警报:恐怖分子要袭击自由女神像!恐怖分子要攻击布鲁克林大桥!恐怖分子要在独立日袭击拉斯维加斯!一时间,国家处于战争戒备状况,人心惶惶,不可终日,国民经济遭受重创,美国股市一再下挫。

在网络传播恐怖内容方面,网络恐怖组织针对年轻男子发布战争视频,以激发起他们的"战斗欲望"。针对年轻女性的宣传则更加"人性化",内容涉及战争给叙利亚平民造成伤害的照片、采访以色列枪口下幸存下来的巴勒斯坦儿童等。一位专家分析说:"他们的目的首先是给人们带来心理上的冲击,使他们觉得自己是受压迫者,然后再激发起人们想要为某种'事业'而战的冲动。"①

3. 渲染网络恐怖主义的心理气氛

网络恐怖主义的心理战主要利用广播、电视、报刊等大众媒体开展,从而迫使政府及一些媒体采取应对措施,包括防止恐怖组织借助媒体散布恐怖信息,对恐怖事件的相关新闻进行严格审查和限制报道等。网络恐怖分子除了常把一些恐怖袭击的画面或人质斩首的图片、视频放在网上,并通过论坛、聊天室或电子邮件加以广泛传播外,还故意在网上预告恐怖袭击的时间、地点,以混淆视听,引起大众的心理恐慌,进而放大恐怖效果。

1998年,泰米尔游击队在两周内每天集中发送800封以上"垃圾"电子邮件,致使斯里兰卡大使馆网站陷入瘫痪。2002年7月11日,美国《今日美国报》网站遭到网络攻击,其新闻首页全部被换成具有"爆炸性"的假新闻,引起极大混乱。面对"恐怖威胁",人们"宁可信其有,不可信其无",民众的这种心态无疑扩大了恐怖主义的心理威慑效果。恐怖主义本身就是一种心理战,它通过"引发和散布恐慌",使民众"感觉无助和没有信心",从而达到"威胁和恐吓社会"的目的。

六、公关:网络恐怖主义的自我营销

网络恐怖组织为了扩大自身的影响,不惜手段进行恐怖主义宣传,一方面,它们建设专门宣传网站,拍摄恐怖主义视频和宣传材料,通过网络大肆传播;另一方面,网络恐怖组织建设恐怖主义传播或行动协调专用网、隐蔽网或虚拟专用网,并积极研发移动终端专用应用App等。除了通过网络空间宣传相关的恐怖主义信息外,网络恐怖组织还在网络上宣传各种极端思想,进行恐怖主义教化。"东突厥斯坦新闻信息中心"利用因特网进行各种恐怖宣传和教化就是例证。

1. 进行恐怖组织形象宣传

对网络宣传的重视使"基地"组织在2005年成立了自己的媒体宣传工作室。分析人士指出,该工作室配有先进的设备和技术,编辑工作使用索尼超轻笔记本电脑和高端摄像机,录制好的资料用全球情报机构普遍使用的PGP加密软件保护。

---

① 李晓喻.外媒:恐怖组织利用网络进行"个性化"宣传[N].参考消息,2015-01-18.

根据美国媒体的估算,该工作室每3~4天就在互联网上发布一段"基地"组织头目的讲话或录音资料。仅在2007年,该工作室就发布了97段影音资料,比2005年的发布数量增长了6倍。"基地"组织二号头目扎瓦西里出现在20段不同的视频和音频资料中,而这些视频通常配有英语、德语、意大利语、法语、普什图语和土耳其语等字幕,以利于其广泛传播。信奉极端思想的"圣战者"已经不再满足于通过秘密论坛或秘密网站分享信息,而是在线上公开进行,目的就是加大宣传力度。

自2014年起,"伊斯兰国"等恐怖组织充分利用Twitter、Facebook、YouTube和Vimeo等社交和视频网站平台,制造全球社交媒体传播浪潮。自2015年起,恐怖组织在大众社交媒体上的活动遭受严厉打击,其网络宣传活动一方面被迫从公开平台转向加密平台,另一方面其利用黑客技术重新在公开平台制造间接影响。

"伊斯兰国"组织一直在网络上为自己做宣传,打算建立自己的媒体帝国。该组织的电视台"哈里发直播台"包括10个电视频道和3个广播频道。通过互联网,恐怖组织很容易就能招募到"圣战"分子,而且恐怖组织的"宣传活动"已经可以像广告信息那样具有极强的针对性。"伊斯兰国"开发的首批安卓移动应用之一阿玛克通讯社(Amaq News Agency)已经推出包括英语和阿拉伯语在内的多个升级版本,将相关实时新闻和战区视频,发给活跃的"伊斯兰国"支持者。"伊斯兰国"的"官方电台"公论电台(Al-Bayan Radio)为支持者提供诸如古兰经诵读、极端演讲和有关"伊斯兰国"行动公告之类的广播。

2. 进行恐怖主义主张宣传

每个恐怖组织都不会宣称自己是恐怖组织,而如何以适当的身份和名义让普通大众接受,成为恐怖组织队伍发展与壮大的重要问题。为有效地隐蔽并壮大自己,网络宣传成为它们直接和重要的选择。在网络空间,恐怖组织可以竭力地粉饰自己,竭力淡化其行动的暴力性质,将自己的行动正义化,并将自己的章程、发展历程、政治主张、主要领导人、重大事件等都罗列在网站上。

为了通过网络宣传博取世界范围的同情和支持,一些激进的伊斯兰网站进行政治主张的各种宣传,主要内容包括逃避和转嫁责任、散布令人发指的罪行以制造恐慌,甚至企图歪曲人们对恐怖主义的看法。宣称热爱和平是恐怖主义网站最常用的策略,如日本的"奥姆真理教"网站。"基地"组织还创办了大量伊斯兰激进网站,如"互联网凤凰"等,并发行"圣战之剑""圣战之声"等各种网络杂志,宣扬其政治主张,进行形象包装。

"伊斯兰国"等极端组织皆在网上"招兵买马"。一项由新加坡南洋理工大学针对东南亚网络恐怖主义的研究显示,至少有300个网址支持使用暴力声张政治议程,并引诱年轻人加入恐怖组织。该大学国际政治暴力与恐怖主义问题研究中心(ICPVTR)信息组组长诺阿兹指出,在网上的300个推崇宗教极端主义网页中,有100个是网站或博客且多为印尼语,剩余200个则是脸谱页面。该大学拉惹勒南国际研究学院信息组追踪恐怖分子的网上动态,包括他们的思想、宣传和成长等。近年来,极端主义网页的数量明显上升,这些网页都和一些恐怖组织有关,包括印尼、泰国、叙利亚武装分子和他们的支持者等。研究中心并不知道恐怖分子通过网络招募的人数,但是这些网站的内容通常真假参半,使浏览者容易被"洗脑"。[1]

政治暴力及恐怖主义研究国际中心情报组研究揭露,活跃在叙利亚大马士革的"战士"大多数拥有大量追随者及朋友,人数达几千人,通过网页及社交媒体分享资讯、策划袭击、宣传、筹款及募集新成员。大马"战士"具有吸引力,是因为他们活跃于网络,与追随者互动及交流,宣传他们并非要伤害民众,而是舒缓受压迫者的不满。尽管恐怖分子及大马"战士"意识到当局监督他们的网络动向,但是他们还是选择通过网络通信工具(ICT)散布极端消息及宣传以影响其他人。有消息说,至少有15名在叙利亚的大马"战士"活跃于网络空间,借此宣传他们的极端主义思想,并试图扩大网络以诱惑年轻人成为"圣战士"。

---

[1] 东南亚300网址涉及恐怖组织在网站发攻[N].中国报,2015-02-25(A09).

第七章
网络恐怖主义的防范机制

2016年10月21日,"全球反恐论坛"框架下第二次打击网络恐怖主义研讨会在北京举行。中国外交部部长王毅在研讨会上发表主旨讲话时指出,网络恐怖主义是近年来助推恐怖活动大幅增多的主要原因。国际社会应抓住关键环节,把打击网络恐怖主义作为反恐国际合作的重点,以鲜明的态度、坚定的决心、有力的措施,合力攻坚克难。[①] 原中国人民公安大学党委书记、校长程琳研究员在"加强国际合作共同打击网络恐怖主义"分论坛上,分析了打击网络恐怖活动存在的一系列难题:缺乏打击网络恐怖活动的共同法律认同和法律体系,缺乏打击网络恐怖活动的十分有效的技术手段和方法,网络安全保卫和反恐部门打击网络犯罪执法难,缺乏国际和国内共同打击网络恐怖活动的有效合作机制,缺乏在国际层面和国家层面打击网络恐怖活动的顶层设计等。这些难题不同程度地存在于各国。因此,防范网络恐怖主义不是一国的事情,需要世界各国发挥协同效应,从战略保障、法制体系、技术体系和执行体系等多个方面,进行全方位的合作,共同防范和打击网络恐怖主义。

---

① 王青云. 外交部主办打击网络恐怖主义研讨会[N/OL]. 中国日报网,2016-10-21. http://cn.chinadaily.com.cn/2016-10/21/content_27131083.htm.

第一节 防范网络恐怖主义的战略保障

战略保障是军队为遂行战略任务而采取的各种保障措施的总称,它是作战保障的一种。其主要内容包括:侦察、通信、电子对抗、防化、工程、伪装、测绘、水文气象和政治工作、后勤、技术等保障,以及舰艇部队的航海保障、航空兵部队的领航保障、导弹部队的计算保障等。这些保障,有的属于指挥保障勤务,有的则兼有指挥保障和作战保障双重性质,有的既有保障作用,又是一种斗争手段,还有的属于特有的专业保障。各种保障之间,既互相联系,又相互作用。战略保障是取得战争胜利的重要条件,对达成战略任务和支持长期作战起着重要作用。防范网络恐怖主义也和军队遂行战略任务一样,需要各方全力配合采取各种保障措施,并保障各种防范措施的执行和实施。防范网络恐怖主义的战略保障包括从全球及各国家层面的顶层设计,也包括保障这些战略、策略、规划实现的具体措施等,需要各国之间和各国内部各级政府之间的配合。各种保障战略和措施,也要随着网络恐怖主义的发展进行适度调整,做到与时俱进,有效地落实防范措施,并及时发现和解除网络恐怖主义的威胁。

一、防范网络恐怖主义的国家原则

国家战略是战略体系中最高层次的战略。当网络恐怖主义对全球造成威胁,成为世界公敌的时候,各国都不能独善其身,因此,各国都在积极制定适合本国国情的国家战略,并遵循一定的国际原则打击和防范网络恐怖主义。2017年3月,中国外交部和国家互联网信息办公室共同发布《网络空间国际合作战略》,阐述"深化打击网络恐怖主义和网络犯罪国际合作"的内容,明确中国态度和立场以及行动计划:"加强与各国打击网络犯罪和网络恐怖主义的政策交流与执法等务实合作。积极探索建立打击网络恐怖主义机制化对话交流平台,与其他国家警方建立双边警务合作机制,健全打击网络犯罪司法协助机制,加强打击网络犯罪技术经验交流。"

1. 国家利益最大化是根本原则

国家利益是认识和理解国家行为的根本性因素,也是国际合作与冲突演化的深层驱动力。在国际关系中,各国博弈的根本就是追求国家利益最大化,并以该理念指导国家的具体政策选择。从实践上看,领土安全困境和国家利益流散,使全球范围的公共问题凸显,亟须国家不仅关注自身的生存,也考虑全人类的共同福祉,必要时让渡部分国家利益,以实现人类整体利益的最大化。①

可以说,美国对涉及国家利益的网络安全极其重视。从出台法律法规,设立高级网络协调管理机构,到评估网络安全状况,制订应对计划乃至举行有关演习,美国正用多重机制维护美国的网络安全和国家利益。其主要的互联网法规《电信法》,提出了美国需要确保的利益:国家安全、未成年人、知识产权及计算机安全。特别是在"9·11"事件后,美国又通过了在反恐特殊时期网络管理的《爱国者法案》《国土安全法》《信息安全与互联网自由法》等法律。美国最高法院、联邦审判法院和申诉法院组成了联邦层面的互联网司法管理体系,各州通过的相关法律规范和地方法院形成了地方司法管理体系。而且,对于网络战和网络恐怖主义,美国也有相应的部门和应对措施。近年来,美国采取多项举措加快网络战的发展。奥巴马政府上台以后,连续打出"八个一"的"组合拳",提升网络战能力。根据外媒报道,在网络战方面,美军已经花了多年时间开发先进的网络武器提升数字作战能力,并考虑未来数年建立"网络民兵"。美国早在2009年就在军队中成立了网络战争的军事部门。2017年8月,特朗普下令将美国军队与网络战争相关的不同部门联合,单独成立高级别的司令部门。一位四星上将被任命担任网络战争司令部首长,以期拥有全面作战能力。

2010年2月,西班牙执政党工人社会党参议员费利克斯·拉维亚在接受新华社记者电话采访时说:"网络给人们生活带来便利,但也成为犯罪分子新的犯罪途径。"他认为,没有安全保障,网络将无法正常运行。各国政府已经意识到网络犯罪和网络恐怖主义的危险,政府有责任在不影响互联网发挥优势的同时,确保网络正常运行。鉴于西班牙缺乏保护互联网安全的相关法律,拉维亚于2010年1月初就西班牙网络安全问题向议会提交了一项动议,希望完善本国的互联网法律,保障本国网络安全运行。这一动议要求西班牙政府制订一个国家安全战略计划,从法律上保证各项预防网络犯罪措施的执行。动议还提出,政府应制定一个企业名录,保证这些企业的网络安全。动议同时呼吁,西班牙政府在担任本届欧盟轮值主席国期间,促成在欧盟内部制订《欧洲网络安全计划》。

中国国家主席习近平多次向世界传递中国反对恐怖主义的坚强决心,包括"中

---

① 刘彬,蔡拓."国家利益最大化"的反思与超越[J]. 国际观察,2015(5).

方一贯反对一切形式的恐怖主义""反恐不搞双重标准""对恐怖主义、分裂主义、极端主义这'三股势力',必须采取零容忍态度""伤害无辜群众就是触碰底线"等。巴黎恐怖袭击发生后,习近平主席向法国总统奥朗德致慰问电时,用"最强烈的谴责"这一措辞表达对恐怖分子的愤慨;在金砖领导人非正式会晤上,习近平主席指出,恐怖主义已成为"最严峻和急迫的安全挑战"。这两次,习近平用两个"最"字,表明了中国的反恐立场。防范和打击网络恐怖主义需要全球"负责任"的国家共同努力,坚持反恐的国际合作才是解决这一问题的根本出路。

网络安全之所以关乎国家安全和国家权益,是因为互联网强大而独特的信息功能。互联网正在快速向经济社会各领域深度渗透,引起人类生产生活方式的深刻变革。梅特卡夫定律(Metcalf's law)认为,网络价值随着网络用户数增长而呈几何级数增加。如今,互联网及其应用功能和应用价值实现了从量变到质变的跨越,成为承载全人类信息传播、管理控制和社会运行的战略基础设施,对国家安全产生了巨大影响。

在信息网络无处不在的背景下,网络安全成为关乎国家安全、国家主权和每一个互联网用户权益的重大问题。正如习近平总书记所指出的,互联网发展对国家主权、安全、发展利益提出了新的挑战。没有网络安全就没有国家安全。在2014年首届国家网络安全宣传周启动会上,刘云山同志再次强调,网络安全、网络发展相辅相成,只有加强互联网相关法制建设,着力健全网络安全保障体系,使网络空间真正清朗起来,才能更好维护国家网络空间安全和发展利益,维护人民群众合法权益,更好地防范网络恐怖主义。

2. 维护公民权益是根本保障

国际社会"网络反恐"的强势需要,使公民在与政府对权利的博弈过程中处于劣势。因此,保障公民权益成为防范和打击网络恐怖主义的政策制定者必须考虑的因素。虽然国家利益为先,会限制一部分公民权利,但是这种限制也并不是不受任何约束。在紧急状态下国家和政府还必须尽最大可能保障公民的权利,将对公民权利的限制降到最低限度,也就是在紧急状态下达到政府权力在限制和保障公民权利之间的平衡。

"9·11"事件之后,时任总统布什签署秘密行政命令,授权美国国家安全局(NSA)窃听境内的美国公民、外国人与海外疑似恐怖分子的电话、电邮及其他通信,行动审查权握在当时的白宫法律顾问手上。2008年,国会批准对《海外情报监听法》的修改,国家安全部门可以对美国人的通信往来进行大规模的和没有针对性的监视。在机场安检方面,美国国土安全部曾明确表示,任何人想入境美国,那么,必须在接受海关检查时放弃个人隐私权。美国《境外情报监听法》第702条于2017年12月到期,一些数字隐私保护组织呼吁国会修改该法律,以保护美国和其他国家居民的隐私权。

在美国,个人以各种方式参与到"9·11真相"运动中来;教师、民权运动顾问、记者、普通个人通过组织活动、媒体报道、个人网站持续不断地关注"9·11"事件;来自社会多个阶层的人们签署递交国会的请愿书,要求真正的独立调查。公共网站记录着"9·11以来失去的公民权",记载下政府对于公民权利所做的不良记录,包括在言论、隐私和移民安全等方面的自由权利记录,以及在法律变革、保密、监视等方面的权利记录。

虽然国家在实行反恐的各种政策和措施时,会直接触及公民的隐私,但还是需要兼顾最大限度地保障公民权益和共同打击网络恐怖主义的平衡。恐怖主义是随着历史不断发展的,国际反恐合作也需要顺应形势发展,树立新的"反恐观"和安全观。中国领导人宣布,要坚决打击伤害无辜群众的暴力恐怖主义活动,中国政府多年来一直坚持互不干涉内政的外交政策,不得干涉他国内政,不得以反恐为名,作为推动"颜色革命"的外衣。

有评论将习近平对如何反恐的论述进行总结,主要集中在四个方面,即"底线思维""依法惩处和打击""群防群治"和"跨国合作",即打击恐怖主义是中国的底线,加大依法惩处和打击力度,发动群众参与,且面对国际恐怖这样的非传统安全威胁时,需要更进一步强化跨国合作。

恐怖主义也好,网络恐怖主义也好,普通百姓是最大的受害者,因此,需要建立"专群结合、全民参与"的全社会反恐、防恐常态化工作机制,从根本上反恐,打一场"反恐的人民战争"。正如中国外交部部长王毅所言,"反恐的治本之策是要根除恐怖主义滋生的土壤。只有促进经济社会发展,妥善处理地区冲突,倡导不同文明、宗教、民族之间的平等对话,我们才能让恐怖主义的幽灵无所遁形。"

3. 倡导"平等互惠"原则反对"双重标准"

根据2015年颁布的《中华人民共和国反恐怖主义法》第六十八条,中华人民共和国根据缔结或者参加的国际条约,或者按照平等互惠原则,与其他国家、地区、国际组织开展反恐怖主义合作。2017年颁布的《网络空间国际合作战略》指出,中国网络空间国际合作战略以和平发展为主题,以合作共赢为核心,以"和平、主权、共治、普惠"作为网络空间国际交流与合作的基本原则。这些,都是中国在国际反恐合作中必须坚持的原则。

现实情况是,以美国为首的西方国家在反恐问题上持有双重标准。有评论称,美欧国家加强安保措施,甚至强行限制移民,以防范恐怖袭击的发生;当美欧国内发生恐怖袭击事件时,它们会竭力谴责恐怖袭击者,把自己扮演成一副深受其害的模样,然后以反恐为借口,占领世界"道义"的制高点,加强对别国的政治干涉;当与美国利益不一致的国家,甚至被自己视为"潜在威胁的竞争对手国家"发生了恐怖袭击时,却不承认其性质为恐怖袭击,并将"竞争对手国家"的反恐行动,歪曲成"镇压"国内人民追求"民主自由权利"的行为,以此压制"竞争对手国家"。

国际社会一直反对带有"双重标准"的反恐思维,反对将反恐战争政治化,甚至借反恐之名实现包括颠覆所谓敌对国家政府在内的其他目的。虽然国际社会恐怖主义袭击频发,然而,国际反恐统一战线却迟迟不能建立,究其原因是各国从本国利益出发对反恐持不同目的和标准。因此,国际社会需要达成共识,共同应对网络恐怖主义的现实威胁。

二、防范网络恐怖主义的国家战略

各国在制定防范网络恐怖主义国家战略时都有不同的考量,一方面,各国积极制定符合本国国情的防范网络恐怖主义的国家战略;另一方面,各国也积极与国际社会协同制定合作战略。美国在"9·11"事件后,将反恐上升到最高国家战略,其经验和教训值得借鉴。美国哈佛大学教授、"软实力"理论首倡者约瑟夫·奈于2011年在《纽约时报》撰文表示,对美国而言,当前最大的损失是网络间谍行为和各类网络犯罪所造成的,但是在未来10年左右,网络战和网络恐怖主义可能成为更大的威胁。"白宫网络安全办公室""全国通信与网络安全控制联合协调中心",则是奥巴马政府从国家最高层面维护网络安全的战略考量。此外,在美国,国家级的"网络空间政策评估小组"每年发布报告;全面实施《国家网络安全综合计划》,以应对各类网络威胁;举行应对网络威胁的多部门协同演习;引入网络战概念等。从克林顿、小布什、奥巴马到特朗普政府,美国在这些年维护网络安全的动作频频,其对网络安全的重视可见一斑。

1. 遏制战略

网络恐怖主义在组织层面出现的两个极端倾向有一个共同点,即无论是国家行为主体还是个人行为主体都是以"自我"为中心,都是打着主张正义的名义从事邪恶活动,并希望以极端的方式伸张正义,两者都是非常危险的肆意行为。由此对社会造成的恐怖气氛和对无辜百姓造成的伤害已经大大超出传统恐怖主义行为。"霸权思想"一直被认为是恐怖主义的头号推手,网络恐怖主义的新趋势说明,在全球反恐局势不断严峻的当下,从源头上遏制"霸权主义"以及"网络霸权主义"回潮,以及防范以自我为中心的"极端思潮"的影响和"教化"是应对网络恐怖主义的唯一路径。[①]

2. 前沿伙伴战略

仅凭军事打击很难彻底铲除国际恐怖主义,还是应从国家能力建设和社会治理等方面入手,采取不同的战略。然而,与国际恐怖主义的斗争是长期的,并应充分考虑恐怖主义成因的多样性和复杂性。对于全球恐怖主义活动猖獗的国家,各国应根据实际情况采取有针对性的措施,进而有效预防和采取打击措施。虽然阿富汗、巴基斯坦、也门等恐怖主义活动对现实构成威胁,但是其政府管治能力低下,对此,应采取全面接触(engagement)的策略,即从政治、军事、经济上全面支持现政府打击恐怖主义,在必要时也可直接介入打击行动。对于伊拉克、尼日利亚、埃及等恐怖主义活动尚未对现实构成直接威胁的国家,各国可以采取前沿伙伴(forward partnership)战略,为其提供反恐装备保障和技能培训,加强其反恐能力。对于类似摩洛哥等国际恐怖主义可能渗透,而其政府有一定控制能力的国家,各国应发挥离岸平衡(offshore balancing)作用,鼓励并帮助当地政府打击恐怖主义,并遏制极端思想进一步蔓延。[②] 这些对美国采取不同针对性措施的分析,是根据美国面对不同打击对象时所面临的选择。前沿伙伴战略,也是根据打击对象特征的一种选择战略,但并不是唯一的战略。

3. 联盟战略

有分析判断,"9·11"事件后形成的国际反恐联盟基本上已"名存实亡",反恐工作虽取得一定成效,但是远未达到之前国际社会的普遍预期,恐怖主义势力和威胁也没有真正被遏制。实际上,由于各种原因联合国在国际反恐斗争和合作方面的主导性作用并没有得到充分发挥,区域和次区域合作在一定程度上形式大于内容。从实际情况看,双边合作是当前最行之有效的国际反恐斗争合作形式。[③] 因此,无论是双边还是多边,采取联盟战略才能争取更多反恐力量,成为建立防范恐怖主义机制的重要形式。2016年2月,打击"伊斯兰国"国际反恐联盟部长级会议在意大利召开。会议由美国国务卿克里与意大利外交与国际合作部长詹蒂洛尼共同主持,来自英国、德国、法国、土耳其、埃及、伊拉克等23个国家代表与会,欧盟、联合国代表同时出席会议。联盟各国就打击"伊斯兰国"的战略等议题进行了讨

---

① 惠志斌. 谨防"网络恐怖主义"的两种新倾向[EB/OL]. 人民网-理论频道,2015-06-01.
② 归宿. 2015猜想:国际恐怖主义能消停吗?[EB/OL]. 政见网,2015-01-02.
③ 杨文静. 恐怖主义"新面孔"让世界忧虑[N]. 国际先驱导报,2013-10-14.

论。这是该联盟自2015年1月成立以来,继伦敦、巴黎之后第三次举行会议。詹蒂洛尼在会后的记者发布会上说,联盟各国已经收复了"伊斯兰国"在伊拉克和叙利亚占领的大片领土,但是"伊斯兰国"仍对利比亚和撒哈拉沙漠以南非洲地区构成威胁,因此各成员国不能"掉以轻心",应进一步加强在军事、情报信息、经济和外交等领域的合作。

三、防范网络恐怖主义的管理设计

当网络恐怖主义成为全球共同面对的风险时,对网络恐怖主义的监管以及相关体系的建设等,成为防范网络恐怖主义的重要课题。在防范网络恐怖主义的监管方面,需要建立专职的或者多部门联合的权威性管理机构,负责网络安全的全面规划和管理。实际上,存在的问题是网络安全保卫和反恐部门打击网络犯罪执法难,缺乏国际、国内共同打击网络恐怖活动的有效合作机制和在国际、国家层面打击网络恐怖活动的顶层设计。[1] 因此,防范网络恐怖主义是自上而下的过程,从国家顶层设计,到制定具体的政策、措施,再到具体的执行,都应该有一定之规。

1. 网络监管

网络监管是国家防范网络恐怖主义的重要举措,主要包括对网络的监督、监管和检查。加强网络信息的监管,建立信息发布审查及控制机制,主要可以通过设置关键词过滤内容、适度进行网络限制等方法实现监管。当然,网络监管需要平衡国家安全和公民个人权利尤其是国家利益与言论自由权利等关系,才能有效抵御网络攻击特别是各种颠覆性犯罪活动。互联网的虚拟世界绝不应是自由的平台,如果管理不善,国家信息安全、企业电子商务、大众个人隐私就会受到损害,网络谣言、网络色情和网络诈骗等违法犯罪就会泛滥。各国在网络监管方面,都有针对本国国情的具体措施。

引导并保持互联网的健康发展方向,是澳大利亚联邦政府互联网管理的第一"管"。澳联邦政府将广播管制局和电信管制局合并,于2005年7月成立传播和媒体管理局,负责澳大利亚的互联网管理工作,还专门组成一个管理委员会。这一决策使澳大利亚广播电视和电信、互联网管理结合在一起,更加有利于高效管理。墨尔本政府不断强化对手机短信、网络传播的违法内容的管理。澳大利亚互联网协会作为社会组织在协助联邦政府促进互联网有序运作方面发挥着积极作用。澳大

---

[1] 曹凯,刘彤,桂涛. 打击网络恐怖主义 国际合作刻不容缓[EB/OL]. 新华网,2014-11-20. http://news.xinhuanet.com/2014-11/20/c_1113340060.htm.

利亚对网络有害信息进行明确界定,并出台限制措施。澳大利亚政府宽带、通信暨数字经济部的网络预警(net alert)部门,专门为澳大利亚民众提供网络信息过滤服务。2006年,澳大利亚政府曾经斥资1.166亿澳元,实施"国家过滤体系"网络信息过滤工程,免费为澳大利亚所有的家庭和公共图书馆配备网络内容过滤器,将色情、暴力等不健康的内容屏蔽,以营造一个"未成年人友好的"上网环境。

美国为网络监管制定了严格的法律,先后出台了《爱国者法》《国土安全法》等法律。根据有关条款,警察机关可以依法搜索公民的电话、电子邮件通信记录;互联网服务公司有义务向政府提供用户信息;黑客可被判终身监禁等。美国拥有世界上最成熟的网络监控系统,最有名的就是联邦调查局的"食肉动物系统",能够有效地监控特定用户几乎所有的网络活动。2009年,美国军方正式成立"网络司令部",网络反恐战略从被动防御转向积极反击。在互联网言论方面,尽管美国有法律规定保护互联网言论自由,但是却用复杂的法律术语,将"言论"分为纯粹言论、象征性言论以及附加言论三种。由于这三种言论给社会秩序造成危害的可能性大小不一,因此有必要用不同的法律界限进行管控。例如,有关淫秽、煽动性的言论和涉及种族、犯罪、恐怖活动等内容,都在政府和互联网组织的管控范围之内。

2008年,德国政府批准了一项反恐法案,目的是加强对互联网的监管。这个法案允许警方在有特别授权的情况下,通过向嫌疑人发送带有木马病毒的匿名电子邮件实现对嫌疑人电脑的监控,目的是防止恐怖分子利用互联网向德国发动攻击,保证德国互联网安全,便于警方调查追踪嫌疑人。

网络犯罪和网络恐怖主义在俄罗斯泛滥迅速。俄罗斯外交部公布的数据显示,每年记录在案的网络犯罪有15 000多起。俄罗斯内务部给这些从事网络犯罪的人起了个雅号——"白领"。2006年4月,俄罗斯以G8东道国身份,在莫斯科举行了"与网络犯罪和网络恐怖主义斗争专业人士国际会议",与会的专家学者来自欧盟、独联体和亚太地区共50个国家。俄罗斯内务部部长拉希德·努尔加利耶夫在大会上提出,各国应该加强对网络的监管,对那些在网络上散布煽动民族纠纷、宗教纠纷信息的人,以及宣传极端主义和种族歧视的人追究刑事责任。

2009年6月24日,哈萨克斯坦议会上院审议通过了网络监管修正案,政府依法对网络实施监管。法律条文规定,哈萨克斯坦境内的所有互联网资源,其中包括门户网站、论坛、博客、聊天室、网络电视等,在应负有的法律责任方面被视为与传统媒体相同的地位。就是说,以往禁止传统媒体宣传违反国家法律的条文对网络资源用户同样适用,网络用户对自己的言论负有民事责任、刑事责任,以及行政管理责任。此外,该法律条文对在哈萨克斯坦国内运营的境外媒体同样具有法律效应。对于国内的境外媒体,如果遇到违法行径,如诋毁、煽动反政府言论,煽动民族及宗教矛盾等,政府可以采取特别措施,在不通报责任人的情况下直接封锁消息源。①

2. 信息监控

"9·11"事件后,西方国家纷纷立法,或者采取更有效的手段进行网络信息监控。随着美国中央情报局、联邦调查局等进行网络信息监控的新闻被曝光,加强网络控制已经成为世界各国政府和决策机构更为关注与积极采取应对的重要领域,甚至一些具有前瞻性的政策和战略等相继出现在更广泛的领域。

美国在加强信息监控领域频频采取行动。起初,美国情报部门希望通过信用卡收集个人信息,掌握在美国的外国人资金流动情况以及尽可能多的个人信息。当时国际舆论认为,美国是想让生活在美国的人都成为"裸体",毫无隐私可言。在美国情报部门采取收集个人信用卡信息与监督个人信用卡使用这样的行动之后不久,小布什政府又提出侦测个人邮件及监听个人电话。据报道,这一计划提出后就遭到强烈反对。小布什虽然后来放弃了侦测个人邮件的计划,但还是授权国家安全局对一切出入美国的电话实施监听。

奥巴马政府上台后,美国在信息监控上又迈出了一大步。根据 2009 年 5 月 23 日奥巴马批准的《国家网络安全评估报告》,美国开始有计划地采取一系列动作,以实现信息单向透明。美国先是组建了网络总部,整合美国的网络资源力量,以取得网络空间的控制权。随后,美国政府继续完成小布什政府未竟的"事业",监视美国政府网站,并检查个人邮件。奥巴马政府责成国家安全局监视政府部门计算机网络与外部网络的数据流通,以防范包括"黑客"袭击、数据窃取等针对国家政府的"网络恐怖主义"。《华盛顿邮报》指出:"每一个网民只要打开带有'.gov'字样的网站就会受到监视,甚至网民发给政府工作人员的私人电子邮件都将被监视。"但是,美国追求网络上的"信息单向透明",必将形成一个不公平的网络秩序。这也必将引起网络空间出现一场不见硝烟的较量,从而导致现实社会安全受到影响。

俄罗斯先后改组通信与传媒监督局,强化对通信、传媒工具的监控。2008 年 12 月 3 日,俄罗斯政府对通信与传媒部下属通信与传媒监督局进行改组,设定其功能是监控大众媒体,包括对电子、传媒和通信技术进行监控;监督个人发布的信息合法性;监督无线电业务;配合安全部门获取传媒领域的反恐情报。2009 年 7 月,俄罗斯通信与传媒部宣布,允许护法机关检查公民信件、包裹、印刷品和其他邮

---

① 网络监管:各国都有[N]. 北京日报,2010-01-31(5).

件的法令开始生效。2014年2月1日,俄罗斯修订《信息、信息技术、信息防护法》,规定封锁那些散布挑起骚乱信息、进行极端主义活动、鼓吹进行极端主义活动的互联网站,要求在通信与传媒监督局公开网站上发布检查结果,为网络信息监管提供了依据。

3. 网络安保

有专家说,虽然大规模的网络破坏没有发生,但是不要将网络恐怖主义看得太遥远。网络恐怖主义主体实施网络恐怖攻击等破坏行为的目的,可能只是证明自己的能力,因此它们所针对的,并不一定是某一个国家或事件,而是网络的保安漏洞。在防范网络恐怖主义的战略措施上,不仅政府要积极应对,企业也必须积极应对,且采取切实可行的措施,防患于未然。

美国国家基建保护中心(NIPC)在"9·11"事件后曾发出警告,呼吁各机构防范可能发生的破坏网络行为,然而,这只是一个警告,并没有明确指引各机构应怎样防范的可操作性措施。很多大公司害怕遇到网络恐怖攻击,选择最消极的防御,索性关闭电脑系统。然而,这样的做法并不能有效应对网络恐怖主义行为。最大的问题是,很多中小企业的负责人对网络保安只是一知半解,不知道自己的网络存在什么漏洞,也不清楚计算机因受网络攻击所要承受的损失。如果电脑系统被人入侵,客户资料便有可能被流传出去。因此,疏忽网络保安,其损失是无可估计的。此外,不要忽视因商业竞争而引发的针对性攻击行为。香港计算机保安事故协调中心经理古炜德说:"为商业竞争而偷取,甚至破坏其他公司的电脑资料,其行为与间谍实在没有两样!"如果正在与客户商讨生意的条件时,被竞争对手侵入网络而全数知悉,对手便有可能会以一个更好的条件"撬"走客户,这些损失,中小企业亦要在衡量是否装设保安系统前计算清楚。

此外,严格规定网络服务提供者的社会责任和法律责任,有利于防范网络恐怖主义,并通过立法明确相关权利、义务和责任。网络恐怖分子一般都需要利用互联网服务提供商(internet service provider,ISP)进行网络恐怖活动,ISP在一定程度上负有过滤、管理网络传输的责任。例如,新加坡的做法是加强电子政府的保障,以避免网络恐怖主义和盗用身份(identity theft)等威胁破坏国家的系统而导致服务切断。因此,网络保安需要计划、设计、改革、支援、管理,并不断更新、优化,才能生生不息,维持企业业务运作。

四、防范网络恐怖主义的具体措施

面对网络恐怖主义的严峻挑战,没有国家能够独善其身。原中国人民公安大学校长程琳曾表示,缺乏各国一致认可的法律框架,也缺乏行之有效的打击网络恐怖活动的技术手段和方法,难以打击和处罚网络恐怖活动。此外,在防范网络恐怖主义的具体措施方面,要充分发挥国际组织、大众媒体、公众参与的作用。

1. 防范网络恐怖主义要建立国际合作机制

网络恐怖主义是全球公敌,国际合作是防范和打击网络恐怖主义的唯一选择。2013年12月17日,联合国安理会通过第2129号决议,呼吁各成员国合作打击网络恐怖主义。2013年9月,第68届联合国大会进行《联合国全球反恐战略》第四次评审并通过决议。根据中方提出的修改意见,该决议首次在全球反恐战略的框架内写入打击网络恐怖主义的内容。2014年11月,在中国浙江乌镇召开的世界互联网大会上,与会各国代表进一步就"加强国际合作,共同打击网络恐怖主义"达成共识。

2015年9月30日,中国外交部部长王毅在美国纽约的联合国总部出席"解决中东及北非地区冲突和应对地区恐怖主义威胁"安理会部长会议时,就国际反恐合作阐述了中方立场。王毅表示,中方主张在联合国框架下,开展广泛、综合性的国际反恐合作,重点应包括:打击网络恐怖主义,防范暴力极端思想,切断恐怖资金渠道,阻断恐怖人员流动,加强反恐情报交流和充分发挥安理会的作用。①

联合国《消除国际恐怖主义的措施》充分认识到,必须加强国际、区域和次区域合作,以增强各国的国家能力,有效防止和打击一切形式和表现的国际恐怖主义。目前,这种合作还更多地停留在理论层面,国际社会还需进行更大力度的合作,包括统一恐怖主义的界定、加强彼此的信任、加强信息安全技术交流、建立反恐信息共享平台等,加强国际合作与协同管理。打击网络恐怖主义也成为很多国际会议的重要议题和国际合作的重要内容。例如,澳大利亚通过国际网络检举热线联盟,广泛开展国际合作,并与美国、加拿大、中国、日本、新加坡及欧洲国家,进行互联网发展和管理等方面的交流与合作。

2. 防范网络恐怖主义要发挥国际组织的作用

国际组织分为政府间组织和非政府间组织,也可分为区域性国际组织和全球性国际组织。政府间的国际组织有联合国、欧盟、北非联盟、东盟、世贸组织等,非政府间的国际组织有国际足联、国际奥委会、国际环保协会、国际红十字会等。在防范网络恐怖主义方面,联合国、北约和上海合作组织都发挥了重要作用。

第一,发挥联合国的作用。2013年1月,在联合国安理会讨论全面反恐问题

---

① 王毅. 在联合国框架下开展广泛、综合性的国际反恐合作[EB/OL]. 新华网,2015-10-01.

的会议上,联合国秘书长潘基文致开幕词时说,如果不消除有利于恐怖主义蔓延的环境,任何反恐战略都不会奏效,而消除恐怖主义滋生环境也是联合国《全球反恐战略》的主要使命。他指出:"恐怖分子和极端分子正在利用社交网络煽动群众。这是我们必须用追求和平、发展和人类福祉的声音取代恐怖主义言论的又一个舞台。"他同时呼吁包括安理会成员国在内的国际社会团结一致,共同推动打击恐怖主义这项重要工作。①

在2016年5月的联合国安理会"反击恐怖主义言论和意识形态"公开辩论会上,中国常驻联合国代表刘结一提出,应消除恐怖主义思想基础;切断恐怖主义思想传播渠道;加大合作,织严国际反恐网络;促进文明对话,构建新型国际关系。他说,各国应将反恐纳入国家安全和发展战略,反对以歪曲宗教教义或其他任何方法煽动仇恨、歧视、暴力等极端主义,对此类言行坚决予以打击。他还表示,国际社会应采取有力措施,打击恐怖组织利用互联网发布煽动暴力音视频、传播恐怖主义意识形态和极端思想、招募人员、筹集资金及策划实施恐怖活动。各国应加强相关立法和执法,加强互联网监管,制止传输、有效删除含有恐怖和极端主义内容的信息。互联网企业要加强自律,提高法律意识和责任意识,及时主动清除相关信息。②

第二,发挥北约组织的作用。2008年4月,北大西洋公约组织(北约)首脑会议在罗马尼亚首都布加勒斯特开幕。一些与会者和研究人员认为,北约面临的安全挑战远不止阿富汗塔利班和"基地"组织,还包括电脑黑客、全球能源危机和气候变化。在关于遏制"网络恐怖主义"和"黑客活动"等威胁中北约能发挥什么作用的话题上,国际和欧洲事务研究所的研究人员约翰尼·赖恩认为,北约需要加强努力,应对"iWar"。赖恩在一份为北约撰写的分析报告中警告说,短期来看,"iWar"对北约成员国均造成威胁,"北约必须将这个问题视为迫在眉睫的威胁处理,努力开展实际的防御合作"。

北约在2008年的首脑会议上首次提出"加强北约关键信息系统",并承诺对遭受网络战攻击的成员国提供援助。5月,北大西洋公约组织七国在爱沙尼亚首都塔林签署协议,在爱沙尼亚网络战防御中心的基础上建立第一个北约网络战防御中心。这一中心不仅为签约七国服务,还可"直接增强北约以及北约国家的网络防护协同能力"。由于北约在成员国和总部之间有严格分工,这一机构实际上可以使所有北约成员在网络战领域的合作更为紧密。同时,这一中心的建立还在规划北

---

① 杨文静.恐怖主义"新面孔"让世界忧虑[N].国际先驱导报,2013-10-14.
② 倪红梅,孔晓涵.中国代表呼吁合力打击传播恐怖主义言论[EB/OL].新华社,2016-05-12.http://news.xinhuanet.com/2016-05/12/c_1118852316.htm.

约网络防御战政策方面发挥重要作用。

北约之所以选择爱沙尼亚建立网络战防御中心,主要原因是爱沙尼亚有实战经验。北约认为,爱沙尼亚2007年5月所遭受大规模网络攻击是军事史上第一场真正的网络战,其总统府、议会、几乎全部政府部门、主要政党、主要媒体和两家大银行及通信公司的网站都陷入瘫痪。为此,当时在美国开会的北约顶级反网络恐怖主义专家紧急赶去实施救援。① 因此,爱沙尼亚比较早地就开始研究网络战问题。

第三,发挥上合组织的作用。上合组织成立于2001年6月15日,创始成员国包括俄罗斯、中国、哈萨克斯坦、吉尔吉斯斯坦、塔吉克斯坦和乌兹别克斯坦,观察员国有蒙古、印度、伊朗、巴基斯坦和阿富汗。截至2018年上海合作组织成员国元首理事会第十八次会议召开,上海合作组织拥有8个成员国、4个观察员国、6个对话伙伴,并同联合国等国际和地区组织建立了广泛的合作关系,成为世界上幅员最广、人口最多的综合性区域合作组织,成为促进世界和平与发展、维护国际公平正义不可忽视的重要力量。成立之初,反恐和维护地区安全稳定是其主要任务。面对恐怖主义、极端主义、贩毒、跨国有组织犯罪等非传统安全威胁,上合组织成员国采取了一系列有针对性的应对措施,通过实施年度联合反恐演习、大型国际安保合作、情报交流、打击网络恐怖主义联合工作小组等合作机制,多边关系在打击"三股势力"的务实合作中得到不断推进和深化。②

2015年7月,上海合作组织地区反恐机构新闻中心发布消息称,该机构各成员国在应对网络恐怖威胁方面建立了协作机制。在组织结构内建成防止网络恐怖主义威胁的协作机制,其中包括对极端组织上传照片、视音频和个人通过网络招募加入恐怖组织的监督。根据资料,该组织组建了联合专家组,并进行所获数据的交换和对成员国在通信技术领域打击恐怖主义协作组成部分进行实时分析。此前,上合组织地区反恐机构新闻中心还称,该机构与印度政府制定共同机制打击"伊斯兰国"恐怖组织。印度情报部门曾警告称,"伊斯兰国"可能将在印度境内制造袭击,但是,在此之前却曾排除了事件剧烈恶化的可能性。③

2018年6月,上海合作组织地区反恐怖机构执委会主任叶夫根尼·瑟索耶夫在接受新华社记者专访时说,上合组织地区反恐怖机构是地区安全体系的有效组

---

① 北约爱沙尼亚共建网络战中心[N/OL]. 青岛日报,2008-05-13(8). http://ribao.qingdaonews.com/html/2008-05/13/content_661071.htm.
② 上合进入"三轮并驱"新时代[N]. 文汇报,2015-07-11(A5).
③ 上合启网络反恐协作[N]. 大公报,2015-07-10(A5).

成部分,自 2004 年成立以来,一直致力于推动上合组织成员国有关机构在打击恐怖主义、分离主义和极端主义方面的协调与合作。近年来,上合组织地区反恐怖机构努力的方向和责任范围有所增加。通过该机构,上合组织成员国边防部门间的反恐合作得到加强,该机构在打击恐怖主义和极端主义宣传方面的作用也得到强化。据瑟索耶夫透露,2013 年至 2017 年,上合组织成员国有关机构共制止 600 多起具有恐怖主义性质的犯罪活动,摧毁 500 多个武装分子培训基地,抓获 2 000 多名国际恐怖组织成员,缴获 1 000 多件自制爆炸装置、50 多吨爆炸物、1 万多支枪支及 100 多万发子弹。2016 年至 2017 年,成员国共屏蔽 10 万多家网站,这些网站共登载 400 多万条宣扬恐怖主义和极端主义的信息。通过成员国间合作,俄罗斯联邦安全局 2017 年共摧毁 50 多个恐怖组织和极端组织窝点。俄罗斯、哈萨克斯坦、吉尔吉斯斯坦、塔吉克斯坦和乌兹别克斯坦有关部门通过联合行动,共逮捕和遣返 150 名被通缉的犯有恐怖主义罪行的人员。瑟索耶夫还表示,为建立广泛的反恐网络,上合组织地区反恐怖机构与国际刑警组织、独联体反恐中心、亚信会议等国际和地区组织进行密切合作,与联合国的合作正稳步快速推进。目前,该机构正准备同联合国反恐怖主义办公室、非洲恐怖主义研究中心等签署合作备忘录。

3. 防范网络恐怖主义要发挥媒体的作用

"9·11"事件后,皮尤研究中心(Pew Research Center)的一项民意测验显示:越来越多的人看到了一个"专业的、有道德的、爱国的、富于同情心"的媒体。60%的受访者把媒体看作保护民主制度的组织。同时,有 50%以上的受访者认为,政府应该审查那些可能威胁国家安全的新闻。防范网络恐怖主义,发挥媒体的作用,就要了解网络恐怖主义与媒体的共生关系,同时,也要了解媒体记者的作用,以及媒体的反作用。

第一,网络恐怖主义与媒体的共生关系。网络恐怖主义与大众传媒之间逐步形成一种相互借势的共生关系。

一方面,网络恐怖主义主体可以通过现代传媒威胁、影响和劝诱关心恐怖事态发展与结局的受众。因此,网络恐怖主义往往通过制造爆炸、劫持人质、邮件恐吓等手段,诱发社会恐慌,人为制造具有巨大新闻价值的突发性事件,通过现代传媒吸引世界各地的眼球。现代传媒报道各地发生的恐怖事件,延续传媒承载的现代信息流通功能和满足公众的知晓需求,而恐怖主义借助现代传媒渲染恐怖事件,宣扬恐怖主义理念,就是要充分利用传媒的放大器功能,更好地达到恐怖主义主体制造恐怖气氛的目的。

另一方面,新闻媒体为了吸引受众关注,提高收视(听)率或发行量,也热衷于报道恐怖主义相关内容。有的媒体甚至不吝惜恐怖活动报道的时间或篇幅,千方百计地去抢头条新闻和独家报道。尤其是在"9·11"事件之后,恐怖事件成为新闻媒体追逐和热捧的对象,被媒体大肆报道。当然,新闻媒体也从中获得到了"甜头"。据美国尼尔逊收视率调查报告显示,"9·11"事件发生后,美国广播公司电视网(ABC)的"早安美国"收视率大幅攀升了80%,观众增加400万人之多。

英国前首相撒切尔夫人曾经尖锐地指出,西方新闻传媒的宣传报道是恐怖主义活动赖以存在与发展的"氧气"。有反恐专家指出,"记者与电视摄像机是恐怖分子最好的朋友","媒体和恐怖主义是一种共生关系"。有专家指责,"传媒报道是恐怖分子最有效的弹药库",使"恐怖分子如鱼得水","宣传是恐怖主义的母乳"。美国反骚乱与恐怖主义特种部队曾宣称:"在许多情况下,现代恐怖主义正是传媒的创造。"总之,在网络恐怖主义产生和发展的过程中,传媒发挥的作用不容忽视。

第二,网络恐怖主义事件报道中记者的作用。媒体在报道网络恐怖主义事件的同时,有可能助长恐怖事件的传播。大多数学者既不同意采取政府加强新闻检查的办法,也不同意让新闻媒体处于完全自由的状态,因为"这些都无助于问题的解决"。因此,记者在报道网络恐怖主义事件时怎样选择,会对网络恐怖主义传播产生重要影响。

有学者提醒,媒体在战争期间负有双重责任:一是发现真相,并且尽可能全面、准确、公正地进行报道;二是保证新闻活动在激烈的市场竞争中不会威胁到国家安全和社会稳定。阿龙·玛希哲南在《亚洲媒体扩张对人们认识种族冲突的影响》一文中提出的建议是:记者在新闻院校读书时不仅要奠定准确、公正、客观、平衡的理想的新闻报道基石,而且要进行跨文化学习,培养学生对文化差异和世界观分歧的认知;每个媒体可以根据自己的特定需要,为那些没有实践经验的记者开设定向课程,让他们对媒体文化有基本认知;可以设立媒体监察办公室,以帮助人们充当向导、消除疑惑、处理投诉、解决争执、监督检查。

对于记者怎样进行报道,美国学者温卡特·艾伊尔的观点是,在构建合理的自律体系的基础上,要求记者自愿遵守一些由媒体从业人员或专业的媒体组织提出来的报道原则:一是强调新闻人员对恐怖分子及其帮凶利用和操纵媒体保持警惕;二是禁止出版可能妨碍政府处理危机的信息;三是限制播出对恐怖分子的采访;四是要求媒体在政府人员和恐怖分子或其代表进行敏感谈判的时候,淡化处理一些可能引起更大范围恐慌或者过分扰乱公众情绪的消息;五是号召记者一定不要成为恐怖事件的参与者。对于这些建议,他们认为不会束缚记者的手脚,对于那些具备丰厚知识底蕴和娴熟驾驭各种新闻采访技巧的记者来说,他们完全可以对各种新闻事件作出准确、公正、客观、平衡的报道,获得公众的信赖与支持,担负起引导与教育公众的责任。①

第三,媒体报道网络恐怖主义事件的反作用。媒体恐怖论认为,反映民主社会价值观的自由媒体在争抢新闻和争夺受众的市场竞争中,对恐怖行为无节制地夸大报道会在社会上产生一些不必要的恐慌,并给恐怖分子平添不应属于他们的成就感,从而起到了反作用。甚至可以说,"恐怖行为和媒体之间经常具有相互提供支持的倾向。除非媒体保持独立、公正地提供新闻,否则就很难避免成为恐怖行为的帮凶。"

恐怖主义被很多人看作一种传播方式或政治宣传,因为恐怖分子和其政见维护者不断采用熟练的技巧来欺骗媒体"守门员",使传媒成为舆论斗争的战场,并通过一些恐怖行动和煽动话语使自己备受瞩目,使大众恐慌万状。意大利"红色旅"的成员总是约定俗成地把他们的犯罪行动安排在周三或周六(还把这两天称为"首选传播日"),以至于周四或周日的报纸因为要报道他们的杀戮行径而加厚。

1995年,在美国俄克拉荷马城炸死168人的凶犯提莫西·麦克维之所以将炸弹选择安放在姆拉联邦大楼,是因为这幢大楼周围很空旷,"可以拍出好的新闻照片和电视镜头"。具有讽刺意味的是,越是在自由的社会,恐怖分子越容易获得巨大的影响。正如学者保罗·威尔金森(Paul Wilkinson)所说的那样,开放社会的自由媒体尤其容易被残酷的恐怖组织所操纵和利用,恐怖主义行为和媒体之间常常有一种相互提供养分的倾向。

有学者甚至认为,媒体是恐怖主义的蔓延,因为媒体报道恐怖主义和恐怖活动,客观上导致产生更多的恐怖主义和恐怖活动。鲁道夫·莱维(Rudolf Levy)列举了媒体由于报道恐怖主义而产生的不良影响:"媒体鼓励形成了一些新的恐怖组织。战术运用和媒体利用的成功让恐怖分子从以前的恐怖活动中受到鼓舞,并在新的恐怖行动中进一步提高水平;媒体使恐怖组织的名字在公众中间尽人皆知,而公众恰恰是恐怖分子采取行动的无辜对象;媒体使一些不是很成功的团体或个人再次进行胆大妄为的恐怖活动;诱导一些以前受到某种肯定报道的恐怖分子试图进一步利用或左右媒体。"②

查尔斯·艾略特(Charles Elliot)在《次日:美国"9·11"事件的头版报道》一文中,通过对美国60家报纸进行文本分析得出结论:不仅记者不加区别地沿袭了以往报道恐怖主义活动的四种习惯:真实记录、耸人听闻、特定故事和说教式导入,而

---

① 邵培仁. 恐怖源于媒体?——媒体恐慌论介绍及启示[J]. 新闻记者,2007(6):21-23.
② 邵培仁. 媒介恐慌论与媒介恐怖论的兴起、演变与理性抉择[J]. 现代传播,2007(4).

且用事实证明那些对西方媒体与恐怖行为关系的批评是有一定根据的。例如,过分强调报道中的视觉交流,结果是没有给正文留下多少空间,以至于不能揭示恐怖活动背后的实质内容和更深刻的含义;信息基本上来自官方;标题考虑的是轰动效应,而不是事实和描述;在设计元素、新闻报道和视觉交流方面,始终保持一致。《媒体与恐怖主义》一书的作者还认为,在一个直接卷入恐怖主义危机的国家中,媒体的夸张报道极有可能引起人们的普遍恐慌,而在那些远离这种危机的国家中,则可以发现更多的深思熟虑的冷静报道。

针对媒体是恐怖主义胁从者的指责,不同的观点认为,媒体也是恐怖主义的防火墙。美国国家咨询委员会在《关于无序和恐怖主义的特别工作小组报告》中写道:"在政府面对混乱制造者、恐怖行动以及政治暴力需要给出一个合适的回应的时候,媒体起到了很好的定调的作用,它像一个安全阀门一样,给合法民众提供一个对一些重要事件表示关注的出口,并且可以承载一些民众情绪的压力,以一种有效的方式来补偿民众的不满进而改变政府的政策。"[1]

4. 防范网络恐怖主义需要公众的参与

实践表明,公众应对恐怖活动的素质和能力,在相当程度上决定了恐怖行动的效果。可以想见,一旦公众陷入大规模的慌乱,任何应对措施都会失去作用。公众受到的恐怖气氛影响越小,恐怖主义行动对恐怖分子的吸引力也就越小。所以,需要通过教育和宣传使公众对恐怖主义有客观的认识,从而降低公众在恐怖主义袭击面前的恐惧。在打击和防范网络恐怖主义的过程中,一个良好的、健康的网络氛围对消除极端思想极为重要,而这种良好网络气氛的形成,需要公众的积极参与。

第一,发挥公众参与防范网络恐怖主义工作的主动性。《国际网络恐怖主义研究》一书认为,公众参与反恐的途径可以分为两种类型:一是被动的防范,主要指安全意识的增强,安全知识的普及,对恐怖主义有科学的认知;二是主动地参与,即能积极参与到反恐工作中,主要指协助、提供情报和预警,更为重要的是,公众可以参与到预防和消除激进主义滋生和蔓延的基础工作中。具体来说,公众参与反恐工作的途径是多方面的,如参与反恐演习、参与反恐知识培训、举报可疑信息以及积极开导年轻人,使他们避免受极端主义思潮的影响等。如果按照阶段来划分,公众可以参与到反恐的每一个阶段中来:恐怖活动发生前的预防、信息收集等,发生时的自救,发生后恐惧的消除、社会秩序的恢复等。在以上三个阶段的任一阶段,只要公众能够较好地参与,都能够大大地降低恐怖主义的危害及影响。[1]

---

[1] 朱永彪,任彦. 国际网络恐怖主义研究[M]. 北京:中国社会科学出版社,2014:143-144.

第二，提高公众参与防范网络恐怖主义的情报意识。美国情报机构大多利用技术手段收集反恐情报,但是网络恐怖袭击没有固定模式,其方式方法每次都可能改变,极难防备。在提供情报方面,公众参与反网络恐怖主义具有得天独厚的优势。事实证明,单靠安全部门对网络进行监控和信息的过滤,是不能够完全胜任情报的收集与分析的重任的,而具有较高反恐常识和反恐意识的广大网民,则可以对安全部门的相关工作提供补充。① 可以说,公众在提供情报方面的参与,可以有效地孤立恐怖主义,使其失去滋生恐怖主义意识形态的土壤。据阿联酋阿拉比亚电视台 2014 年 6 月报道,沙特阿拉伯政府曾推出反恐新举措,以重金奖励那些提供重要反恐情报的公民。根据沙特政府的这一措施,如果沙特公民提供的反恐情报最终帮助警方抓获了恐怖分子,或者对瓦解恐怖组织起到了关键作用,沙特政府将发放 27 万~190 万美元不等的奖励。为了遏制恐怖事件的高发态势,沙特政府采取了大量防范措施。例如,沙特 2014 年年初颁布了《反恐法》,赋予负责反恐事务的内政部和安全部队以更大的权力,允许军警逮捕、关押恐怖嫌疑分子半年时间,严厉打击向恐怖分子和组织提供资金支持的团伙,同时严禁沙特公民"在其他国家的冲突地区参与、号召和煽动恐怖活动"。据哈萨克斯坦国际通讯社 2016 年 11 月报道,哈政府自 2017 年 1 月起重奖及时向哈萨克斯坦执法机构提供反恐情报的公民。据悉,哈政府重金奖励反恐情报提供者的决定,是根据哈《反恐法》相关条例制定的,举报人一次最高可获 200 多万坚戈(约合人民币 4 万元)的奖金。凡提供有效信息协助执法机构阻断、制止恐怖袭击事件者,将依法获得国家奖励,奖励金额按贡献率指数核定并一次性发放。

第三,扩展公众提供防范网络恐怖主义情报渠道。防范网络恐怖主义,可以扩展公众提供相关情报的渠道,通过公开方式收集关于网络恐怖动的情报。例如,借助从网上聊天、黑客新闻和网站等公开情报源获得的大量信息可以有效地获取更有价值的情报。以这些公开方式获得的信息有可能是线索甚至是情报,因此以公开方式收集网络恐怖活动的情报可以成为侦查行动的先导。2016 年 4 月,新疆维吾尔自治区社会综合治理委员会、新疆维吾尔自治区反恐工作领导小组发布《新疆维吾尔自治区群众举报暴恐犯罪线索奖励办法》。2016 年 8 月,安徽省公安厅修订印发《群众举报涉恐涉暴线索奖励办法》,对群众举报且被公安机关采用的涉恐涉暴线索,按照线索评定等级发放奖金。此外,《中华人民共和国反恐怖主义法》和《北京市公安局群众举报涉恐涉暴线索奖励办法》等都对举报内容、举报途径和奖

---

① 朱永彪,任彦. 国际网络恐怖主义研究[M]. 中国社会科学出版社,2014:144-145.

励办法等作出了规定。

5. 开展防范网络恐怖主义安全意识教育

打击网络恐怖主义活动没有前线和后方,这是互联网的全球性和开放性决定的。网络恐怖主义作为一种社会毒瘤、一种复杂的国际政治现象,在短时间内不可能彻底消灭,因此除了需要情报、安全部门提前预防,坚决打击之外,还必须做好对公众的安全教育工作和应对危机常识的普及工作,以便将损失降至最小。增强网络安全意识是总体国家安全观的重要前提,也是践行国家网络安全战略的重要环节,已经成为建设网络强国的重要内涵。《网络安全法》指出:"采取措施提高全社会的网络安全意识和水平,形成全社会共同参与促进网络安全的良好环境。"此外,在网络安全宣传周等活动的推动下,各种宣传活动和新闻报道,为民众、企业和政府充实网络安全知识、提高网络安全意识提供了互动机会。然而,在增强网络安全意识方面,主要依赖于宣传、教育而无专业的做法和可操作性策略的现实,与国家总体安全观要求不相适应,对总体国家安全构成威胁。总体要求和实践之间的脱节,需要更多的研究和更有针对性的策略,特别是在增强全社会网络安全意识方面,不仅管理部门和宣传部门应负起相关责任,更需要全社会共同努力,形成全方位多层面的历史合力。

第一,防范网络恐怖主义也是广大民众的义务。防范网络恐怖活动不仅是政府的职责,更要广大民众发挥积极作用,通过宣传教育加强公民和各种组织机构的安全情报意识是重中之重。首先,要让公民和各类组织认识与了解网络恐怖主义的危害;其次,要使其掌握保障网络安全的普通技能,从而减少网络恐怖活动的可袭击目标;最后,要求其遇到疑似网络恐怖袭击时迅速向责任部门上报。2014年11月,首届中国国家网络安全宣传周举办。安全周的设立是为了帮助公众更好地了解和感知身边的网络安全风险,增强网络安全意识,提高网络安全防护技能,保护用户合法权益,共同维护国家网络安全。在欧洲,10月是一年一度的安全月,宣传活动的目的是增强公民和企业对网络安全风险的意识,并分享网络安全方面的最佳做法。美国网络安全意识月(NCSAM)的目的是提高网络安全在美国公民生活中所起作用的认识。

第二,广泛开展防范网络恐怖主义教育培训。《网络安全法》第十九条规定:各级人民政府及其有关部门应当组织开展经常性的网络安全宣传教育,并指导、督促有关单位做好网络安全宣传教育工作。大众传播媒介应当有针对性地面向社会进行网络安全宣传教育。第二十条规定:国家支持企业和高等学校、职业学校等教育培训机构开展网络安全相关教育与培训,采取多种方式培养网络安全人才,促进网络安全人才交流。可见,我国非常重视网络安全教育。在这个问题上,澳大利亚联邦政府也非常重视开展互联网的安全传播和教育。为保障网络安全,澳大利亚联邦政府拨出大量资金,包括向每个家庭提供过滤软件,开展网络安全教育;通过社区向公众开展正确使用互联网教育;在学校设立专门机构对学生传授正确的互联网启蒙知识。同时,澳大利亚政府还设立了专门的智能网络,以保障学生使用互联网的安全。

第三,鼓励个人力量力所能及防范网络恐怖主义。国家、组织和企业在打击与防范网络恐怖主义方面的作用毋庸置疑,而且在开展安全意识教育方面,也发挥了积极作用。鼓励个人力量打击和防范网络恐怖主义,不是要鼓励个人的单打独斗,而是要发挥个人的能动性,在能力所及的范围内,发挥防范网络恐怖主义的作用。据美国《洛杉矶时报》报道,香农·罗斯米勒是一名美国前法官。"9·11"事件后,她开始自学阿拉伯语,在网上诱捕恐怖分子。她在网络聊天室中利用"基地"组织头目名字和照片,冒充"基地"组织头目"招募"恐怖分子。罗斯米勒的策略十分成功,一名叫莱恩·安德森的美国国民警卫队士兵就曾希望与罗斯米勒的"基地"组织联络网取得联系,试图在伊拉克旅行期间向"基地"组织出售美军军事机密。法院利用罗斯米勒掌握的证据,成功地给安德森定罪。罗斯米勒也向来自40多个国家的400多位网络安全专家传授她的独家经验。但是,罗斯米勒并不鼓励没有受过专业训练的业余爱好者像她一样单打独斗,因为罗斯米勒已经受到多次死亡威胁,被迫搬家。

第二节 防范网络恐怖主义的法制体系

法制体系是指法制运转机制和运转环节的全系统。法制体系(或法制系统)包括立法体系、执法体系、司法体系、守法体系、法律监督体系等,由这些体系组合而成一个纵向的法制运转系统。网络空间的恐怖活动具有隐蔽性、扩散性、低成本、分散性、传播速度快、目标不确定性等特征,使制定相关防范立法和应对措施更为困难。从法律的角度看,打击网络恐怖主义存在一系列难题,例如,难以形成对网络恐怖活动的共同法律认知;欠缺有效的网络安全保卫和打击网络犯罪的执法手段;缺乏国际、国内共同打击网络恐怖活动的有效合作机制等。这些难题需要在未来的网络反恐立法中着力解决。①

一、建立全球防范网络恐怖主义的法律体系

网络恐怖主义活动具有整合性、跨国性、去中心化的特点，任何一国都难以凭借一国力量全部解决。因此，协调世界各国法律，加强国际执法合作，成为打击网络恐怖主义活动的必然选择。建立全球防范网络恐怖主义的法律体系，就是建立包括立法体系、执法体系、司法体系和法律监督体系的全方位法律系统。

1. 防范网络恐怖主义立法体系

立法体系或称制定法体系，是指规范性法律文件的体系。在中国，立法体系包括全国人民代表大会、全国人民代表大会常务委员会、国务院。法律体系是内容，立法体系则是它的文件表达形式。建立全球防范网络恐怖主义的立法体系就是要在全球范围制定规范性的法律，并在各国推广执行，在全球形成防范网络恐怖主义共识的同时，用法律的手段共同防范网络恐怖主义。

"没有规矩，不成方圆"。依法管理互联网是目前国际上通行和必需的做法，明确在互联网管理中哪些要得到保护，哪些要进行限制、禁止，并让网民明确自己的权利与义务，互联网才能有序、安全地发展。建规立制、依法管理是互联网管理最重要的环节。因为网络恐怖主义的特征，对"网络无国界"背景下防范网络恐怖主义活动造成巨大困难，单靠一国之力难以有效防控。为此，联合国、欧盟等国际机构通过《制止恐怖主义爆炸事件的国际公约》《制止向恐怖主义提供帮助的国际公约》《欧洲委员会网络犯罪公约》等法律文件，以加强打击和防范网络反恐方面的国际合作。

2008年11月6日，巴基斯坦总统阿西夫·阿里·扎尔达里签署一项法令，规定网络恐怖主义行为若致人死亡，犯罪者可获判死刑。巴基斯坦联合通讯社援引法令原文说："利用电脑从事恐怖活动者，若导致他人死亡，可获死刑或终身监禁。"法令规定，这项法令适用于任何利用电脑或其他电子设备从事有损国家安全的犯罪分子。法令规定，凡利用电脑网络或电子系统"蓄意或企图参与恐怖行动"的行为均属"网络恐怖主义"。②

2. 防范网络恐怖主义执法体系

执法体系是指具有不同职权的国家行政机关或行政机关授权的执法组织，为

---

① 张立伟. 打击网络恐怖主义亟需法律支持[N]. 学习时报，2015-01-26.
② 巴基斯坦规定网络恐怖罪可判死刑[N]. 南国早报，2008-11-08(18).

执行法律而构成的相互配合、相互分工的有机联系的系统。建立和完善防范网络恐怖主义执法体系是个系统工程,需要全球各国共同协商,共同推进。

在2015年联合国安理会下设的反恐怖主义委员会围绕"法治在应对当前恐怖威胁的重要性"主题举行的会议上,反恐委员会主席、立陶宛常驻联合国代表穆尔莫凯特表示,随着恐怖主义全球威胁的不断"变异",国际社会必须以更快的速度、更强悍有力的方式,从各个层面入手调整和改善反恐战略。为此,她呼吁联合国整体反恐机器更快速地运转起来,打破分裂思维,以更加相互促进、有效、连贯一致且全面的方式应对恐怖主义威胁。

穆尔莫凯特指出,为应对"9·11"恐怖袭击事件而专门成立的安理会反恐委员会承担重要的具体职责。根据安理会第1373号、第1624号以及2014年9月出台的第2178号决议,反恐委员会在反恐执行局的协助下致力于加强成员国打击境内、区域和全世界恐怖主义活动的法律和机构能力,避免恐怖主义在无法无天、有罪不罚的环境下肆意横行,因此必须及时出台相应的法律制度和举措,充分发挥法治在反恐方面的基础作用。①

3. 防范网络恐怖主义司法体系

从广义上说,公、检、法、司四大机关,共同构成了中国的司法体系。防范网络恐怖主义的司法体系,也应包括公、检、法、司四个部分,而且需要这四个方面的共同配合,共同发挥作用。在全球建立这样的司法体系,尚有困难,但是,各国已经有了相应的做法,可以借鉴。

2014年,俄罗斯外交部部长谢尔盖·拉夫罗夫曾表示,俄罗斯主张国际社会共同努力打击恐怖主义,但是要建立在坚实的国际法基础之上。拉夫罗夫表示:"恐怖主义和极端主义威胁迅速增长,其中包括所谓的'伊斯兰国'组织对国际社会构成直接威胁,首当其冲的是我们的伊斯兰合作组织的合作伙伴。"他强调,打击恐怖主义的斗争必须在联合国安理会主持下进行,建立在坚实的国际法基础之上。在打击恐怖主义的斗争中,既要考虑使用军事手段,同时也要排除产生极端主义问题的根源。只有国际社会共同努力,加强对话与合作,才能克服根深蒂固的矛盾。②

2014年9月,联合国安理会就外国恐怖主义参战人员问题举行高级别会议。联合国秘书长潘基文在会上说,联合国方面估计,来自80多个国家和地区的逾1.3万名外国恐怖主义参战人员已加入"伊斯兰国"和"支持阵线"。潘基文表示,任何反恐行动和政策必须符合国际人权和人道主义法,并严格遵循《联合国宪章》。安

---

① 安理会反恐委会议吁全球协力 加强打击恐怖主义[EB/OL]. 中国新闻网,2015-02-11.
② 俄外长:打击恐怖主义要建立在国际法基础上[EB/OL]. 中国新闻网,2014-10-30.

理会一致通过决议,对外国恐怖主义参战人员造成的威胁日益严重深表担忧,要求各国通过边界管制、情报共享和立法等措施制止其流动及实施恐怖行动。安理会决定,联合国会员国应根据相关国际法,预防和阻止招募、组织、转运或装备人员前往居住国或国籍国以外的任何国家实施、筹备或参与恐怖活动以及接受恐怖主义培训等行为。决议要求各国通过有效的边界和证件管制,防止恐怖分子和恐怖组织的流动,加强情报交流;要求各国将参与资助、筹划和实施恐怖主义行为的人员绳之以法,确保本国法律法规将此类行为规定为严重刑事罪。决议还要求各国加强相关合作,帮助相关国家提高应对此类威胁的能力,敦促各国制止恐怖分子利用技术、通信和资源,包括音频和视频煽动支持恐怖行为。决议还提请联合国相关机构就"伊斯兰国""支持阵线"等招募外国恐怖主义参战人员的情况提交报告,按规定将相关人员和团体列入联合国制裁名单。①

4. 防范网络恐怖主义法律监督体系

法律监督体系是由一个国家各种形式的法律监督构成的有机联系的系统。我国的法律监督体系由国家监督和社会监督两大系统构成。网络恐怖主义的法律监督体系,需要各国的共同协作。作为国家利益和公众利益的代表,各国政府积极介入互联网管理,成立专门机构,促进立法和执法,敦促行业自律,推动公众教育,并开展国际合作。

为防止网络恐怖主义危害国家安全,英国政府出台了一系列行政措施,要求相关行政机构配合监管。2008年,英国内政部提出"监听现代化计划",目的是监视并保留英国互联网上所有的通信数据,如网页浏览时间和电邮地址等。2009年,英国出台首个国家网络安全战略,成立网络安全办公室和网络安全运行中心,旨在协调政府部门之间的关系,统一协调网络安全工作,监测网络空间安全。时任英国首相布朗在颁布该项战略时,将网络安全与历史上英国的重要安全政策放在了同等重要的位置上。在2010年英国的国家安全战略报告中,网络攻击与恐怖主义、国家间军事危机、重大事故和自然灾害被定为英国国家安全面临的四大主要威胁。迈克菲公司2011年的报告指出,近2/3的英国关键基础设施公司报告称,经常发现恶意软件试图破坏它们的系统。英国政府通信总部也表示,政府网络每月收到超过20 000封恶意电子邮件,而这种恶意电子邮件还在成倍增加。英国政府在2011年再度颁布了新的国家网络安全战略,该战略更加详细,并提出了更为具体的行动方案。该战略报告称,网络空间已经被恐怖分子用于鼓吹宣传、刺激潜在支

---

① 安理会就打击外国恐怖主义参战人员通过决议[EB/OL]. 新华网,2014-09-25.

持者、筹措资金、沟通策划的重要平台。虽然报告也明确指出,由于对网络威胁、漏洞的性质及规模尚存在不清楚和不明确的认识,投资网络保护和预防可能得不到收益。但是,政府仍决定从财政预算中拨付高达6.5亿英镑的专项资金,支持此后4年网络安全技术和法律行动的实施。这些资金用于转变政府制定网络安全的相应机制,并分配给那些发挥关键作用的机构和部门。2012年5月,英国女王在新一届议会开幕时公布了政府的立法计划,其中一项新的立法草案决定扩大执法机关和情报部门对网络通信的监督权。政府强调该草案将在"严格保护个人隐私"的前提下,允许安全部门查阅"至关重要"的网络通信数据。①

二、建立公平合理的全球网络规则体系

网络恐怖主义之所以盛行,与国际政治、经济和文化的发展等有着复杂的关系。其中一个重要的方面,就是国际政治经济旧秩序的不合理、不公平。消除恐怖主义,建立一个公正合理的政治经济新秩序,十分必要。在这个新秩序尚未建立起来之前,即便美国实现了"信息单向透明"的目标,也无法消除"网络恐怖主义"。

1. 网络规则的制定需要克服各种困难

网络空间的竞争如同核领域霸权的竞争一样,各国都有各自的策略和措施,因此,网络规则很难形成。例如,对欧洲委员会发起的《网络犯罪公约》,美俄有不同的看法。俄罗斯拒绝加入该公约,其理由是其他国家警察在未告知当事国的情况下对网络犯罪进行跨境调查,这可能给某些国家"侵犯别国主权"制造借口。美国却同意加入该公约,其目的是通过与其他国家的警方在网络安全方面合作,可有效打击对美国实施的网络袭击。俄罗斯方面认为,各国应该像签订禁用生物化学武器公约那样,通过高级别会谈制定一份关于网络规则的国际条约。美国则认为,各国可以在国际执法机构协调下展开合作,共同打击网络犯罪。2009年7月,美国总统奥巴马与俄罗斯总统梅德韦杰夫的会晤,虽然也谈到了网络安全问题,但是双方在应对网络攻击的方式问题上仍存在分歧。可以说,俄美两国在如何保障网络安全和展开国际合作问题上存在不同见解。这也表明,制定国际网络规则涉及各方利益,存在诸多困难。

美国作为网络强国,一方面高调反恐,另一方面却在不告知的情况下以国家行为体角色对他国实施"网络干涉行动",不可避免地打上国家网络恐怖主义的烙印。

---

① 白阳. 英国依靠立法强化监管互联网 打击网络恐怖主义[EB/OL]. 环球网,2014-02-25.

美国的独断专行不仅会让人类社会合作打击网络恐怖主义的局面失控,而且还会给恐怖组织和恐怖分子以仿效的"榜样",甚至给"网络战"提供导火索,给全球文明进程设置新障碍。对于网络恐怖主义的不同认识,各国秉持不同标准,有必要在联合国等国际体制框架下出台相关的法律和规范,杜绝双重标准,只有对网络强国加设必要的"紧箍咒",才能严格界定并杜绝"国家网络恐怖主义"的滋生和发展。[①]

2. 网络规则的制定需要各国共同努力

网络规则的制定应该是各国共同参与的进程和结果。虽然由于信息资源的不平衡造成了网络空间话语权的不平衡,但是网络规则的制定也不应是某一个国家的"一言堂"和"说了算"。美国控制着互联网的主干线与域名根服务器,这使国际互联网基本上掌控在美国的手里,一旦出台全球互联网的有关规则,美国就不能继续独享已有优势。例如,按照美国法律规定,美国间谍机构是不能在本土活动的。隶属美国国防部的情报机构国家安全局,是专门从事电子窃听和监听外国情报信息的机构。美国政府有意要授权其国家安全局监视政府部门计算机网络与外部网络的数据流通,并监视进入政府网站的网民的邮件。进入美国政府网站的网民不一定全是美国公民,给拥有美国政府网站邮箱发信的网民也不一定是美国公民。一旦其他国家的公民进入美国政府网站,或给拥有政府网站邮箱的人发的邮件被国家安全局监视了,美国国家安全局其实就在其本土实施了间谍行为。一方面,美国在某些方面制定规则;另一方面,美国也在破坏网络规则。总之,网络规则的制定不能由美国说了算,各国需要共同努力,改变现状。

3. 网络规则的制定需要促进协调发展

目前,国际社会的普遍共识是,全球防范网络恐怖主义需要开展国际合作,使互联网法律和管理方法与国际社会取得协调。全球网络规则的制定,目的是有效打击和防范网络恐怖主义,而且,共同制定的网络规则建立在能够促进打击网络恐怖主义行动协调合作的基础上。现实的问题是,现有法律体系相对包括网络恐怖主义犯罪等形式存在天然的滞后性,虽然世界各国对网络恐怖主义治理都有加强管控的趋势,但是各国法律仍需进一步完善。

有专家认为,中国国内互联网的发展与应用,无论是在技术层面还是在市场层面,与世界各国相比并不存在时代的差距,相反,在很多应用领域走在世界的前沿。在这一背景下,中国必须把握住未来互联网领域的发展时机,与世界各国一起制定出有利于全人类共同命运的互联网规则,建立起尊重各种文明的、不同于西方中心

[①] 惠志斌. 谨防"网络恐怖主义"的两种新倾向[EB/OL]. 人民网-理论频道,2015-06-01.

主义的多元互联网价值观体系。

　　以网络犯罪为例,自21世纪以来,各国通过修订本国刑事法律以适应网络犯罪新态势。根据联合国贸易与发展会议的统计,截至2018年,在138个国家中,已经有72%的国家针对网络犯罪进行了立法,另有9%的国家正在起草网络犯罪相关立法。就国际或区际立法而言,主要表现在以国际或区域性组织为核心制定相关规则,如在欧洲委员会、欧盟、上海合作组织、独立国家联合体、非洲政府间组织、阿拉伯国家联盟等组织主导下,形成《布达佩斯公约》《阿拉伯国家联盟打击信息技术犯罪公约》《独立国家联合体打击计算机信息犯罪合作协定》《上海合作组织国际信息安全领域协定》等一系列规范文件。在我国,网络犯罪同样是必须积极应对的问题,特别是在法律层面,更需要针对中国的国情,构建多方配合的立体架构。2017年1月,中国人民公安大学发布《2017年新型网络犯罪研究报告》,呼吁我国应进一步出台与网络安全法、反恐怖主义法相关的配套规定,对互联网服务提供者提出更细化的要求和标准,规定责任人负责制,同时在执法领域明确监督及定期检查、应急处置等内容。

三、重视防范网络恐怖主义的法律问题

　　建立健全防范网络恐怖主义的法律体系不是一蹴而就的事情,而且在这个过程中,有些突出的法律问题,会对整个进程产生影响,特别是一些棘手的法律问题,一方面反映了防范网络恐怖主义困难重重;另一方面也表明,这是突破防范网络恐怖主义法律体系必须直接面对的问题。这些法律问题,需要时间和各国的共同努力,共同推动改善。

　　1. 网络监管与网络自由

　　在全球网络恐怖主义泛滥并成为严峻挑战的背景下,各国政府无不高度重视并加强网络监管,在安全和自由之间作着困难而又必需的选择。2010年1月,美国国务卿希拉里·克林顿就"互联网自由"问题发表演讲,指责中国的互联网管理政策,影射中国限制互联网自由。实际上,互联网的无限制自由是从来都不存在的,因为包括美国在内,各国政府在强化网络监管和保障公众信息自由之间,往往难以权衡和选择。实施网络监管必须充分尊重网民的信息自由,但是离开了网络安全保障,信息自由也就无从谈起。而且,网络反恐的紧迫性和艰巨性已不容许各国有任何犹豫和懈怠。美国总统奥巴马的"网络身份证"计划,让不少人担心此举会导致公众的网络自由受到过度限制。

据媒体报道,美国国防部拥有46个YouTube频道、91个Twitter种子、46个博客、106个Facebook页面,有专业人士进行全天候维护,确保不断更新精彩内容以吸引粉丝。同时,美军不仅不隔绝官兵和网络,而是引导、训练、鼓励官兵个人主动利用网络媒介"讲述自己的故事",以达到更好的宣传效果。美国海军甚至认为,"每一个使用日志、微博和Facebook的海军官兵,都是其所在部队和美国海军的形象大使。"有了这种强大的软实力基础,美国组建"第五纵队"的规模和效率也大大提升。"阿拉伯之春"就是在美国于2003年成立的全球舆论办公室的直接指挥下,美国国家安全局和网络司令部联合运作的信息思想战的第一次全面实践。

英国较早从法律角度加强对互联网信息的监管。2000年前,英国已经出台了多部反恐的专门法案。2011年8月,英国发生的暴力骚乱引起世界关注,也给英国政府敲响了警钟。英国政府曾自诩是"网络自由"的坚决拥护者,然而此次骚乱正是源于"自由的网络",多个社交媒体被用于煽动、组织骚乱。首相卡梅伦事后表示,以后发生骚乱时考虑关闭微博客、社交网站和"黑莓信使"服务,以阻止参与骚乱者利用社交媒体联络。可以说,社交媒体的双刃剑作用,在方便网民沟通的同时,也成为网络恐怖主义主体策划和发动网络攻击的工具。

打着国家安全的幌子侵犯公民自由、言论自由和大部分宪法权利,而这些则被包装在政府的指令中。在加拿大,斯蒂芬·哈珀总理(Stephen Harper)支持保守党新反恐法案(Bill C-51)是非常明显的,该法案通过恐惧教学法和种族主义妖魔化,更进一步限制公民权利。美国同样如此,《爱国者法案》《国防授权法案》《军事审判委员会法案》和其他很多法案,都是通过"合法的非法行径",事实上实施网络监管。这包括总统有权"下令杀害任何一位公民,如果他认为此人与恐怖分子勾结的话";使用秘密证据无限期拘押个人,成立大规模的监督机构监控公民的每次通话或电子通信,即使他没有犯罪;或动用国家刑罚对付那些被视为敌人的战斗人员,阻止法庭惩处犯下可怕罪行的官员。

还有一个不容忽视的问题,就是网络空间的各种"推手",如"网络水军"。他们受雇于幕后"推手",集体发帖炒作、诽谤、诬陷和诋毁他人,俨然成为黑社会"打手",一旦被境内外恐怖组织所利用,后果更是不堪设想。因而,通过监管方式实现网络空间治理是十分必要的。2017年6月,英国牛津大学互联网研究所(The Oxford Internet Institute)计算宣传研究项目(Computational Propaganda Research Project)小组发布报告,对2015年至2017年间中国、美国、俄罗斯、德国、加拿大、巴西、波兰、乌克兰等国家或地区主流社交媒体发表的政治相关文章研究分析发现,软件机器人代替传统人工使用社交媒体账号进行舆论宣传的"机器人水军",成为一股新兴力量,通过有针对性地对帖文自动追踪、点赞和转发,营造舆论假象和虚假共识,制造假热点,占据网络信息传播资源,加快信息传播速度,达到影响舆论的目的,其左右时局的作用不容小觑。

2. 隐私问题

2011年,韩国警察厅网络恐怖活动应对中心对谷歌公司立案调查,原因是谷歌在首尔、釜山等地拍摄"谷歌街景"的过程中,涉嫌非法收集包括上网访问、电子邮件等个人信息,触犯了韩国《通信秘密保护法》等法律。实际上,"谷歌街景"已受到不少国家指责,尤其是在欧洲,掀起了一系列反对谷歌储存在线用户数据的行动。在德国,包括司法部长在内的3.5万德国人起诉"谷歌德国"侵犯公民隐私权;巴基斯坦法院以冒犯神明的名义,要求当局对谷歌等网站实施屏蔽;澳大利亚通信部部长康罗伊称,谷歌收集用户隐私信息的行为"是有史以来在隐私保护问题上最严重的侵犯行为"。谷歌系列事件反映出各国政府对网民个人隐私和国家信息安全的高度重视,同时,也折射出互联网安全管理存在的复杂性和脆弱性,为各国政府加强网络监管再次敲响了警钟。①

2015年2月,苹果CEO蒂姆·库克在接受《每日电讯报》采访时重申,将保护用户数据隐私。库克表示,很多公司、政府和各类组织都会"贩卖"大量用户信息,但是这种数据分享行为不符合苹果的核心理念。"没有人会同意让政府或企业或其他任何人获取我们所有的隐私信息。"库克说,"这是基本的人权,我们都有隐私权,不能放弃这种权利。"虽然有人认为,政府监控措施的目的是协助执法,打击恐怖主义。库克却对此嗤之以鼻,他表示,恐怖分子使用的专有加密工具并不在英美政府的控制之下。虽然库克认为,不应该为了打击恐怖主义而侵犯用户隐私,但是他仍然认为:"恐怖主义很可怕,必须阻止他们。我们所有人都要不遗余力地阻止这种狂热分子。这些人不应当存在,他们应该被消灭。"②即便没有建立足够的事实关联,美英两国政府仍将反恐重心放在技术限制上。

无论是英国在2015年11月提出的《调查权力法案》,还是此后美国国会两院通过的《网络安全情报共享法案》,都要求互联网公司提供数据和技术支持。这一要求给互联网公司带来多重压力,却帮助政府成功减轻了压力——巧妙地转移了舆论焦点,让公众视线从对恐怖主义的愤慨和政府情报收集不力的失望,转移到对

---

① 张勇. 反恐网络监管"咬定不放松"[N/OL]. 法制日报,2011-02-15(10). http://www.legaldaily.com.cn/bm/content/2011-02/15/content_2472349.htm? node=20738.
② 库克. 不应该为打击恐怖主义侵犯用户隐私[EB/OL]. 新浪科技,2015-02-28.

国家安全与基本人权之间平衡的讨论。政府将选择权交给了公民:要么给恐怖主义可乘之机,要么放弃部分人权,二者只能选其一。

3. 国际司法诉讼

2010年1月20日,百度公司宣布,针对百度"断网"事件,公司已在纽约向当地法院提起诉讼,将美国域名注册服务商Register告上法庭,寻求赔偿。百度在诉讼中称,由于Register公司的重大疏忽,百度www.baidu.com的域名解析遭到不法分子的恶意篡改,导致全球多处用户不能访问百度网站,故障持续数小时,给百度造成严重损失。Register公司则在声明中称,它们一直在努力加强安全流程,保证域名用户免受手法日益老练的黑客的攻击。Register公司发言人爱丽丝-麦克吉林表示:"Register.com对待网络恐怖主义非常重视,我们正与调查此类犯罪以及近期推特和谷歌遭到类似攻击事件的联邦执法官员密切合作。"[1]

实际上,网络恐怖主义与黑客攻击等网络攻击在攻击方法和攻击模式上有很多相似之处,而且一些网络攻击行为背后的背景复杂。有些网络攻击行为一方面涉及相关方的网络效益,同时,其背后力量的博弈,也是国际社会各种斗争在网络空间的折射,与网络攻击相关的司法诉讼需要各国和国际社会相关法律法规的有力支撑。

第三节 防范网络恐怖主义的技术体系

在"2018年以色列反恐技术会议"期间,与会专家普遍认为,在打击全球恐怖主义问题上,应加强对互联网、人工智能等高科技手段的利用与研发。以色列外交部副部长迈克尔·奥伦在接受新华社记者采访时说,恐怖分子不断采取新手段,全球未来还将面临诸多恐怖主义挑战及威胁。为此,在充分利用网络技术的同时,还应不断发展先进的防御系统。以色列国家安全研究所所长阿莫斯·亚德林表示,国际社会应就恐怖活动的定义达成明确共识,充分了解恐怖活动的本质和根源非常重要,因此,必须进行准确的情报收集。与此同时,反恐机构应掌握更先进的网络技术和设备,对恐怖分子实施先发制人的打击。可以说,技术体系是防范网络恐

---

[1] 杨帆,刘扬.百度因"被黑"状告美域名服务商 对方称无法律依据[EB/OL].环球时报,2010-01-22. http://world.huanqiu.com/roll/2010-01/696411.html.

怖主义及网络攻击安全防护体系的最终落脚点。而且,随着新技术新应用的日新月异,各种技术因素也必须纳入防范网络恐怖主义的技术体系建设,先进的网络技术可能成为网络恐怖主义主体利用的网络武器,需要特别关注。

一、建立防范网络恐怖主义的指挥防控体系

在提升防范和打击网络恐怖主义的科技含量方面,要将高新科技成果及时、广泛地投入网络恐怖主义的防控体系,并加大科技投入力度,加强对计算机、网络技术设备的研发工作,追踪和瓦解复杂的网络攻击,在保护国家网络和信息安全方面发挥重要作用,为政府决策提供可靠的安全建议和协助。而且,新零售、新制造、新金融、新技术和新能源将颠覆传统行业,成为未来社会的主流,成为虚拟与现实生活的重要组成部分。同样,恐怖组织越是利用互联网,恐怖分子的一举一动,在大数据时代留下的蛛丝马迹就越多。因此,在这场博弈中,大数据、云计算技术和人工智能等一定可以成为遏制、打击网络恐怖主义的有效手段。构建防范网络恐怖主义的指挥防控体系包括事前预警、事中反应和事后侦察三个层面。

1. 事前预警

防范网络恐怖主义指挥防控体系的事前预警,主要是建立反恐情报信息网络,研发反恐情报技术,形成反恐情报大数据分析环境,全面收集涉恐情报。必须看到,恐怖分子的网络活动隐藏于海量正常用户的互联网行为之中,如果没有相应的技术支撑,就无法在海量数据中,完成大量特征指标、关联关系的计算挖掘;没有及时有效的大数据分析挖掘,即使是在大数据中已经沉淀了恐怖组织的活动信息,也只能用于事后破案,而无法把恐怖活动遏止在初始阶段。因此,从海量的人流、物流、信息流、资金流中及时发现涉恐线索,做到预警在先、预防在前,是网络反恐的重要方式。

情报机构根据掌握的信息,成功挫败很多预谋发动恐怖袭击的行为。以2017年为例,恐怖组织针对国家和政府相关人员的袭击行动增多,包括英国警方与情报部门挫败刺杀首相阴谋和"伊斯兰国"对教皇、英国王子、英国女皇甚至足球明星发布恐怖威胁等。分析认为,如果没有强大的反恐情报网的支撑,警方很难在短时间内取得战果。而且,无论在预防恐怖袭击阶段,还是在打击恐怖活动和处置善后阶段,情报收集研判都极为重要。各国政府利用社交媒体中与各种恐怖组织相关的信息资源,识别可能会在全球范围造成严重威胁的事件。社交媒体的海量数据可以帮助安全机构,确定包括"伊斯兰国"等恐怖组织的融资渠道,确定支持该组织的

人员结构、向恐怖组织提供武器的情况等信息。

然而,建立反恐情报信息网络需要多方共同协作,组织全方位、多渠道、网状化的情报配套体系,并建立情报报送、汇总的网络体系,同时,重视和利用群众情报网的作用,鼓励其及时报送所了解的恐怖分子动向,为防范和打击恐怖活动提供准确情报支撑。只有做到"敌未动,我先知;敌未动,我先动",在恐怖分子行动前,掌握其动向,才能协调各方力量组织行动,将其一网打尽。

2. 事中反应

网络反恐不是一个部门的事情,应该是一盘棋式的统一布局和行动。各国都在构建和布局在政府统一指挥下的,集合军队、武警、公安、外交、交通、能源、金融、商贸、医疗、水务、民政等部门的一体化防范网络恐怖主义体系,其最终目标是构筑预防、打击、后续处置等完整的反恐体系。

网络恐怖主义行为是技术性很强的行为,防范网络恐怖主义行为的发生需要高素质的侦查人员正确应用新技术措施。特别是在网络恐怖主义攻击事件发生后的现场,按照事先部署,从力量投入程序的整个过程看,截获情报或事发后现场,相关人员要立即报告并尽快到达现场展开处置。现场处置力量到达以后,要根据事件的规模、伤亡人数和可能引发的后果迅速向上级报告。上级指挥部门接到信息后,指挥相关力量进行全方位的现场配合行动,为核心区围歼和追歼残余恐怖分子提供协同,并最终形成联防体制的有效协作。

随着信息技术投入网络反恐领域,全智能反恐解决方案将发挥效力,在更加完善事后查证技术的基础上,致力于事前预警和事中快速响应,构建全新的全智能实时预警与秒级响应解决方案。这样的智能系统可以集合各种技术应用,包括ULLS超微光感知、超低照度摄像机、防弹摄像机,以及具备智能视觉、智能听觉、智能嗅觉、智能触觉等多元化智能感知的全智能反恐机器人,主动识别警情,主动推送报警信息,并联动报警点周围所有摄像机的实时监控视频。同时,在后台监控中心,全智能报警与视频应用聚效平台能够对前端的各种报警信息即时响应,主动弹射并伴以警鸣声、警闪灯等提醒工作人员发现警情,通过联动周边的视频监控,方便工作人员及时确认警情。届时,指挥中心可及时通过全智能多媒体接警,并指挥调度平台就近调配警力处理现场,实现秒级响应。

3. 事后侦察

"工欲善其事,必先利其器"。防范网络恐怖主义的策略,必须包含以技术对技术的内容,先进的网络恐怖主义行动侦查工具、对抗反侦查的技术能力等,也是提高防范网络恐怖主义侦查能力的关键。

与传统的恐怖事件相比,网络恐怖主义事件的事前防范和事后取证都非常困难。所以,开展针对网络恐怖主义事前防范和事后追踪取证技术的研究,研发切实可行的防范技术,部署合理有效的管理控制措施,都是需要关注的焦点。事前防范很难做到万无一失,事后取证可以获取犯罪证据和线索,分析恐怖事件发生的时间、地点、涉及的人员等信息,对于改进事前防范措施和维护良好的社会秩序,保护公私财产和人身安全具有重要意义。网络的跨地域性,导致网络恐怖主义活动不受国界的限制。因此,为有效地获取网络恐怖主义活动的电子证据,亟须开展国际合作,构建打击网络恐怖主义的国际化电子取证平台。[1]

网络攻击的有利技术条件已经引发网络恐怖主义主体的重视和极大兴趣。激进组织哈马斯经常利用互联网进行沟通和协调活动。美国中央情报局信息处理中心主任约翰·瑟拉比安2000年年底在国会作证时说:"中东地区的恐怖组织和个人早已学会使用互联网这一高效、低廉、易于隐藏的新兴工具进行与恐怖主义有关的活动,其中包括筹集资金、招募恐怖分子及技术人员。"[2]网络恐怖主义攻击行为追查工作困难重重,且涉及范围广阔,在调查网络入侵及阻断服务攻击时,急需进行大量科学鉴证以支持/提供有关证据。而且,大量的数据分析、储存空间及尖端科技的配合是不可缺少的。尽管网络恐怖主义攻击形式层出不穷而且踪迹难寻,但是电脑鉴证可透过收集及分析数据协助追踪和调查网络恐怖主义行为,并提供证据以助确认、逮捕及最终起诉网络恐怖分子。总之,提高追查网络恐怖主义活动的技术能力成为打击网络恐怖主义的技术支撑。

事实上,美国仍在不断开发新型网络武器和新一代网络。美国这样做,可以提升其网络攻击能力,甚至进行积极的网络防御。但是,一旦新型网络武器信息和数据泄露,同样可以给网络恐怖分子提供可乘之机。2017年4月,维基解密公布了Vault7系列名为Grasshopper的美国中央情报局网络工具相关文档。根据公布的文档,该工具主要针对Windows系统进行入侵控制,是一套具备模块化、扩展化、免杀和持久驻留的恶意软件综合平台。这些文件主要对基于受害者客户端的恶意软件开发设计作出说明,其中包含的内幕信息侧面揭露了CIA的网络攻击入侵手段。

正是因为不断更新的网络攻击工具和网络武器,加之网络行为的隐蔽性,给网络恐怖主义攻击溯源造成困难,攻击者可以从某个网络转移到其他网络并且迅速消除有助于发现其行为痕迹的数据,所以,很难判断是谁发动了攻击和攻击的真正

---

[1] 丁丽萍. 建设打击网络恐怖主义的国际化电子取证平台[EB/OL]. 人民网-理论频道,2015-06-01.
[2] 谢明刚. 网络恐怖主义探析[J]. 中国公共安全(学术版),2010(2):114-117.

发源地,至于找到攻击者并将其绳之以法,更是极其困难。据有关资料统计,美国国防部210万台计算机每年要受到25万次的攻击,而被发现攻击的只有5%。

二、建立防范网络恐怖主义的科研应用体系

防范网络恐怖主义的科研应用体系,一方面,体现在相关研究人员的投入和研究方法的更新上;另一方面,体现在相关技术成果的应用投入上。在巴黎袭击事件之后,佛罗里达大学助教 Taha Mokfi 为了解全球各地的人们怎样看待巴黎恐怖事件,挖掘推特上的数据进行分析。2015年11月15日,他从推特账户上摘录了20万条英语推文,包括♯伊拉克、♯穆斯林、♯ISIS、♯叙利亚、♯沙特阿拉伯在内的众多标签都被考虑其中,以此产生标签云和情绪评分,并应用数据科学的R编程语言,绘制图表,确定和解析♯巴黎袭击标签和其他相关标签之间的关系。[1]

(一)防范网络恐怖主义的研究方法

自"9·11"事件后,许多国家都在寻找反恐的新工具以遏制恐怖主义的威胁。在研究防范网络恐怖主义的问题上,很多交叉学科的方法应用与相关研究,如果能够应用于防范网络恐怖主义的技术体系,将发挥事半功倍的作用。

在众多研究方法中,社会网络理论被应用于反恐战争,为查明和消灭恐怖组织的重要头目提供帮助。社会网络分析(social network analysis,SNA)在反恐中的应用已经引起许多反恐学者的高度关注,这一方法为研究恐怖组织网络的结构特点提供了重要帮助,为国家安全与社会稳定提供了有力保障。[2] 许多学者已经应用社会网络方法对反恐问题进行了大量的研究,并取得一定的成果,为打击全球恐怖主义提供了一种指导方法。

最具代表性的是美国卡内基梅隆大学计算、组织和社会学及国际软件研究所教授 Kathleen M. Carley 使用动态社会网络分析方法研究如何有效地打击恐怖组织网络,并开发了相关的研究软件(ORA 和 OUTMAP)。Borgatti 应用社会网络分析研究恐怖主义网络进而扰动其网络,以破坏或消灭恐怖分子。一些关于社会网络分析的国际会议也把反恐列为一个重要议题,自2003年以来,美国科学信息

---

[1] Khushbu Shah and DeZyre. Big Data and Data Science for Security and Fraud Detection. http://www.kdnuggets.com/2015/12/big-data-science-security-fraud-detection.html.

[2] 李本先,李孟军,孙多勇,等. 社会网络分析在反恐中的应用[J]. 复杂系统与复杂性科学,2012,9(2):84-93.

研究所(Institutes for Scientific Information, ISI)会议专列了社会网络分析在反恐中的应用专题。

2001年前,美国军事战略家约翰·阿尔奎拉(John Arquilla)等提出应用社会网络分析法研究恐怖组织网络,警惕恐怖组织或有组织的犯罪集团,实施"网络战"发动恐怖袭击。"9·11"事件后,社会网络分析在反恐中的应用引起了人们的高度关注。2002年,美国科学院海军研究办公室的动态社会网络建模和分析会议,就是国家研究委员会动员科技界为反对恐怖主义作出贡献而组织的几项活动之一。

2009年,《科学》(Science)杂志的"复杂系统与网络"特刊中,约翰·博安农(John Bohannon)明确提出社会网络是进行反恐的一种有效工具。但是,这一工具目前存在许多缺点和争议,其主要原因在于恐怖网络是时空动态的复杂网络,需要发展新的动态网络分析工具;社会网络分析被不恰当地应用到反恐战争中,并被不负责地错误地扩大到无辜的普通民众之中。

在中国,相关专家也应用此方法研究反恐问题,曾宪钊借鉴Carley的成果编写了恐怖组织制造爆炸事件的脚本,利用自行拟定的实验数据,建立数据库,编写动态网络分析软件,定量分析恐怖组织网络。在2010年9月的《复杂系统与复杂性科学》杂志专辑中,方锦清就复杂网络在反恐中的应用问题进行研究,对复杂网络特别是社会网络在反恐战争中应用的现状、意义和缺陷进行了阐述。

社会网络与其他学科理论方法的交叉,也产生了一些新的方法,这些新方法也为反恐研究提供了强大的支持。然而,英国皇家学会会长马丁·芮斯(Martin Rees)曾撰文称,应当对科研加以更多的限制和管理,因为科学可能发展得过快而脱离人们的合理控制,并有引发生物或网络恐怖主义的危险。对于恐怖主义的唯一回答是,不要被吓倒,而是以坚韧的态度坦然面对。科学家不能因为某些科研成果落入恐怖分子之手这一极微小的可能性就害怕而裹足不前……虽然在点燃蜡烛的时候有时不免烫伤手指,但最终将带来的是光明。[①]

当然,随着越来越多研究者的加入,关于网络恐怖主义研究的学科和方法也越来越多,研究成果也越来越多,相关应用直接转化为防范网络恐怖主义的力量,将会促进更好地发挥技术的优势。应用网络安全研究中心主任Fred Cate说,"如果你有足够大的数据集,总能在里面找到东西。我们有理由相信,你能够获得的数据越多,就越有可能会发现一些有预测价值的东西。"

---

① 英国《卫报》:不能允许恐怖分子吓倒我们[N].21世纪经济报道,2006-06-23(3).

（二）防范网络恐怖主义的技术应用

随着大数据技术在各领域的价值不断提升，与其相关的应用也有了广泛的场景，然而，其双刃剑作用也逐渐显现。一些网络恐怖组织在网络技术的普及作用下，训练装备精良的网络技术队伍，再加上财力雄厚的支持者，使其借助新技术不断在网络空间挑战各国的安全底线。这意味着，在防范和打击网络恐怖主义的过程中，安全机构应借助大数据等新技术进行关联预测分析等研究，或进行实时监测等工作，以赢得与网络恐怖主义在网络空间的博弈。

1. 大数据分析

大数据分析工具和技术，结合文本挖掘、机器学习以及本体建模，已成为进行安全威胁预测、检测和早期阶段预防的第一道防线。大数据和数据科技，通过改进协作和数据分析，降低了情报调查过程的烦琐程度，使应用相关技术的机构更轻易地检测到各种网络安全威胁。据以色列国家安全总局（辛贝特）公布的数据，2018年上半年，以色列已破获约250起恐怖活动，其中大部分是通过分析大数据破获的。《如何运用大数据打击恐怖主义》一文，列举了大数据和数据科学主导技术针对安全和欺诈检测的应用，具体包括以下几方面。

（1）大数据管理系统在阿布扎比预防恐怖主义。安全专家向阿布扎比自治系统投资Tawazum公司提出树立大数据管理系统的新型安全观。大数据系统将对流入政府当局数据库的所有数据进行审核，以此防止任何类型的网络犯罪或恐怖活动。这些庞大的数据系统，运用统计数据模型，相应地筛选数据。澳大利亚、美国和英国已经使用这种大数据系统。这种系统协助政府评估群众对社交媒体任何问题的感受。阿联酋引进这类大数据系统，可以预防反对派团体使用社交媒体组织抗议活动和恐怖袭击。

（2）使用Tableau软件识别恐怖主义。暴力组织调查研究所（ISVG）每周使用Tableau生成各种不同的报告，并将它们发送给世界各国国防部官员，检测任何可疑的和不寻常的数据模式。该研究所IT和分析部门的协调人John Hitzeman说："我们可以立即得到所需数据，并且能够回答我们之前从未想过要询问的问题。了解主要恐怖分子阵营的模式和特征，已经帮助国防官员作出决策，拯救生命。"ISVG用Tableau数据可视化工具，审查了10年间参与极端主义、跨国犯罪和恐怖主义的个人和团体的相关数据。

（3）欧洲政府开发POLE数据模型存储和记录事件。如果这个模型早一点开发的话，3个女孩从伦敦前往叙利亚加入ISIS的事件，是可以避免的。3个女孩中的一个,是在 Twitter 上和另一个女孩联系的,后者加入 ISIS 的意图已为当局所知。一个用于存储和记录可疑集体和事件的 POLE(以人、对象、地点和事件为基础)数据模型的大数据解决方案已经被研制出来。在系统中被记录的人(集体),可以被多次链接到其他各种事件或人物,以此建立一种关联网络,这样就可以追踪到可疑的人。这种数据可以实时快速检索和更新。

(4)使用机器学习和分析预测在线欺诈。美国大数据公司 EMC 网络安全装备 RSA 使用机器学习和先进的大数据分析方法,防止网络诈骗。8 年之内,它们发现了大约 50 万次袭击,其中一半是在 2012 年被识别的。RSA 以色列运营部弃用了基于规则的欺诈检测系统,转而使用一个以贝叶斯推理为技术支持的更能自我提高的系统。任何 RSA 客户每次通过网上银行进行交易,20 个影响因素就会被存储在反欺诈控制中心(AFCC)的数据库中。这 20 个因素,汇集并入 150 项欺诈风险特征,每个风险特征是两个或更多的 20 个被记录因素的组合。例如,MAC 地址和 IP 地址的组合比仅仅 IP 地址,可以更好地预测欺诈。英国宇航系统公司的数据情报装备 Detica,通过使用先前被忽视的各种数据科技,实现类似的技术识别更顽固的威胁。

(5)马里兰大学开发算法预测恐怖组织虔诚军的攻击。在印度和巴基斯坦之间进行运作的恐怖组织虔诚军,制造了 2008 年孟买爆炸事件。马里兰大学(University of Maryland)推行类似亚马逊预测客户行为的数据挖掘分析算法的解析技术,对恐怖组织虔诚军进行计算分析,从该恐怖组织 20 年的活动中挖掘出 770 个变量数据。通过使用 770 个变量的月度数据,安全机构能够确定各种因素。例如,在各种地缘政治局势中有哪些不同类型的恐怖袭击,有哪些造成袭击事件频繁发生因素,恐怖组织如何选择它们的袭击位置等。这项由马里兰大学计算文化动力学实验室(LCCD)开发的专有项目,与另一个时态概率规则系统项目一起,从国防部那里获得了 60 万美元的资金支持。

(6)微软公司使用强大的数据挖掘系统识别安全威胁。微软的研究人员开发出定制的数据挖掘系统,已剔除了运行 Windows 网络的各种机构发送的大约 100 万份恶意文件、3.2 亿份预警报告以及 2.5 亿份威胁报告。微软分析师对最普遍的威胁进行分类和排序,然后将此信息与其防病毒伙伴迈克菲(McAfee)和赛门铁克(Symantec)共享,这有助于微软分析和打击网络犯罪。打击恐怖主义的重心是采用先进分析和数据科技进行实时分析,以负责任的方式共享数据,并从产生的大量数据中提取有价值的信息。遵循这些步骤,可以帮助安全机构和其他情报机构追踪在线诈骗、网络犯罪以及在线和离线的恐怖主义活动。

基于潜在恐怖行为的海量数据,包括参与极端内容的在线交谈、不寻常的购买、迁入冲突地区以及与其他极端倾向的关联数据等,安全和情报机构可以利用实时分析,连接这些不寻常的行为,跨越不同系统,创新数据可视化和数据挖掘技术,归纳数据模式,从而打击网络间谍、恐怖分子和黑客,而且可以充分利用大数据和数据科技,鉴定可疑的行为模式,识别有可能发生的威胁,以此检测欺诈和其他许多可疑的网络恐怖主义活动。数据分析的数学基础在20世纪早期就已确立,但是直到计算机的出现才使实际操作成为可能,并使数据分析得以推广。

PayPal是皮特·蒂尔(Peter Thiel)于1998年创立的,在2002年被eBay收购后,PayPal逐渐成为全球众多用户使用的国际贸易支付工具,为轻松完成境外收付款提供了平台。然而,犯罪分子却利用PayPal进行洗钱和诈骗。2004年,依靠美国中情局风投部门的200万美元勉强起家的硅谷科技公司Palantir,决定把PayPal的防欺诈技术商业化,并建立数据分析模型,用PayPal安全认证系统的人机复合模式,辨识恐怖分子和金融诈骗。虽然中情局和联邦调查局都掌握成千上万的数据库,如财务信息、基因样本、图像影像片段等,但是如何在这些浩如烟海的信息之间建立联系并寻找到有价值的线索,成为情报机构最头疼的事情。2010年,Palantir帮助多伦多大学Munk全球事务学院的科研人员发现了一个名为影子网络(Shadow Network)的网络间谍组织,该组织当时正在从印度国防部窃取机密资料。

Palantir的实践只是数据分析行业发展的一个缩影。Palantir平台把人工算法和强大的引擎(可以同时扫描多个数据库)进行整合,收集大量数据,然后在"咀嚼"无数信息后,再得出结论;这些结论包括预测最有可能发生恐怖袭击的地方,预测阿富汗的叛乱分子放置爆炸装置的地点,帮助起诉引人注目的内幕交易案件等。而且,洛杉矶警察局的警探用它进行案件侦破,摩根大通银行用该系统识别诈骗分子,揭露内部工作人员的可疑行为并追查资金去处等。《华尔街日报》曾报道称,西点军校的分析师曾使用Palantir的软件,绘制叙利亚自杀性袭击网络。其数据来自700份缴获文件,还包括军队从伊拉克回收的数百份个人记录。

在阿富汗,美国特种部队利用Palantir策划袭击行动。例如,在检索一个小村庄前,系统会给出地图,详细指出所有发生过枪击冲突和土炸弹爆炸的地方,然后再判断出哪里最有可能被伏击。根据这些信息,特种部队可以轻松地占领这个村子。有消息称,Palantir协助中情局找到了大量"基地"组织成员和塔利班高层,并在美国军方追杀奥萨马·本·拉登的行动中发挥了作用。2010年,加拿大安全部门利用Palantir的软件粉碎了一个间谍组织,这个组织曾经侵入印度国防部和一些政要的电子邮箱。①

2. 数据平台

基于大数据平台的数据分析和数据库建设,以及网络化管理等新技术的应用,直接考验着执政者的智慧和能力,也考验着防范网络恐怖主义队伍的技术水平。对全球恐怖主义信息进行数据储备,将会对完善网络恐怖主义防范机制发挥一定作用。

作为恐怖主义事件的信息整合宝库,全球恐怖主义数据库(GTD)收录包括从1970年起世界各地恐怖主义案例的信息。与许多其他数据库不同,GTD拥有超过17万例恐怖案例的系统数据,包括袭击的日期、位置、武器、目标,伤亡人数以及袭击者等信息,并持续更新。GTD由美国反恐研究联合会(Study of Terrorism and Responses to Terrorism,START)与马里兰大学联合建立,其中所载的统计资料以各种开放媒体来源的报告为依据,具有相当的权威性。开源、数据全面、可靠是这个数据库的特点,而且由恐怖主义研究专家组成的顾问团严格监督该项目,只有经过考核的数据才会加入数据库,因而也较为可靠。

此外,将数据平台的信息进行可视化处理,成为研究、教学和开发领域一个活跃而又关键的方面。重要的数据可视化与信息图形、信息可视化、科学可视化以及统计图形密切相关。数据可视化旨在借助图形化手段,清晰有效地传达与沟通信息,实现成熟的科学可视化领域与较年轻的信息可视化领域的统一。

波兰的数据可视化公司 Periscopic 的作品"A World of Terror"以翔实数据和生动图解,梳理了全球曝光率最高的25个恐怖组织和它们自1970年开始的活动情况,包括每个组织发起的恐怖主义袭击的数量、伤亡人数、活跃的年份等。每个组织的数据都对应一张信息图,在图上可选择时间轴范围,查看相应的伤亡数字和事件发生数量。作品将这些组织以活跃时间、最近发起的事件、伤亡数量、影响的地域范围和名称音序共5个类别排列(每点选一个类别,该组织的信息图也随之重新排序)。统计发现,"伊斯兰国"是制造伤亡数量最多的恐怖组织,2002年至2013年期间,其制造的1 194起恐怖事件造成8 116人丧生,1.9万多人受伤。而在1983年至2013年期间,自1983年就活跃的黎巴嫩真主党,是影响范围最广的组织,足迹横跨欧洲、非洲和南美洲。

雅虎新闻在2015年巴黎袭击之后迅速梳理了1970年至2014年法国发生的恐怖袭击和威胁的数量及伤亡人数。结果发现,21世纪初至今并不是恐怖主义最

---

① Palantir告诉你怎么用大数据抓恐怖分子[EB/OL]. 中研网,2015-09-16.

猖狂的时期,恐怖主义袭击和威胁在20世纪70—80年代发生频率最高且伤亡人数最多。1986年是伤亡人数最多的年份,多达25人死亡、306人受伤,而1996年为恐怖主义袭击发生次数最多的年份(270起)。

3. 人工智能

实际上,很难通过传统手段消灭恐怖分子,解决问题的关键在于情报获取,在恐怖行动之前就获知相关计划,才能保护公民。在这方面,人工智能大有可为。2016年5月2日,韩国未来创造科学部第二次官(副部长)崔在裕和美国国土安全部副部长雷金纳德·布拉泽斯商定,韩美将共同研究基于人工智能(AI)的网络安全技术,携手打击网络恐怖主义。当天,双方发表了关于联合研发人工智能技术探测黑客攻击风险威胁杜绝网络恐怖活动的《意向声明》。根据声明,韩美将平摊研发基于人工智能的网络安全技术所需经费,并协商确定具体研发课题。两国还讨论共享网络安全信息、扩大互联网安全领域的民间合作。崔在裕表示,韩方将与人工智能技术水平领先全球的美国进行合作,全面提升网络安全管理与处置能力,大力支持该领域的韩国企业进军国际市场。①

第一,预测攻击类型。"9·11"事件之后不久,退役海军少将约翰·波因德克斯特(John Poindexter)受命启动全面信息识别(total information awareness,TIA)项目,试图将情报机构收集的一切信息建成数据库,再利用计算机识别这些看似独立的大量信息中隐藏的线索。现在,人工智能不止具备高速计算能力,而且技术发展已使人工智能进行高级专业决策成为可能。2015年8月,美国研究人员透露,他们用人工智能系统分析"伊斯兰国"的作战策略。分析结果认为,和其他恐怖组织相比,"伊斯兰国"的军事战略更加复杂、灵活,如果不用电脑分析则很难察觉它们的行动规律。亚利桑那州立大学的学者利用人工智能系统分析了2014年下半年"伊斯兰国"记录在案的2 200多次行动,发现了后者多种行为的规律。研究人员之一的Paolo Shakarian举例说明,如果遭遇大规模空袭,"伊斯兰国"会减少步兵作战行动,转而使用"简易爆炸装置";在敌人发起大规模地面进攻之前,"伊斯兰国"喜欢大肆动用汽车炸弹。这项研究还表明,"伊斯兰国"的行动策略是可预测的,而非随意拟定或每次袭击都换新策略。这一分析方法有助于预测"伊斯兰国"将采取何种类型的袭击。

第二,寻觅潜在恐怖分子。人工智能可以帮助军方在前线作战,还可以在后方找到隐匿在人群中的恐怖分子。在信息时代,恐怖分子不可避免地会在不同情境

---

① 韩美两国拟共同研究人工智能打击网络恐怖主义[EB/OL]. 中新网,2016-05-02.

下留下踪迹。美国情报机构虽然拥有不同渠道的大量信息,但是却需要能帮助迅速在信息之间建立联系的产品。2015年5月,美国国家安全局被曝出在运行一个代号为"天网"(Skynet)的项目。不同于电影《终结者》中试图毁灭人类的大规模人工智能Skynet,NSA的"天网"可以根据个人所处位置、拨打电话的时间地点、去往相关地方的频率等信息,分析和寻找恐怖分子。"天网"计划是基于人工智能算法的云端大数据分析系统,可以综合分析多维度的元数据,通过机器学习进行情报检测。

第三,安检排查恐怖源。"9·11"事件之后,负责全国机场安检的美国运输安全局(TSA)工作量剧增。TSA雇用了约65 000名职工,每天安检180万乘客、500万件行李。因反恐任务艰巨而TSA经费紧张,有专家提出采用"画像法"(profiling)重点排查具有某些行为和背景特征的乘客,但因为被批评有种族和宗教歧视之嫌,这一提议未被系统采用。此后,TSA启动了风险安全计划,开发了名为"风险管理分析工具"的数据处理系统。这一系统利用多年积累的大量经验性数据,模拟恐怖分子行为,进而找出机场安检的薄弱环节,改革安检程序。对照系统勾画出的恐怖分子"画像特征",TSA把乘客分成几等,区别对待,实行不同的安检程序,重点检查人数不多的某几类乘客,从而集中有限的人力物力。①

三、建立防范网络恐怖主义的教育培训体系

2015年12月27日,第十二届全国人民代表大会常务委员会第十八次会议通过的《中华人民共和国反恐怖主义法》,对开展反恐教育、培训、宣传等工作作出相关规定。《中华人民共和国反恐怖主义法》第十七条规定:"教育、人力资源行政主管部门和学校、有关职业培训机构应当将恐怖活动预防、应急知识纳入教育、教学、培训的内容。新闻、广播、电视、文化、宗教、互联网等有关单位,应当有针对性地面向社会进行反恐怖主义宣传教育。村民委员会、居民委员会应当协助人民政府以及有关部门,加强反恐怖主义宣传教育。"构建防范网络恐怖主义的教育培训体系,主要是构建反恐教育、反恐培训和增强反恐意识等多方位立体化教育培训体系,形成全社会参与反恐的氛围。反恐教育主要是指高校通过课程设计、教育课程,为反恐储备人才;反恐培训主要针对专业领域的从业人员进行实操型的知识普及和实践操作;增强反恐意识主要针对大众普及反恐常识,提升反恐意识,配合协作完成

---

① 谢耳朵. 对抗恐怖主义,人工智能可以做什么?[EB/OL]. 雷锋网,2015-11-15. https://www.leiphone.com/news/201511/rxGcChMrWOimO5v6.html.

反恐行动。最终,实现在此基础上的反恐人才队伍建设,为防范和打击网络恐怖主义积蓄力量。

1. 反恐教育培训

反恐教育培训,是开展反恐怖主义工作的一种手段。《中华人民共和国反恐怖主义法》第四条规定:"国家将反恐怖主义纳入国家安全战略,综合施策,标本兼治,加强反恐怖主义的能力建设,运用政治、经济、法律、文化、教育、外交、军事等手段,开展反恐怖主义工作。"2018年2月,教育部印发的《教育部2018年工作要点》提出,发布加强高校安全稳定综合防控体系建设意见、加强学校反恐防范工作指导意见,深化平安校园建设;推动加强大中小学国家安全教育;出台教育系统网络安全事件应急预案,深入落实网络安全责任制。这些都是从国家层面对加强反恐教育培训提出的要求。

反恐专业人才培养主要包括学历教育和在职培训两种形式。目前,我国已经有多所高校开设反恐专业。2014年,中国人民公安大学、云南警官学院先后成立反恐怖学院,浙江警察学院、江苏警官学院、中国刑事警察学院、新疆警察学院等国内公安院校陆续开设反恐或反恐相关专业,有的高校还成立了反恐怖研究中心、反恐怖研究所。其中,中国人民公安大学是全国公安系统院校中第一家开设反恐专业的高校。2015年6月,四川西南航空职业学院组建了中国首个民航反恐研究所。2016年1月,中国首个反恐怖主义法学院在西北政法大学揭牌成立,旨在培养熟悉反恐的专门人才。需要指出的是,反恐专业的设立并非仅仅是为打击恐怖主义培养反恐警察,而是需要培养能够适应反恐情势需要的各类人才,包括为公安机关及其他政法机关相关部门培养从事预防、打击、处置恐怖主义工作的复合型人才,帮助发现恐怖主义活动的敌情线索,在恐怖案件的预谋阶段捕捉信息。

国外反恐教育体系的发展经验值得借鉴。"9·11"事件后,美国设立国土安全部,对国土安全人才的需求数量大大增加,这种情况也使恐怖主义相关专业得到迅速发展。出于对"9·11"事件背景和动因分析的需要,美国高校开设的课程大都涉及伊斯兰教和中东历史等。自2002年年初开始,国土安全问题成为美国各高校教学和研究的关注点。对"9·11"事件的反思,使美国人认识到在国土安全方面加强培训的重要性,而且许多美国公司和机构也设立了国土安全部门,对这方面人才的需求很大,由此,一些大学陆续开设了与国土安全相关的课程和专业。值得一提的是,这些新设的国土安全专业大都与美国政府机构建立合作关系,并得到美国政府有关机构的经济资助。根据美国国土防御与安全中心的数据,美国高校中开设的提供学位证书或毕业证书的国土安全或恐怖主义专业已达293个。

反恐教育机构应构建反恐课程体系并突出专业特色。在反恐课程设置方面，国外反恐相关专业主要有三类，即情报类、侦破类和研究文化类。对于情报类专业的学生来说，在本科阶段，可以学习计算机科学、计算机技术、信息技术、计算机工程等课程；在硕士阶段，可以进入反恐信息技术的专业学习，也可以学习人工智能、机器人等更加细致的专业领域。在这些领域，卡内基梅隆、MIT、加州理工、斯坦福、普林斯顿等大学排名在前。在侦破类课程方面，美国的罪证检验和犯罪行为科学都较为完善。在中国，这些学科一般都在公安大学和警察学校开设，而在美国，这些学科则多开设在综合性大学。以侦破类专业闻名的大学有马里兰大学、纽约州立大学阿尔巴尼分校、密苏里大学等。在研究文化类课程设置方面，课程主要集中在博士阶段学习，主要从种族、文化、心理学、社会学等角度研究恐怖主义，为政府决策提供依据和参考。近些年，美国政府还对美国高校的恐怖主义研究项目（如生物恐怖主义、网络恐怖主义等）投入更多的财政支持。此外，英国学校的反恐教育主要在硕士和博士教育阶段，例如，国王学院、诺丁汉大学、利兹大学等从国际关系的角度研究反恐的课题比较多。澳大利亚的蒙纳什大学、麦考瑞大学和默多克大学都设置了反恐专业，其中，默多克大学是唯一一个在本科阶段开设反恐专业的大学。

2. 增强反恐意识

《中华人民共和国反恐怖主义法》第十七条规定："各级人民政府和有关部门应当组织开展反恐怖主义宣传教育，提高公民的反恐怖主义意识。"《中华人民共和国网络安全法》第六条规定："国家倡导诚实守信、健康文明的网络行为，推动传播社会主义核心价值观，采取措施提高全社会的网络安全意识和水平，形成全社会共同参与促进网络安全的良好环境。"国家从政策法规层面，对增强和提升反恐意识与安全意识提出了要求。因此，学校等培训教育机构和社会各界需要共同努力，推进反恐意识活动的宣传和普及，增强公众的参与意识。在这方面，政府相关部门既要加强与公众的互动，同时，也要规范反恐信息传播。

加强网络安全宣传教育。近些年，政府在加强网络安全宣传方面，推出了全民国家安全教育日和国家网络安全宣传周等多种形式。2014年11月，首届国家网络安全宣传周举办。网络安全宣传周以"共建网络安全，共享网络文明"为主题，围绕金融、电信、电子政务、电子商务等重点领域和行业网络安全问题，针对社会公众关注的热点问题，举办网络安全体验展等系列主题宣传活动，营造网络安全人人有责、人人参与的良好氛围。2015年7月1日，全国人大常委会通过的《中华人民共和国国家安全法》规定，加强国家安全新闻宣传和舆论引导；通过多种形式开展国家安全宣传教育活动;将国家安全教育纳入国民教育体系和公务员教育培训体系,增强全民国家安全意识。2016年4月15日是我国首个全民国家安全教育日。在开展网络安全宣传活动方面,各地也都使出"大招",包括青少年网络安全科普基地进驻宣传周活动会场、开展网络信息安全知识竞赛、组织最新VR(虚拟现实)互动游戏等。

提高公众参与反恐宣传活动的参与度。在高校,为切实加强防恐反恐工作,提高师生的防范意识,一些学校召开反恐安全教育周领导小组会议,部署具体行动。其中,包括反恐大队公安及特警等为师生开展反恐讲座、反恐演练及培训,教大家如何提高安全防范意识,在校园恐怖突发事件中如何保护自己、躲避危险等形式。在社区,派出所民警向群众发放宣传资料,详细向群众介绍反恐安全知识、突发事件应急处理方法,讲解举报暴力恐怖违法犯罪线索具体内容,动员大家携起手来,共同守护安全。在有些活动现场,通过大型展板、横幅、发放宣传手册、播放反恐宣传视频等多种方式,向群众展示如何防范恐怖袭击以及在紧急情况下如何自救和互救知识,并向群众宣传国家安全法、反恐怖主义法、反间谍法等法律法规,发放宣传手册,使群众进一步了解国家安全在国家政治生活和群众生活中的重要作用,增强人民群众有关国家安全的相关法律意识,营造"国家安全,人人有责"的良好社会氛围。

要规范媒介发布反恐有关信息的程序和标准。由官方建立与反恐有关的必要的消息发布程序,统一发布信息。在这方面,俄罗斯的做法值得借鉴。在国家反恐委员会机关的主导下,俄罗斯推出了媒体的反恐报道标准。2010年7月,俄罗斯国家反恐委员会机关组建了新闻中心,其基本任务是向媒体发布反恐事务通告;在发生或可能发生恐怖袭击、恐怖主义倾向犯罪时,向媒体提供事件的全过程信息;防止谣言传播;协助记者客观报道反恐事务,更新国家反恐委员会网站。此外,俄罗斯通信与传媒部下设使用和发展媒体、电信、互联网问题委员会,成员有俄罗斯联邦杜马、塔斯社、俄新社、国家电视广播公司、俄罗斯电信、Mail.ru和Yandex.ru的代表。

宣传网络安全、提升网络安全意识是国际通行做法。在美国,由国土安全部负责实施的"国家网络安全意识月"活动,可谓用意深远。在欧盟,由欧盟网络与信息安全局与欧盟委员会组织共同主导的"欧盟网络安全月"则是由欧洲刑警组织、欧洲经济和社会委员会等其他机构支撑,可见其重视程度。在新加坡,政府不仅加大对网络安全的投资,努力为公众、企业提供优秀的网络安全工具和资源,而且每年要开展"网络安全意识日"活动。在这些活动中,都不缺乏反恐宣传的内容,这些对任何国家来说都属于国家安全层面的要务,而且,网络安全意识的重要性必须通过广泛深入的宣传充分展现。

3. 扩大防范网络恐怖主义人员队伍

恐怖主义与网络的关系越来越紧密,然而,网络安全行业却没有足够的人才队伍进行应对,因为相关专业人员缺口比较大,防范网络恐怖主义的人才队伍数量也亟待扩充,素质亟待提高。尽管各国已经开始重视培养网络安全人才,但是,能够在防范网络恐怖主义方面表现突出的专业人才尚显不足。网络安全人才是网络安全建设的核心资源,人才的数量、质量、结构和作用的发挥,直接影响网络安全建设水平和保障能力。然而,网络安全技能鸿沟却在不断拉大,从业者不仅需要熟知网络安全的发展脉络,而且需要掌握从旧的、静态的威胁到新型的高级持续性威胁(APT),然而,能做到兼具见识广度和技能深度的人才却不多见。而且,中国的反恐任务面临严峻挑战,情报缺乏、地方政府应对重大突发事件能力不足等现状,不容忽视,特别是随着网络技术和信息技术的创新扩散,中国同其他国家一样,将需要更多网络反恐人才。

反恐人才缺乏是国际社会的普遍问题。国际信息系统审计协会(Information Systems Audit and Control Association,ISACA)2015 年发布的报告显示,其86%的会员认为网络安全行业人手不足,只有38%的会员认为自己已经准备好了应对复杂的网络攻击。[①] 国际信息系统审计协会的网络安全咨询委员会主席兼安全公司 White Ops 首席执行官 Eddie Schwartz 表示,网络安全人才紧缺的状况从新世纪之初就存在。学校和各个行业在信息安全方面的训练主要是安装防火墙、杀毒软件,给系统打补丁。但是,真正懂得高级安全技术的人少之又少。另一种急缺的人才是被称为"白帽子"的技术人员。"白帽子"懂黑客技术,能够像真正的黑客一样利用技术渗透系统,不同的是,他们找到漏洞后会上报相关部门或机构,并着手修复,而不是用于破坏或其他恶意目的。遗憾的是,安全公司 Coalfire 副总裁 Mike Weber 说:"白帽子不是从学校里走出来的,没有哪个学校的项目能够训练这样的人才。"在美国,为填补安全专家短缺,许多行业组织和大学都开始提供白帽子黑客技术的相关课程。被称为美国最古老私立军校的佛蒙特州的诺威奇大学(Norwich University)向研究生提供颁发证书的网络安全课程,主要涉及攻击取证和系统弱点管理。

网络安全人才培养已成为各国网络安全战略不可或缺的一部分。2003 年,美

---

① 网络安全人才缺口 100 万 公司不得不外包安全保障[EB/OL]. 网易科技,2016-07-25. http://tech. 163. com/16/0725/18/BSRCC6FV00097U7R. html.

国将制订网络安全教育计划写入《保护网络安全国家战略》，并于 2004 年启动国家网络安全意识月活动。2012 年，美国发布《网络安全教育战略计划》(NICE)，明确提出扩充网络安全人才储备、培养网络安全专业队伍，旨在通过教育培训，提高各地区、各年龄段公民的网络安全意识和技能，促进美国经济繁荣和保障国家安全。美国诺威奇大学信息安全保障系主任 Rosemarie Pelletier 认为："诺威奇大学的渗透测试实验室就是在多年前应许多大公司的要求建立的。这样我们就可以在自己的校园里教授学生们渗透技术了。"该项目的学生中，大多数是想要打磨自己技巧的网络安全员和从军队转业到民企的人。2017 年 7 月，美国国家安全局计划拨出 550 万美元，用于培养下一代联邦网络安全工作者。根据课程说明，拨款用于大纲、课程材料、实验室和其他网络培训材料，重点关注计算机网络、网络威胁和漏洞、风险管理以及相关国家和国际法律法规。在英国，2009 年发布的《网络安全战略》明确提出，要鼓励建立网络安全专业人才队伍；2016 年，英国政府出资 2 000 万英镑，推出"网络校园项目"，为青少年提供网络安全培训，储备专业网络安全人才。

联合国国际电信联盟(ITU)发布的《2017 年全球网络安全指数》调查报告显示，在 193 个国家中，中国的网络安全指数排名第 32。数据显示，中国网络安全人才缺口达上百万，远远无法满足"建设网络安全强国"的迫切需求。网络安全一旦出现问题，造成的危害难以想象，因此，加强网络安全人才培养刻不容缓。2014 年，在我国 2 500 多所高校中，开设信息安全专业的只有 103 所，其中，博士点、硕士点不到 40 个，每年我国信息安全毕业生培养不到 1 万个，显然无法满足行业需求。此外，不仅网络安全人才总量远远不够，人才结构也远远不能满足快速发展的信息化建设的需要，专业型人才、复合型人才、领军型人才明显短缺。2015 年 6 月，网络空间安全成为国家一级学科，各大高校也开始越来越重视网络安全专业。部分企业与机构也针对网络安全从业者开办了交流会议与培训课程。一些民间机构也开始着手颠覆传统的安全人才培养模式。2016 年 12 月，国家互联网信息办公室发布的《国家网络空间安全战略》明确提出，要"实施网络安全人才工程，加强网络安全学科专业建设，打造一流网络安全学院和创新园区"。2017 年 6 月 1 日正式开始实施的《网络安全法》明确："国家支持企业和高等院校、职业学校等教育培训机构开展网络安全相关教育与培训，采取多种方式培养网络安全人才，促进网络安全人才交流。"在政策和法律的指引下，未来，会有越来越多的资源投入网络反恐人才的培养和人才体系建设中。

全球化时代需通过国际合作培养网络反恐人才。由于各国间反恐人才培养体系发展水平存在较大差异，一些国家在反恐人才培养方面积累了较多的经验，反恐人才培养体系比较完备；另一些国家由于国内政治、经济等条件的限制，虽然反恐工作急需专业人才，但是，人才培养体系尚未成型。2004年2月，澳大利亚与印度尼西亚联合建立"雅加达执法合作中心"，不仅为澳大利亚和印度尼西亚培训了大量反恐人才，而且也向其他国家的执法部门开放培训资源。该中心已与加拿大、英国、丹麦、新西兰等国政府建立了合作关系，并承办了联合国反恐委员会发起的反恐培训计划，取得了较好的培训效果。这是通过双边或地区性的国际合作培养反恐专业人才的典型案例。目前，打击和防范网络恐怖主义不是一国的事情，任何国家都不能独善其身，因此，各国需要开展国际合作，联合培养反恐专业人才，共同应对网络恐怖主义的威胁。

中国政府十分重视反恐国际合作，其中，在中外反恐人才培养合作方面的一系列计划和措施，取得了明显成效。过去十几年，中国与国外反恐人才培养合作，基本上采取"走出去"和"请进来"两种模式，与包括阿富汗、巴基斯坦、俄罗斯、法国、韩国、美国、英国、新加坡等国家开展了广泛的反恐人才培养合作。"走出去"模式，就是把优秀的反恐骨干力量送到国外参加培训。"请进来"模式，就是邀请国外反恐专家到我国进行专业交流活动，增进彼此之间的信任与了解。此外，依托上海合作组织开展的"一带一路"沿线国家的反恐合作及人才培训，也取得了成绩。"安全是发展的基石。没有安全，就谈不上发展。"坚持安全为先，维护地区安全稳定，是上海合作组织合作的优先方向。当前，国际恐怖主义威胁日趋常态化，上海合作组织在反恐领域的合作经验，必将为反恐国际合作注入新动能，助力国际反恐斗争取得积极成效。未来，中国在加强网络反恐人才培养和国际合作方面，都有极大的提升空间。

第四节　防范网络恐怖主义的执行体系

构建防范网络恐怖主义的执行体系，需要能够执行有效应对网络恐怖主义的具体措施和方法，不仅包括防范网络恐怖主义的预警机制，还包括防范网络恐怖主义的响应机制和处置机制。2014年9月，上海合作组织成员国元首理事会第十四次会议在塔吉克斯坦首都杜尚别举行。习近平总书记在会上发表《凝心聚力　精诚协作　推动上海合作组织再上新台阶》的讲话并提出四点主张，其中包括"坚持以维护地区安全稳定为己任"。习近平总书记主张，加强维稳能力建设，继续完善执法安全合作体系,健全现有合作机制,尽快赋予上海合作组织地区反恐怖机构禁毒职能并建立应对安全挑战和威胁中心,标本兼治、多措并举、协调一致地打击"三股势力"。当前,应以打击宗教极端主义和网络恐怖主义为重点,中方建议商签反极端主义公约,研究建立打击网络恐怖主义行动机制。为防范和打击网络恐怖活动,许多国家已经积极行动,并公布了相关战略、相关措施,部署了具体行动。从根本上说,防范和打击网络恐怖主义,需要树立新的反恐理念,利用网络时代的战略和技术,"防""反""破"三手并举。据卡巴斯基实验室研究,"震网"是全球第一个国家行为体策划和资助的大规模恶意网络攻击行为。这一"石破天惊"的网络攻击行为将网络战拓展到关键基础设施甚至民用领域,具有极大的现实危害性,也开创了网络恐怖主义的新"战法"。美国兰德公司的阿奎拉等反恐专家认为,抵御网络恐怖主义的有效战略是"以网络对网络"。

一、建立防范网络恐怖主义的预警机制

一般来说,预警机制是指由能灵敏、准确地昭示风险前兆,并能及时提供警示的机构、制度、网络、举措等构成的预警系统,其作用在于超前反馈、及时布置、防风险于未然,打防范网络恐怖主义的"主动仗"。网络系统在国家重要部门和社会各领域使用的广泛性与威胁国家安全因素的多样性,客观上造成防范网络恐怖主义的预警困难。因此,建立和完善监测、预测、预报、预警体系,对可能发生的社会安全事件尤其是恐怖袭击进行预警,显得十分必要。针对境外安全风险的防范,中国国务院办公厅发布的文件曾指出,要建立境外安全突发事件应急处理机制及境外安全风险监测和预警机制,定期通报境外安全信息,及时发布境外安全预警。

从恐怖主义存在的地区看,中亚反恐情势趋向严峻,建立灵敏的社会预警和预控机制势在必行。从中亚总体情况看,每个国家的国情不同,恐怖主义的风险水平也有不同。哈萨克斯坦、乌兹别克斯坦、塔吉克斯坦、土库曼斯坦总体情势稳定,局部地区的问题即便暂且可控,亦不可掉以轻心。吉尔吉斯斯坦国内社会政治形势仍然十分复杂,2012年发生针对政府的示威游行达646起,其中,273起表现为政治诉求,373起表现为社会经济诉求。其国内问题的长期积累则是触发恐怖主义、极端主义活跃化和国内局势动荡的潜因所在。由于吉尔吉斯斯坦"社会政治不稳定化和潜在危险源凸显,决定了建立维护社会稳定预警机制的长久性"。[①]

---

① 李琪.中亚地区安全化矩阵中的极端主义与恐怖主义问题[J].大庆社会科学,2013(4):96-96.

《中华人民共和国反恐怖主义法》第四十七条规定:"国家反恐怖主义情报中心、地方反恐怖主义工作领导机构以及公安机关等有关部门应对有关情报信息进行筛查、研判、核查、监控,认为有发生恐怖事件危险,需要采取相应的安全防范、应对处置措施的,应当及时通报有关部门和单位,并可以根据情况发出预警。有关部门和单位应当根据通报做好安全防范、应对处置工作。"因此,可以将恐怖威胁预警分为四个等级,依次为"轻度""较严重""严重"和"极严重",其中,"严重"和"极严重"预示恐怖活动随时可能发生。恐怖活动威胁预警用四种颜色表示恐怖威胁的不同层级,分别是黄色、蓝色、橙色以及深红色。

各国在恐怖威胁预警方面的规定各不相同。澳大利亚于2003年制定的"国家恐怖袭击公共预警系统"将相关预警分为低、中、高和极其危险四个级别。高级别表示"袭击可能发生"。荷兰防恐预警分为四个级别:最小、有限、实质和危险。2015年12月,美国国土安全部长约翰逊宣布,为应对新形势下可能发生的本土"独狼"式袭击威胁,政府对已有的恐怖威胁警报系统作出改进,降低了预警级别门槛。他说,2011年推出的国家威胁警报系统只包括"升级威胁"和"迫切威胁"两个预警级别,由于只有在至少出现"具体、可信的"国家安全威胁时才会被启用,因此从未被启用过。国土安全部对该系统新增了"国家安全威胁公报"(bulletin),以求在威胁级别没有达到"升级威胁"和"迫切威胁"的情况下,同样能向公众说明一定时间内恐怖威胁的大体发展趋势和走向。

二、建立防范网络恐怖主义的响应机制

应建立防范网络恐怖主义的响应机制,设立各种防范网络恐怖主义的应急方案,并通过这些方案的实施使网络恐怖主义攻击的损失减到最小。在建设防范网络恐怖主义的响应机制方面,需要加紧研发先进的防范技术,以应对包括黑客入侵等网络攻击,重点提高针对复杂网络攻击的预警和阻截能力。同时,加强各类别网络用户的自我防护和生存能力并掌握相关技术手段。总之,只有完善的防范网络恐怖主义响应机制,才能够更有效地应对网络恐怖主义。

芬兰阿尔托大学网络安全教授Jarno Limnéll在其发表的文章《网络攻击适度响应》(Proportional Response to Cyberattacks)一文中提出,在决定进行网络攻击响应时,政策制定者需要考虑五个变量:是谁做的、有什么影响、有哪些手段可用、政策指南是什么和响应的紧急性,并提出应对网络攻击的政治响应框架,即各国网络攻击响应决策必须考虑五大政治因素,包括网络攻击归因分析、网络攻击后果评

估、网络攻击响应政策制定、网络攻击响应手段选择和网络攻击响应时间选择。

网络攻击与网络恐怖主义的行为模式和表现特征有诸多相似,如果网络攻击的主体是恐怖组织,那么网络攻击本身就带有恐怖主义色彩,甚至网络攻击会升级成为网络恐怖主义攻击。2015年的《查理周刊》被攻击事件和索尼影业受到黑客攻击事件,都伴有网络恐怖主义的影子。2015年1月,《查理周刊》在社交媒体上更新漫画,嘲讽"伊斯兰国"头目巴格达迪;一小时后,恐怖分子制造惨案。自《查理周刊》遭袭事件发生的4天内,法国有约2万个站点被黑客入侵。此次行为,被认为是恐怖分子对共和国游行事件的回应。遭受网络攻击的网站内容被宣扬恐怖主义和宗教极端势力的内容所代替,甚至包含发动新的恐怖袭击的死亡威胁。同一年,索尼影业因拍摄影片《刺杀金正日》而受到黑客攻击。索尼向美国国会议员提交书面信函,将此次攻击描述为"有预谋且极其专业的网络犯罪",并首次使用"网络恐怖分子"这个说法,证明此次事件系黑客组织"匿名者"(Anonymous)成员所为。美国媒体报道称,美国的回应措施包括将朝鲜重新列入"支恐国家"名单、对朝鲜追加新的经济制裁、针对朝鲜民众进行"信息行动",以及与英、日、韩等国启动对策磋商并要求中国等国提供协助等,涵盖外交、经济、情报、军事等手段。

网络反恐演习可以推动建立防范网络恐怖主义响应机制。模拟网络侦查演习有助于提高现实作战的水平,当发生网络恐怖袭击时,演习的经验和措施就是宝贵的战争资源。现实空间如此,网络空间也不例外。鉴于网络恐怖活动的危害性和反恐情报的重要性,中国举行打击网络恐怖活动的情报战演习,建立用于防范和侦破网络恐怖活动案件的实验室,为网络侦查技术人员提供从事打击网络恐怖活动的仿真环境,通过特殊的网络环境,提高网络侦查技术人员建立网络防御和收集网络恐怖分子犯罪情报的能力。2015年10月14日,上海合作组织成员国主管机关在福建省成功举行了"厦门-2015"网络反恐演习。这是上海合作组织首次举行针对网络恐怖主义活动的联合演习。此次演习的主要目的是完善上海合作组织成员国主管机关查明和阻止利用互联网从事恐怖主义、分裂主义和极端主义活动领域的合作机制;交流各成员国主管机关在打击利用互联网从事恐怖主义、分裂主义和极端主义活动中的法律程序、组织和技术能力以及工作流程。上合组织"厦门-2017"网络反恐联合演习是继2015年首次联合演习后,第二次在我国举行网络反恐联合演习,目的是进一步完善上合组织各成员国主管机关之间在查明和阻止利用互联网从事恐怖主义、分裂主义和极端主义方面的协作机制,交流相关工作经验做法,加强网络反恐领域的执法合作。上合组织8个成员国主管机关代表团及地区反恐怖机构执委会代表团参加了此次演习。上合组织地区反恐怖机构执委会主任瑟索耶夫认为,演习让各成员国主管机关受益匪浅,一方面可以检验当前的法律规范,另一方面为各方合作提供实践经验。

加强防范网络恐怖主义的国际合作,是未来国际社会共同应对网络恐怖主义的必由之路。2014年10月,中日韩三国网络安全事务磋商机制首次探讨了打击网络犯罪和网络恐怖主义、互联网应急响应合作等问题。三方交流了各自网络政策和相关机制架构,探讨网络安全负责任国家行为规范及建立信任措施,回顾了国际电信联盟大会、东盟地区论坛、金砖国家、上合组织等国际和地区相关进程关于打击网络犯罪和网络恐怖主义、互联网应急响应合作等问题,并介绍了各自将主办的相关国际会议等有关情况。因此,国际社会应达成共识,形成打击网络恐怖主义的长效机制,并通过执法平台在应对网络恐怖主义攻击时实现快速响应。美国已将与网络恐怖活动的情报对抗视作一场战争。2009年5月,韩国和美国达成初步协议,同意在打击网络恐怖主义领域加强合作并开展联合反黑客演习。

因此,面对不知何时发生的网络恐怖袭击,必须建立一整套快速应急响应机制。2007年,欧盟各成员国在签署《里斯本条约》时引入"永久结构化合作"防务(PESCO)机制,允许参与国制定联合框架发展联合防务能力,共同投资,并提高武装部队的作战准备和执行能力,旨在深化彼此防务合作,推进欧盟军事一体化进程。2018年6月,欧盟六国,包括立陶宛、克罗地亚、爱沙尼亚、荷兰、罗马尼亚和西班牙,签署《意向声明》(*Declaration of Intent*)表示,将按照"永久结构化合作"防务机制成立"网络快速响应小组",应对网络攻击。这六国的国防部长还表示,有意"调查现有的国家和欧盟法律框架,以评估有效部署'网络快速响应小组'的可能性,并在必要时探索其适应的必要性"。根据立陶宛的提议,快速响应小组将由专家轮流坐镇,以做好准备帮助参与国当局应对网络攻击。《意向声明》指出,"网络快速响应小组"将对欧盟成员国、欧盟、地区和国际在网络领域的工作进行补充,而不会复制现有的举措、架构和模式。"永久结构化合作"防务机制被视为欧盟"防务联姻"。欧盟据此公布了17个联合项目,网络小组是其中之一,其他项目还包括建立欧洲医疗指挥部、欧盟训练任务能力中心、军事救灾中心和海上监控升级中心。签署国在《意向声明》中强调通过"永久结构化合作"开展网络项目的机会,并表达了它们的意向:通过互助,加强并深化网络领域的自愿合作水平,从而响应大型网络事件,包括信息共享、联合训练、作战支持、研发,以及开发联合能力。

三、建立防范网络恐怖主义的处置机制

建立健全恐怖事件应对处置预案体系是各国应对和处置恐怖事件的必要工

程。同样,各国需要建立各种反恐机构以应对和处置网络恐怖事件,处置各种网络恐怖主义攻击行为。美国兰德公司研究人员伊恩·莱塞认为,对抗网络恐怖活动要用网络对付网络,谁对网络形式掌握得最早和最好,谁就会占有重大优势。因此,建立健全应对和防范网络恐怖主义处置机制,需要各国发挥智慧,共同应对。然而,有评论称,美国将"网络反恐"置于其他国家的主权之上,其主导和策划下的网络渗透、网络颜色革命和网络攻击恰恰是对全球安全稳定的重大威胁和挑战。

2015年12月27日,《中华人民共和国反恐怖主义法》公布。2018年4月27日,《中华人民共和国反恐怖主义法(2018修正)》发布。该法的第六章"应对处置"部分,阐明了恐怖事件的处置问题。其中,最重要的是"国家建立健全恐怖事件应对处置预案体系",具体内容如下:

第五十五条　国家建立健全恐怖事件应对处置预案体系。

国家反恐怖主义工作领导机构应当针对恐怖事件的规律、特点和可能造成的社会危害,分级、分类制定国家应对处置预案,具体规定恐怖事件应对处置的组织指挥体系和恐怖事件安全防范、应对处置程序以及事后社会秩序恢复等内容。

有关部门、地方反恐怖主义工作领导机构应当制定相应的应对处置预案。

第五十六条　应对处置恐怖事件,各级反恐怖主义工作领导机构应当成立由有关部门参加的指挥机构,实行指挥长负责制。反恐怖主义工作领导机构负责人可以担任指挥长,也可以确定公安机关负责人或者反恐怖主义工作领导机构的其他成员单位负责人担任指挥长。

跨省、自治区、直辖市发生的恐怖事件或者特别重大恐怖事件的应对处置,由国家反恐怖主义工作领导机构负责指挥;在省、自治区、直辖市范围内发生的涉及多个行政区域的恐怖事件或者重大恐怖事件的应对处置,由省级反恐怖主义工作领导机构负责指挥。

第五十七条　恐怖事件发生后,发生地反恐怖主义工作领导机构应当立即启动恐怖事件应对处置预案,确定指挥长。有关部门和中国人民解放军、中国人民武装警察部队、民兵组织,按照反恐怖主义工作领导机构和指挥长的统一领导、指挥,协同开展打击、控制、救援、救护等现场应对处置工作。

上级反恐怖主义工作领导机构可以对应对处置工作进行指导,必要时调动有关反恐怖主义力量进行支援。

需要进入紧急状态的,由全国人民代表大会常务委员会或者国务院依照宪法和其他有关法律规定的权限和程序决定。

第五十八条　发现恐怖事件或者疑似恐怖事件后,公安机关应当立即进行处置,并向反恐怖主义工作领导机构报告;中国人民解放军、中国人民武装警察部队发现正在实施恐怖活动的,应当立即予以控制并将案件及时移交公安机关。

反恐怖主义工作领导机构尚未确定指挥长的,由在场处置的公安机关职级最高的人员担任现场指挥员。公安机关未能到达现场的,由在场处置的中国人民解放军或者中国人民武装警察部队职级最高的人员担任现场指挥员。现场应对处置人员无论是否属于同一单位、系统,均应当服从现场指挥员的指挥。

指挥长确定后,现场指挥员应当向其请示、报告工作或者有关情况。

第五十九条 中华人民共和国在境外的机构、人员、重要设施遭受或者可能遭受恐怖袭击的,国务院外交、公安、国家安全、商务、金融、国有资产监督管理、旅游、交通运输等主管部门应当及时启动应对处置预案。国务院外交部门应当协调有关国家采取相应措施。

中华人民共和国在境外的机构、人员、重要设施遭受严重恐怖袭击后,经与有关国家协商同意,国家反恐怖主义工作领导机构可以组织外交、公安、国家安全等部门派出工作人员赴境外开展应对处置工作。

第六十条 应对处置恐怖事件,应当优先保护直接受到恐怖活动危害、威胁人员的人身安全。

第六十一条 恐怖事件发生后,负责应对处置的反恐怖主义工作领导机构可以决定由有关部门和单位采取下列一项或者多项应对处置措施:

(一)组织营救和救治受害人员,疏散、撤离并妥善安置受到威胁的人员以及采取其他救助措施;

(二)封锁现场和周边道路,查验现场人员的身份证件,在有关场所附近设置临时警戒线;

(三)在特定区域内实施空域、海(水)域管制,对特定区域内的交通运输工具进行检查;

(四)在特定区域内实施互联网、无线电、通讯管制;

(五)在特定区域内或者针对特定人员实施出境入境管制;

(六)禁止或者限制使用有关设备、设施,关闭或者限制使用有关场所,中止人员密集的活动或者可能导致危害扩大的生产经营活动;

(七)抢修被损坏的交通、电信、互联网、广播电视、供水、排水、供电、供气、供热等公共设施;

(八)组织志愿人员参加反恐怖主义救援工作,要求具有特定专长的人员提供服务;

（九）其他必要的应对处置措施。

采取前款第三项至第五项规定的应对处置措施，由省级以上反恐怖主义工作领导机构决定或者批准；采取前款第六项规定的应对处置措施，由设区的市级以上反恐怖主义工作领导机构决定。应对处置措施应当明确适用的时间和空间范围，并向社会公布。

第六十二条　人民警察、人民武装警察以及其他依法配备、携带武器的应对处置人员，对在现场持枪支、刀具等凶器或者使用其他危险方法，正在或者准备实施暴力行为的人员，经警告无效的，可以使用武器；紧急情况下或者警告后可能导致更为严重危害后果的，可以直接使用武器。

第六十三条　恐怖事件发生、发展和应对处置信息，由恐怖事件发生地的省级反恐怖主义工作领导机构统一发布；跨省、自治区、直辖市发生的恐怖事件，由指定的省级反恐怖主义工作领导机构统一发布。

任何单位和个人不得编造、传播虚假恐怖事件信息；不得报道、传播可能引起模仿的恐怖活动的实施细节；不得发布恐怖事件中残忍、不人道的场景；在恐怖事件的应对处置过程中，除新闻媒体经负责发布信息的反恐怖主义工作领导机构批准外，不得报道、传播现场应对处置的工作人员、人质身份信息和应对处置行动情况。

第六十四条　恐怖事件应对处置结束后，各级人民政府应当组织有关部门帮助受影响的单位和个人尽快恢复生活、生产，稳定受影响地区的社会秩序和公众情绪。

第六十五条　当地人民政府应当及时给予恐怖事件受害人员及其近亲属适当的救助，并向失去基本生活条件的受害人员及其近亲属及时提供基本生活保障。卫生、医疗保障等主管部门应当为恐怖事件受害人员及其近亲属提供心理、医疗等方面的援助。

第六十六条　公安机关应当及时对恐怖事件立案侦查，查明事件发生的原因、经过和结果，依法追究恐怖活动组织、人员的刑事责任。

第六十七条　反恐怖主义工作领导机构应当对恐怖事件的发生和应对处置工作进行全面分析、总结评估，提出防范和应对处置改进措施，向上一级反恐怖主义工作领导机构报告。

2016年11月7日，《中华人民共和国网络安全法》发布，自2017年6月1日起施行。该法第五章"监测预警与应急处置"的内容如下。

第五十一条　国家建立网络安全监测预警和信息通报制度。国家网信部门应当统筹协调有关部门加强网络安全信息收集、分析和通报工作,按照规定统一发布网络安全监测预警信息。

第五十二条 负责关键信息基础设施安全保护工作的部门,应当建立健全本行业、本领域的网络安全监测预警和信息通报制度,并按照规定报送网络安全监测预警信息。

第五十三条 国家网信部门协调有关部门建立健全网络安全风险评估和应急工作机制,制定网络安全事件应急预案,并定期组织演练。负责关键信息基础设施安全保护工作的部门应当制定本行业、本领域的网络安全事件应急预案,并定期组织演练。网络安全事件应急预案应当按照事件发生后的危害程度、影响范围等因素对网络安全事件进行分级,并规定相应的应急处置措施。

第五十四条 网络安全事件发生的风险增大时,省级以上人民政府有关部门应当按照规定的权限和程序,并根据网络安全风险的特点和可能造成的危害,采取下列措施:

(一)要求有关部门、机构和人员及时收集、报告有关信息,加强对网络安全风险的监测;

(二)组织有关部门、机构和专业人员,对网络安全风险信息进行分析评估,预测事件发生的可能性、影响范围和危害程度;

(三)向社会发布网络安全风险预警,发布避免、减轻危害的措施。

第五十五条 发生网络安全事件,应当立即启动网络安全事件应急预案,对网络安全事件进行调查和评估,要求网络运营者采取技术措施和其他必要措施,消除安全隐患,防止危害扩大,并及时向社会发布与公众有关的警示信息。

第五十六条 省级以上人民政府有关部门在履行网络安全监督管理职责中,发现网络存在较大安全风险或者发生安全事件的,可以按照规定的权限和程序对该网络的运营者的法定代表人或者主要负责人进行约谈。网络运营者应当按照要求采取措施,进行整改,消除隐患。

第五十七条 因网络安全事件,发生突发事件或者生产安全事故的,应当依照《中华人民共和国突发事件应对法》、《中华人民共和国安全生产法》等有关法律、行政法规的规定处置。

第五十八条 因维护国家安全和社会公共秩序,处置重大突发社会安全事件的需要,经国务院决定或者批准,可以在特定区域对网络通信采取限制等临时措施。

建立防范网络恐怖主义的处置机制,与防范网络恐怖主义的预警、响应机制,共同构建成完整的防范网络恐怖主义的制度体系。虽然《中华人民共和国反恐怖主义法》《中华人民共和国网络安全法》和《中华人民共和国突发事件应对法》等都有相关的规定,但是在实施阶段会更复杂,还要根据具体的事件情况制订解决方案,更需要有能力的执行团队,而且,也需要相关职责部门的监督和各部门的共同协作。2014年5月,山东省启动反恐"一分钟处置"机制,实行社会面一级巡防,开展路地联勤联动,提升社会面反恐防暴工作的快速反应和处置能力。

在"9·11"事件后,美国情报机构大胆改革、改组。美国反恐情报机构主要包括中央情报局、联邦调查局、国家安全局、国土安全部、国家情报局和反恐情报中心,设立统管全国15个情报机构的国家情报局,并在中央情报局所属的反恐怖主义威胁协调中心基础上成立国家反恐中心,以进一步加强对从国内外收集的涉及恐怖主义的情报分析工作。这一举措使美国情报机构建立了伊恩·莱赛所提倡的全渠道网状结构,从而强化了信息库和纵向横向的信息流通,增强了情报机构的活力。特朗普上台以来,美国政府以"美国优先"原则强化自身网络安全防范和与对手的竞争。2017年8月,特朗普宣布,决定将美军网络司令部升级为最高级别的联合作战司令部。升级后,网络司令部将进一步强化美国的网络安全,提升国防能力。同时,网络司令部也将加强与盟友及伙伴国家的合作,对全球网络安全威胁作出快速反应。特朗普称,该司令部的升级显示出美国应对网络威胁的决心。2018年年初发布的美国《国家安全战略报告》提出,将提升网络安全能力作为震慑对手的重要方向,提出必须加倍保护关键基础设施和数字网络,加强航天、网络领域能力建设,细化打击恶意网络行为,加强主动防御和网络攻击威慑能力。2018年1月,美国国土安全部确认了包括能源、大坝、核反应堆及核材料与废料、金融服务等在内的16个关键基础设施或部门,进一步明晰美国网络安全保障重点方向。2018年2月,美国国防部发布新版《核态势评估》报告,希望政府加大更新核武器投入,研发新型核武器,提高核威慑力。这是美国防部2010年发布相关评估报告后首次公布美国核战略。新版报告较上次的评估报告有明显区别,改变了美国政府当时裁减核武库、降低核武在国家安全战略中的重要性以及不再发展新核武、停止核试验等表态。分析人士指出,美国进行这样的核战略调整不负责任,如果该战略得以实施,无疑将增加爆发核冲突的可能。作为核武库大国,美国对核裁军应负有特殊和优先责任,应该为最终实现全面彻底核裁军创造条件。

在马来西亚,一系列法律法规的颁布,使其初步形成和建立了相对完善的反恐立法体系。其反恐立法采取普通法模式和特别法模式相结合的方式。普通法模式是指在《刑法》中对恐怖主义犯罪作出规定。特别法模式是指通过专门的反恐立法,规定针对恐怖活动的特殊预防和特殊措施,如《预防恐怖主义法案》《对抗外国恐怖主义特殊措施法案》等。此外,政府还完善了《反洗钱和反恐怖主义融资法》等。2006年9月,马来西亚科学、工艺与革新部政务次长拿督莫哈末鲁丁指出,国内的网络安全,由国家资讯通讯工艺安全与急紧回应中心,以及隶属现代化行政及人力策划组(MAMPU)的资讯通讯科技保安组负责监督。"单靠政府保护网络安全是不足够的,这项工作需要得到国内外相关各方的配合,才能有效打击网络罪犯。"①马来西亚首相拿督斯里纳吉说,政府已批准及发放1 300万美元补助金,启动国际网络反恐(IMPACT)中心,集中发展全球紧急反应中心、政策条规框架及国际合作、培训与技术发展、安全认证与研发等领域。大马成立国际网络反恐中心,是为了塑造一个公共和私人界的国际多边合作对抗网络恐怖主义的机构,共同消除网络恐怖主义的长期威胁。② 针对日益严重的恐怖主义威胁,马来西亚国会通过《2015年对抗国外恐怖主义特别措施法案》。马来西亚内政部副部长旺朱乃迪在国会为对抗国外恐怖主义法案进行总结时表示,虽然马来西亚政府以联合国反恐罪犯黑名单为依据,但是马来西亚仍会自行评估,不会100%以国外的判断为主。马来西亚警方拥有各方面及各角度的情报系统,并会与国际组织进行联系,包括国际刑警组织,美国、欧洲、亚洲情报组织等。马来西亚实施这项法案的目的是确保国家的安全。2015年12月,在意大利进行官方访问的马来西亚副首相阿末扎希指出,马来西亚将加强网络安全执法,以遏制网络恐怖主义,避免恐怖组织在网上招兵买马。反对党国家诚信党主席莫哈末沙布声称,"伊斯兰国"的极端思想已渗入该国的"伊斯兰党"。马来西亚内政部副部长诺加兹兰也促请人们停止以"伊斯兰国"称呼这个极端恐怖组织,而应改称"达伊沙"(al-Dawla al-Islamiya fil Iraq waal-Sham,DAESH),因为该组织的行为不符合伊斯兰教义。

作为一个典型的城市国家和重要的国际贸易、金融与航空中心,新加坡容易成为恐怖分子紧盯的重要袭击目标。然而,统计显示,新加坡国内发生的恐怖事件次数极少,这主要得益于新加坡采取的有效反恐手段和措施。2009年9月,律政部长兼内政部第二部长尚穆根宣布成立新加坡资讯科技安全局,负责管理资讯科技保安的运作及防御,并在下一年开始举行例行互联网保安演习。该局的任务也包括带头应对重大网络袭击,以及替各方相关机构进行协调。③ 2017年以来,新加坡全面提升国民反恐意识,全方位强化反恐措施,主要采取三大策略:完善反恐安保

---

① 刑事案网络犯罪日益严重[N].中国报(马来西亚),2006-09-20(A9).
② 阿都拉:发放4 160万补助金·启动国际网络反恐中心[N].星洲日报(马来西亚),2008-05-21.
③ 岑敏思.尚穆根宣布:设资讯科技安全局管理资讯保安防御[N].新明日报,2009-09-30(7).

法律,扩大安保监控范围;强化安全队伍建设,提升警察部队反恐应急能力;在全国推出保家安民计划(SG secure),全面提升社区反恐安全应变能力。2018年5月,新加坡反恐新法规正式生效。依照新法规,如果认定反恐行动可能受影响,警方有权屏蔽恐袭现场全部通信,包括照片、视频、文字和语音信息,屏蔽时间最长一个月。新加坡内政部举例说,先前在其他国家发生的恐袭中,恐怖分子借助现场直播提前判定反恐行动下一步举措,致反恐行动陷入被动。新法规可让警方更有效应对恐怖威胁。

韩国一直努力推进网络安全相关法律的制定和一系列具体措施的出台与实施。2010年1月,韩国军方宣布成立网络司令部,从同年6月开始执行全部功能,以提高网络作战能力,包括应对网络攻击威胁并在遭攻击后实施反击。韩国国防部原计划2012年成立网络司令部,自2009年下半年陆续敲定关于网络司令部的所有细节内容,司令部成立后,就着手制订防御和反击网络攻击的行动方案。2009年7月,韩国总统府、国防部等主要机构网站连续遭遇大规模黑客攻击。韩国国会、国防部、外交通商部、《朝鲜日报》等机构的网站再次无法打开,或打开速度极慢。大约相同时间,韩国国家情报院等16家主要机关及企业网站,遭遇了利用变种恶意代码的第二次分布式拒绝服务攻击。韩国政府全面展开网络布防。[1] 韩国联合通讯社说,这一事件在国内引发对网络战争的恐慌。韩国防务安全司令部发表声明说,国防部网络系统平均每天受到黑客攻击1.5万次,其中有11%"试图使用尖端技术窃取军事情报"。[2] 2006年12月,国会议员提出《网络危机预防与应对法案》。在此后几年中,包括2013年的《国家网络安全管理法案》和《国家网络反恐法案》,以及2015年的《网络威胁信息共享法案》和《网络恐怖活动预防与应对法案》,都被提交国会审议。2016年12月,韩国国务会议审议通过《国家网络安全法案》,推动成立总统下属国家网络安全委员会,提高应对网络攻击的能力。根据法案,国家网络安全委员会定员不超过20人,由国家安全局主要负责人担任委员长,负责审议与网络安全有关的政策和战略。法案还要求,国家情报院院长每3年制定并实行包括网络安全政策目标在内的网络安全基本规划,并视危急程度发布不同级别的网络预警。2018年8月,韩国反恐中心主任文英基率团出席在联合国总部举行的反恐机构首长高级别会议。这场联合国组织的高级反恐会议以加强国际合作应对全球恐袭威胁升级为主题,韩国在会上介绍为预防暴力极端主义所作的努力,参与讨论情报共享、强化联合国反恐力量等具体合作方案。韩国代表团还出

---

[1] 韩国3天遭3波黑客猛攻 提前成立网战司令部[N]. 通信世界周刊,2009-07-10.
[2] 韩国将建网络战司令部[N]. 羊城晚报,2009-07-10(A15).

席了与阿联酋、新加坡合办的网络反恐相关活动,推介韩国与联合国反恐执行局之间的合作项目。

2015年11月13日,法国巴黎市发生一系列恐怖袭击事件,巴黎警方要求所有市民待在家中,不要外出。媒体称,这是法国自1944年以来首次实施宵禁。巴黎市政府官方推特账号发布消息称,"全市所有公共设施"在14日关闭,其中包括学校、博物馆、图书馆、体育场、游泳池和公共市场。法国内政部长表示,将解散宣传仇恨的清真寺。2015年11月15日晚,法国国防部发表公报说,法国战机当天对极端组织"伊斯兰国"在叙利亚的目标实施空袭,摧毁该组织一个指挥所和一个训练营。据统计,自2015年至2018年8月,法国恐怖袭击事件共造成246人死亡,反恐形势不容乐观。大量恐怖分子从叙利亚战场回流国内,网络"圣战"宣传依然活跃,制造简易爆炸物、发动恐怖袭击的指导材料仍旧唾手可得;而政府人手和经费严重不足,对嫌疑人员监控力度不够,导致地下枪支黑市交易屡禁不止,即使在巴黎、马赛这样监管严密的大城市,仍不时发生"独狼"式袭击,导致大量人员伤亡。数据显示,2017年以来,法国安全部门已挫败25起恐怖袭击企图。从2017年10月起,法国相继推出新反恐法案和去极端化计划,将监狱、社交媒体、教育、司法、科研、网络、企业等均纳入反恐领域。法国宣布,自2017年11月1日起,新反恐法案《加强国内安全和反恐法》将替代为应对严峻反恐形势而持续实施两年的《国家紧急状态法》。新反恐法案有效期两年,到期后将重新进行评估。法案扩大了内政部等反恐强力部门和地方政府的权力,将紧急状态下赋予当局的部分临时权力常态化。2018年上半年,法国西南部奥德省、巴黎市中心等地相继发生恐怖袭击事件,极端分子袭击警察等治安人员的事件时有发生。为了应对恐怖袭击威胁及其所带来的社会恐慌,法国总理菲利普于2018年8月宣布的反恐计划共推出了32条措施,从识别、阻止、保护、惩戒和共同行动五方面入手,通过设立专门机构,应对"不断演变的恐怖主义威胁"。根据该计划,法国将在全社会范围内提升警戒强度,并应用人工智能技术进行反恐,加强与各级市政府的信息交换,编织一张覆盖全境的反恐网络。法国政府还表示将简化跟踪、拘禁嫌疑人的程序,加重对恐怖主义罪行的处罚等。菲利普表示,法国将进一步推动欧洲范围内的反恐合作,加大网络反恐的力度。此外,法国还将成立国家反恐检察院,取代目前的巴黎检察院反恐小组,专门负责反恐案件的调查。

参考文献

著作

[1] 胡联合. 全球反恐论:恐怖主义何以发生与应对[M]. 北京:中国大百科全书出版社,2011.

[2] 柳思思. 规范生成与恐怖主义:以"塔利班化"为个案[M]. 北京:世界知识出版社,2013.

[3] 全国人大常委会法工委刑法室. 中华人民共和国反恐怖主义法解读[M]. 北京:中国法制出版社,2016.

[4] 史罗宁. 反恐大战略:美国如何打击恐怖主义[M]. 北京:新华出版社,2015.

[5] 涂龙德,周华. 伊斯兰激进组织[M]. 北京:时事出版社,2010.

[6] 杨隽,梅建明. 恐怖主义概论[M]. 北京:法律出版社,2013.

[7] 余建华,等. 恐怖主义的历史演变[M]. 上海:上海人民出版社,2015.

[8] 张家栋. 恐怖主义与反恐怖:历史理论和实践[M]. 上海:上海人民出版社,2012.

[9] 朱威烈. 中东反恐怖主义研究[M]. 北京:时事出版社,2010.

[10] 朱永彪,任彦. 国际网络恐怖主义研究[M]. 北京:中国社会科学出版社,2014.

[11] 艾哈迈德·拉希德. 塔利班[M]. 钟鹰翔,译. 重庆:重庆出版社,2015.

[12] 奥德丽·库尔思·克罗宁,詹姆斯·M. 卢德斯. 反恐大战略:美国如何打击恐怖主义[M]. 胡澂,李莎,耿凌楠,译. 北京:新华出版社,2015.

[13] 多罗西·邓宁. 信息战与信息安全[M]. 吴汉平,译. 北京:电子工业出版社,2003.

[14] 埃斯波西托,莫格海德. 谁代表伊斯兰讲话?十几亿穆斯林的真实想法[M]. 晏琼英,译. 北京:中国社会科学出版社,2010.

[15] 哈里·亨德森. 全球恐怖主义——完全参考指南[M]. 贾伟,李联荣,戴艳丽,译. 北京:中国社会科学出版社,2003.

[16] 塞缪尔·亨廷顿. 文明的冲突与世界秩序的重建(修订版)[M]. 周琪,译. 北京:新华

出版社,2010.

[17] 温特菲尔德,安德莱斯. 赛博战基础——从理论和实践理解赛博战的基本原理[M]. 周秦,等,译. 北京:国防工业出版社,2016.

[18] 约瑟夫·奈. 软实力[M]. 马娟娟,译. 北京:中信出版社,2013.

[19] 简泽威斯基,等. 赛博战与赛博恐怖主义[M]. 陈泽茂,等,译. 北京:电子工业出版社,2013.

[20] 阿卜杜勒·巴里·阿特旺. 基地秘史[M]. 林达丰,译. 北京:北京大学出版社,2013.

[21] 查尔斯·利斯特. "伊斯兰国"简论[M]. 姜奕晖,译. 北京:中信出版社,2015.

[22] Gurmanpreet Kaur, Anand Pawar. Simranpreet Kaur: Cyber Terrorism and Low [M]. LAP Lambert Academic Publishing,2012.

[23] Jeffrey Carr. Inside Cyber Warfare: Mapping the Underworld[M]. O Reilly Media, 2012.

[24] Kolby McHale. Cyber Terrorismm: Understanding and Preventing Cyber Terrorism in the Digital Age[M]. Website's Digital Services,2011.

[25] Richard A. Clarke, Robert K. Knate. Cyber War: The Next Threat to National Security and What to Do About it[M]. ECCO Press,2011.

论文

[1] 安尼瓦尔·加马力,木尼拉·塔里甫,张昆. 基于生命周期循环模型的网络恐怖主义犯罪治理控制研究[J]. 新疆警官高等专科学校学报,2014(3):15-21.

[2] 北京市公安局西城分局课题组. 网络恐怖主义发展趋势及其打击防范对策[J]. 公安研究,2010(9):45-49.

[3] 程聪慧,郭俊华. 网络恐怖主义的挑战及其防范[J]. 情报杂志,2015(3):10-15.

[4] 丁红军,陈德俊. ISIS网络恐怖主义活动对我国反恐形势的影响及应对措施[J]. 中国公共安全(学术版),2015(2):95-97.

[5] 丁丽萍. 建设打击网络恐怖主义的国际化电子取证平台[J]. 中国信息安全,2015(5):41-43.

[6] 杜娟. 当前我国网络恐怖主义的特点原因及对策——以恐怖活动新变化为切入点[J]. 云南警官学院学报,2016(1):37-40.

[7] 高铭暄,李梅容. 论网络恐怖主义行为[J]. 法学杂志,2015,36(12):1-7.

[8] 葛维樱. 新恐怖主义的社交网络时代[J]. 三联生活周刊,2015(47).

[9] 韩晓松. 对网络恐怖主义活动的犯罪社会学分析[J]. 网络安全技术与应用,2011,(12):54-56.

[10] 焦阳. 国际网络恐怖主义犯罪的界定与防控[J]. 法制与经济月刊,2015(11).

[11] 马凤强. 网络恐怖主义对新疆安全的危害及其防范[J]. 新疆社会科学,2016(1).

[12] 马国春,曹君. 网络恐怖主义中的"伊斯兰国"[J]. 上海公安高等专科学校学报,2015

(3):90-96.

[13] 皮勇. 网络恐怖活动犯罪及其整体法律对策[J]. 环球法律评论,2013,35(1).

[14] 舒洪水,王刚. 对我国网络恐怖主义犯罪的探讨[J]. 山东警察学院学报,2016,28(1).

[15] 孙晓娟. 网络恐怖主义的成因、危害性及其防控对策[J]. 湖北警官学院学报,2014,27(11):36-38.

[16] 王高阳. 国际关系理论视域下的网络恐怖主义分析[J]. 重庆交通大学学报(社会科学版),2012,12(5):99-102.

[17] 王红星,欧阳涵. 试析当前"东突"暴力恐怖犯罪的新特点及其防范对策[J]. 犯罪研究,2014(4):39-46.

[18] 王娜,薛阿敏. 试论网络恐怖主义及其应对之策——以中亚地区为视角[J]. 山东警察学院学报,2015,27(2):12-20.

后 记

美国哈佛大学教授约瑟夫·奈在《能阻止网络战吗？》一文中，以核威慑与核战争类比网络威慑与网络战争风险，提出阻止网络战远比阻止核战争更为复杂艰难。

英国《泰晤士报》提出，如果说海军力量界定了19世纪的国际关系、空中力量塑造了20世纪国家军事对抗的话，那么，网络力量将是21世纪战争的关键因素。

综观21世纪过去的10多年时间，随着全球信息网络化的发展，极端主义和恐怖主义活动手段进一步国际化和现代化。与传统的恐怖手段相比，利用网络的开放性、远程性、共享性、快捷性，进行恐怖主义活动的策划和实施，更具有隐蔽性、渗透性、广泛性和辐射力，增加了防御和打击的复杂性与难度。现代通信手段和网络在各国得到普及与发展，已在人民社会生活中占据重要地位，并发挥巨大作用；同时也给各国的安全形势带来一定影响。

因此，关于网络恐怖主义的研究课题，值得关注。然而，无论在学科建设还是在理论支撑等方面，网络恐怖主义研究都有很多亟待解决的问题和提升的空间。

《荀子·劝学》中有"君子生非异也，善假于物也"的说法。牛顿曾说："如果我看得更远一点的话，那是因为我站在巨人的肩膀上。"善于"站在巨人的肩膀上"的人总是更容易成功。

这些说法，足见前人积累的知识和研究成果，能够带给后人的启示，同时，无论是哪个层面的研究，对已有研究成果解读，都是重要的研究环节。

由于网络发展日新月异，网络恐怖主义的发展也不会因研究过程有未解决的问题而停滞，因此，研究文本不可避免存在认识的不足，还有待后续研究的深入和拓展。

由于网络数字化的普及，前辈研究者留下来的文字能够使更多人更方便地检

后记

索,摆脱数字化之前类似竹简时代著述被束之高阁的境况。前辈研究者留下的文本信息,为后来的研究者提供了丰富的素材,可以说,后来的研究者是站在前人的肩膀上继续攀登高峰的。所以,在这里,要向所有从事相关研究并留下文本信息的研究者致谢。

在本书的成书过程中,得到了多方的支持和帮助。首先,要特别感谢博士后合作导师吴世忠研究员。从本书选题内容的确定,到书稿文字的精准表达,再到书稿框架的定位,导师都给予倾心指导,是我开始这个领域研究的指路人。导师的思考高屋建瓴,使我受益匪浅。其次,还要感谢中国信息安全测评中心的朱胜涛主任、李守鹏副主任、江常青副主任、王军总工等,他们对研究工作给予了大力支持。再次,在和专家的交流中,也获得了启发。最后,在这个过程中,也不乏同事和家人的关心,在此一并感谢。

每一本书的印刷出版,都离不开出版社领导和编辑的智慧和贡献。为此,也要感谢清华出版社为本书的出版提供支持和帮助的各位领导、老师和朋友。